U0115648

孙中山及辛亥革命音频文献

王钢　杜军民　编著

文　心　出　版　社

河南电子音像出版社

·郑州·

图书在版编目（ＣＩＰ）数据

孙中山及辛亥革命音频文献 / 王钢，杜军民编著.
— 郑州：文心出版社，2016.12
ISBN 978-7-5510-1430-4

Ⅰ.①孙… Ⅱ.①王… ②杜… Ⅲ.①孙中山
（1866-1925）—生平事迹②辛亥革命—史料 Ⅳ.①K827=6
②K257.06

中国版本图书馆 CIP 数据核字(2016)第 304794 号

书　　名：孙中山及辛亥革命音频文献
编 著 者：王钢　杜军民
责任编辑：栗军芬　王建新
出 版 社：文心出版社　河南电子音像出版社
　　　　（地址：郑州市经五路 66 号　　邮政编码：450002）
承印单位：郑州耘田印务有限公司
开　　本：787 毫米×1092 毫米　1/16
印　　张：16
字　　数：287 千字
版　　次：2017 年 6 月第 1 版
印　　次：2017 年 6 月第 1 次印刷

书　　号：ISBN 978-7-5510-1430-4
定　　价：199.00 元

前　言

2016 年 11 月 12 日，是孙中山先生诞辰 150 周年纪念日。为纪念这位民主革命的先行者，经大地传媒总编辑耿相新先生提议，我们编辑了这部《孙中山及辛亥革命音频文献》。

孙中山先生一生及辛亥革命时期，留下了大量珍贵的历史文献，包括档案、文件、书籍、报刊、宣传品、照片、影片等，成为中华民族历史遗产的一个重要组成部分。自 1920 年代起，人们就开始征集、整理辛亥革命文献，并以此为基础，编写辛亥革命史，描述这一时期的历史进程，总结这一时期的经验教训。百年以来，辛亥革命文献已受到比较充分的保护，形成了一系列成果，诸如中国第一历史档案馆、中国第二历史档案馆、台北国史馆、台北中国国民党党史馆等机构的专档；一些研究部门和学者，编辑出版了大规模的资料汇编、丛刊；一些大型的专题数据库，业已完成或正在建设。

但是音频文献，则远没有那么幸运。长期以来，学术界对唱片史一直缺乏认知，从未有过系统的收集整理和深入研究。迄今，尚没有专业的研究机构关注唱片在中国的发展历史，没有职业的研究人员从事这方面的研究，导致这一领域成为近代史研究中的一块空白。一些零星的关于早期唱片史的文章，往往浮光掠影，甚至以讹传讹。对于孙中山及辛亥革命相关的音频文献，更少有人涉足。前述的文献汇编、数据库等，于此毫无例外地付之阙如。

作为特殊形式的文献，唱片具有其他介质无可替代的意义和价值。辛亥革命时期，唱片业尚处于草创阶段，唱片出版的品种虽多，但发行量较小；唱片的内容，大多为戏曲曲艺的传统剧目，涉及时事、政治，特别是涉及辛亥革命者，如吉光片羽，难得一见。同时，唱片属于易碎物品，历经百年战乱及各种运动，几乎损毁殆尽，存世者多为孤品。在这一意义上，较之其他文献，唱片更亟待抢救。

因此，对这一时期音频文献的整理、研究，应该说是近代史学界一项重要的、有积极意义的工作。

　　《孙中山及辛亥革命音频文献》收录的音频分为三个部分：

　　第一，孙中山演讲。1925年，孙中山先生在广州录制了《孙中山演讲》唱片3张6面，是为中山先生留下的唯一的音频文献。民国年间，这套唱片曾多次再版。1949年后，两岸也都在孙中山诞辰纪念日，有过不同形式的再版，包括黑胶唱片和盒式磁带。在音频存贮发展到数字化的今天，我们第一次以CD的形式将其转录再版。关于这套唱片的出版过程及其影响，虽有个别研究文章予以介绍，但未及深入，特别是缺乏从唱片史角度的考察，并且存在一些未有实据的误传。本《文献》试图对这一问题给予全面的考证和梳理。

　　第二，辛亥革命唱片。收录革命党人或与革命党相关联的人士，宣传革命思想，记述革命事迹，批判社会黑暗，唤醒民族意识，反映反帝爱国民众运动的戏曲、曲艺作品。

　　第三，相关纪念性唱片。收录1930年代前后，纪念中山先生的唱片，以及取材于辛亥革命人物和历史事件的戏曲、曲艺作品。

　　所谓"辛亥革命"，沿用现今近代史研究常例，泛指"辛亥革命时期"，下限至1916年。此外，1900年代始，一直到1940年代，出版过不少宣传戒烟（鸦片）戒赌的唱片。这一题材的作品，虽然与社会改良相关，但大多只是一般意义上的社会不良习惯改造，不存在意识形态上的改革意义，故一般不予收录。但约出版于1910年的粤剧《闺谏洋烟》一种，有资料显示它与广东的革命党人有关联，故予收录。

　　需要特别予以说明的是，《孙中山及辛亥革命音频文献》只是一部拓荒和尝试性的结集，由于历史资料的缺失和我们的见闻所限，它还存在着一些重大的缺憾和诸多不完善之处。

　　首先，早期唱片公司的目录，许多已经失传或有待于发现，故唱片出版品种的全貌，现无法确切知晓，我们只能根据所见到的唱片目录和唱片实物，来著录辛亥革命及相关唱片。因此，《文献》虽不至于挂一漏万，但遗漏在所难免。同时，虽然我们已经尽到了最大的努力，但仍有部分尚存于世的辛亥革命相关唱片，由于收藏者的意愿等种种原因，未能转录为CD，收入《文献》，而只在《叙录》部分加以介绍。

　　其次，由于当时录音的采样率都很低，音质较差，发音不够清晰；而且戏曲、曲艺的演唱方式和发音，与现在又有较大差距，所以许多唱片的唱词无法辨识。我们曾延请了许多对京剧、苏滩、粤剧、粤曲的历史素有研究的专家帮助审听，依然未能得到准确的唱词。这带来两方面问题，一是某些唱片，无法断定其是否为辛亥革命相关题材。二是一些可以断定与辛亥革命相关的唱片，甚至包括一些知名的作品，如汪笑侬的《党人碑》等，只能仅转录其音频，无法提供唱词，因而留下遗憾。《文献》中此类情况不在少数。

这部《文献》的内容，学科跨度较大，涉及近代政治史、戏曲史、曲艺史、歌曲史、技术史、商业史等不同分支，固非一二人之力所能完全把握，谬误不周之处，必在在有之，希望各领域的方家，能不吝赐教，给予指正。

我们期望《文献》成为一部抛砖引玉之作，引起学界对这一领域的重视，从而有更多的学者参与探讨，使音频文献和唱片史的研究走向深入，并对相关学科的研究有所裨益。

目　录

第一章　《孙中山演讲》唱片出版始末

　　《孙中山演讲》唱片是中山先生留下的唯一的讲话录音，是非常珍贵的历史音频文献。

　　1920 年代前期，中山先生曾致力于构建国家建设的理论体系，其内容包括三民主义、五权宪法、地方政府、中央政府、外交、国防等若干方面。1922 年"六一六事变"，陈炯明部炮击观音山，《三民主义》等已成、将成之书稿，毁于一旦。1924 年初，国民党改组，整理党务，派员往各省宣传，一时亟需各种材料。为加快宣传材料的编写，孙中山决定采取演讲的方法，自元月 27 日起，每周在国立广东高等师范学校举办一次演讲，由秘书黄昌谷速记，邹鲁读校，形成定稿。[1] 当时《广州民国日报》每天的头版头条，即是连载的中山演讲。很快，第一个册子《民族主义》便成书付梓。

　　在这一背景下，上海《中国晚报》经理、中国留声机器公司股东沈卓吾，向孙中山提出录制演讲唱片的请求，得到中山先生应允。1924 年 5 月，沈卓吾偕上海留声机器公司录音师樫尾庆三、欣治等，携录音设备自上海至广州，5 月 30 日在南堤俱乐部，为孙中山录下《勉励国民》、《告诫同志》等 4 面普通话演讲和 2 面粤语演讲唱片。

一、孙中山演讲录音经过

　　关于中山先生演讲的录音过程，沈卓吾有遗稿《国父声片收音日记》，记之甚详：

　　　　民国十三年五月四日　上午九时乘日轮静冈丸启程，风平浪静，欣治、庆三两技师同行。

　　　　五日　航行极稳，波平如镜。

　　　　六日　海仍平稳，惟舟行渐南，暑热渐增，船员均改御夏服。

图 1-1：孙中山与宋庆龄。此照片一说 1923 年秋摄于南堤小憩，一说 1924 年 4 月 15 日摄于广州石井兵工厂。亦不无可能摄于此次录音之日。同时所摄，尚存孙中山、宋庆龄行走侧影一帧

七日　下午一时抵港，晚十时换乘英船赴粤。船上有英兵警备。

八日　上午六时抵广州，投宿泰安旅馆，多蚊，夜不成寐。

九日　迁居东亚旅馆，室仅容膝，然较昨舒适多矣。

十日　闻孙大元帅身体不豫，颇以为虑。

十一日　孙大元帅仍卧病，收音时日不能定。

十二日　谣传孙大元帅病笃，愈觉焦燥不安。

十三日　偕技师往南堤俱乐部视察，准备布置收音室。

十四日　将所携收音机件运往南堤俱乐部。

十五日　收音机件装置完成。是日起，作种种准备。余忽患痢，仍每日力疾赴俱乐部。天复多雨，殊觉烦闷。

二十二日　许崇智将军就任总司令。孙市长哲生莅临俱乐部，观察收音设备。谈悉大元帅已痊可。

二十五日　欣治君亦患病，热度高至三十九度。

三十日　接大元帅侍从室通知，本日可以收音。下午五时，孙大元帅果

由大本营乘汽艇莅俱乐部。扈从仅二人，并无戒备。余早已率同技师，屏息以待。孙公服灰色中山装，身长五尺一寸，当将收音喇叭高度校正，并敬谨禀告收音上一切心得，当蒙首肯。旋即起立演讲，态度从容和蔼，发音高低适中。计收国语四面、粤语两面。孙公虽在病后，毫无倦容，共历四十分钟而退，仅最后略现气急而已。

六月一日　机件装箱完毕，乘船赴港。

二日　上午零时半抵港，移乘日船伏见丸。船行三日皆平稳。

五日　上午抵沪。此行已逾一月，大功告成，可喜也已。[2]

图 1-2：沈卓吾在收音设备前，1924年5月30日，广州南堤俱乐部。源自《如皋文献》第二册，1992

录音地点南堤俱乐部，即南堤小憩，在当时的广州市政厅旁，今沿江中路，原建筑已不存。时任广州市市长的孙科回忆说：

缘本党于民国十三年改组前，先由总理指派若干同志任临时中央委员，负责起草总章，筹设市、区党部及小组。同时聘请苏俄人鲍罗廷为党的顾问，指定廖仲恺与余等数人与鲍谈话，作为改组的参考。廖、鲍等尝假南堤市政厅会议室为商谈之所。市政厅的毗邻，有一商建新楼，亦位于南堤，当经吴铁城等发起，租得该新楼二层全座，设立"南堤小憩"俱乐部，为从政同志聚餐、休息、谈话之场所，总理亦尝假以为特别活动之用，如当时总理曾应沈卓吾同志之请求，用粤语、国语讲演，灌制留声片，即系假"南堤小憩"为之，此种录音片经黄季陆同志之整理，现尚保存，并已有复印品发行。[3] 此次录音，是经孙科斡旋，方得促成。于右任回忆说：

> 十三年夏，余在广州遇沈同志卓吾，讶其焦困特甚，询知卓吾携技师数人，欲得总理讲演，制为留声机片，使国内外无由亲聆总理謦欬者，借此话片如闻面命。惟时总理体恒不豫，久久未得闲。卓吾艰勤期待，曾不稍异其诚恳。后哲生同志因便得请，总理乃就长堤小憩勉为讲演。因病初愈，仅成话片二，即今兹国内外所流传者也。[4]

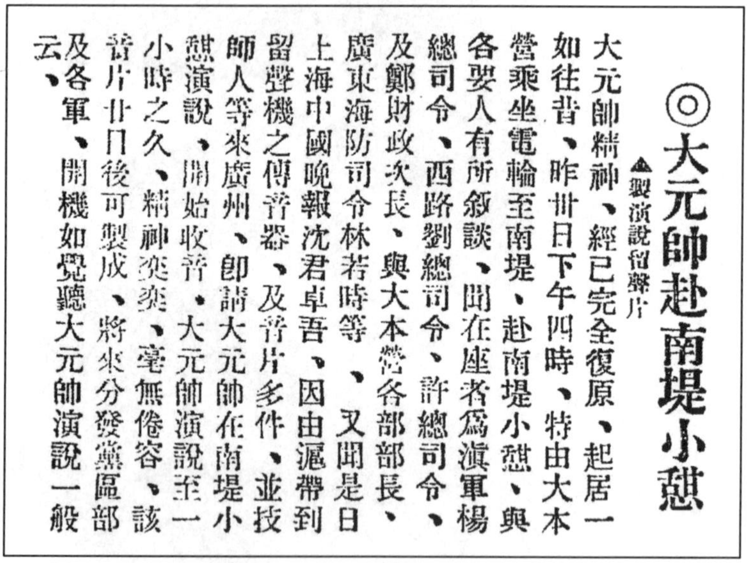

图 1-3：《广州民国日报》，1924 年 5 月 31 日

◎大元帅赴南堤小憩
▲製演說留聲片

大元帅精神、經已完全復原、起居一如往昔、昨卅日下午四時、特由大本營乘坐電輪至南堤、赴南堤小憩、與各要人有所敘談、聞在座者爲滇軍楊總司令、西路劉總司令、許總司令、及鄭財政次長、與大本營各部部長、廣東海防司令林若時等、又聞是日上海中國晚報沈君卓吾、因由滬帶到留聲機之傳音器、及音片多件、並技師人等來廣州、即請大元帅在南堤小憩演說、開始收音、大元帅演說至一小時之久、精神奕奕、毫無倦容、該音片廿分鐘後可製成、將來分發黨區部及各軍、開機如覺聽大元帅演說一般云及

录音之后，国民党主办或主导的一些报纸作了报导。5 月 31 日《广州民国日报》载：

> 大元帅精神，经已完全复原，起居一如往昔。昨卅日下午四时，特由大本营乘坐电轮至南堤，赴南堤小憩，与各要人有所叙谈。闻在座者为滇军杨总司令，西路刘总司令，许总司令，及郑财政次长，与大本营各部部长，广东海防司令林若时等。又闻是日上海《中国晚报》沈君卓吾，因由沪带到留声机之传音器，及音片多件，并技师人等来广州，即请大元帅在南堤小憩演说，开始收音。大元帅演说至一小时之久，精神奕奕，毫无倦容。该音片廿

日后可制成，将来分发党区部及各军，开机如觉听大元帅演说一般云。

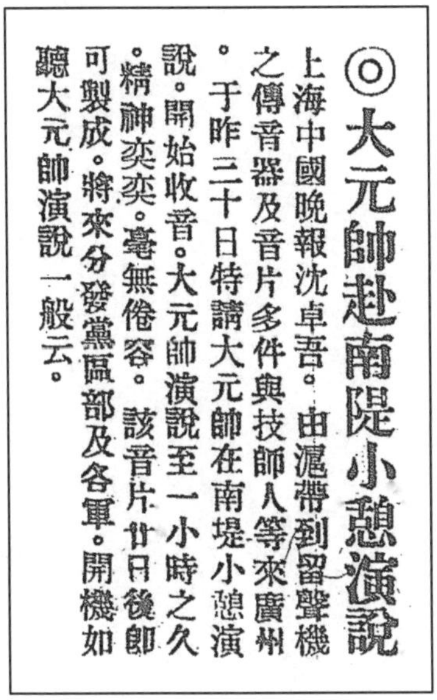
◎大元帥赴南隄小憩演說

上海中國晚報沈卓吾。由滬帶到留聲機之傳音器及音片多件與技師人等來廣州。于昨三十日特請大元帥在南堤小憩演說。開始收音。大元帥演說至一小時之久。精神奕奕。毫無倦容。該音片廿日後即可製成。將來分發黨區部及各軍。開機如聽大元帥演說一般云。

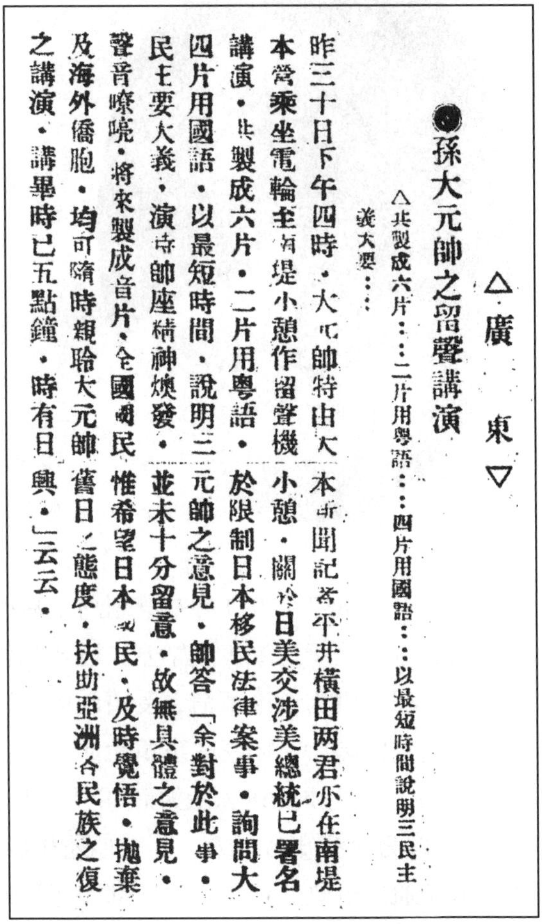
△廣東▽

●孫大元帥之留聲講演

△共製成六片……二片用粵語……四片用國語……以最短時間說明三民主義大要……

昨三十日下午四時。大元帥特由大本營乘坐電輪至南堤小憩作留聲機講演。共製成六片。二片用粵語。四片用國語。以最短時間。說明三民主要大義。演時帥座精神煥發。聲音嘹喨。將來製成音片。全國國民及海外僑胞。均可隨時親聆大元帥之講演。講畢時已五點鐘。時有日本新聞記者平井橫田兩君亦在南堤小憩。關於日美交涉美總統已署名於限制日本移民法律案事。詢問大元帥之意見。帥答「余對於此事。並未十分留意。故無具體之意見。惟希望日本國民。及時覺悟。拋棄舊日之態度。扶助亞洲各民族之復興。」云云。

图 1-4（左）：广州《现象报》，1924 年 5 月 31 日

图 1-5（右）：新加坡《新国民日报》，1924 年 6 月 14 日

陪同孙中山前往录音者，有他的秘书黄昌谷（字贻荪），录音时担任速记。演讲的普通话部分记录稿，由他提供给《广州民国日报》，于 6 月 4 日、5 日分两日连载；嗣又刊于 6 月 28 日上海《民国日报》副刊《觉悟》。

陪同者还有时任国民党中央执行委员会委员、中央宣传部部长的戴传贤（字季陶）。他回忆说："余时亲侍总理，在南堤俱乐部对机讲演。"[5]

沈卓吾《日记》所载孙中山"扈从仅二人"，其中之一是邓彦华。不久后的 8 月，邓被任命为大本营卫士队队长。邓彦华是广东三水人，粤语演讲的开头，即由他报幕。[6]

从图 1-2 可见，此次录音使用的是传统声学录音（Acoustic Recording）设备。当时，电器录音设备尚未进入商业应用阶段。

二、沈卓吾与中国晚报馆

图 1-6：沈卓吾肖像，源自《沈卓吾先生赴告》，1932

　　沈卓吾（1887～1931），本名孔才，后改名莘，字卓吾，以字行。江苏如皋人。幼家贫，曾就读于如皋工业学堂，以成绩优异，被选入上海高等工业学堂。毕业后留校任职。因为谈论革命，受清政府通缉，逃往日本。在横滨遇到孙中山，加入同盟会。归国后，秘密从事革命活动，曾帮助湖南革命首领焦达峰运送枪械。

　　1916 年，沈卓吾进入上海新闻界，主办过《妇女周报》、《工商日报》、《中国晚报》，成为上海知名报人。同时他还积极参与上海工商界的活动。1927 年任国民政府交通部电政处处长、财政部印花税处处长兼江苏印花税局局长等职。1928年任铁道部参事。1925～1929 年孙中山丧事及灵榇奉安期间，沈卓吾在丧事筹备处、奉安委员会任职。1931 年 12 月 13 日，沈卓吾乘船返乡赈灾途中，因轮船失火遇难。遗体于次年 4 月被发现，追悼会在上海举行，由孔祥熙主持，孙科致悼词。[7]

　　《中国晚报》是沈卓吾与新闻界同仁及华侨合资兴办的一份晚报，是上海最早的中文晚报，创刊于 1921 年 5 月 9 日，号称以"宣传党义"为宗旨。报馆设在南京路 238 号（1931 年改 480 号）。[8]

　　在最初的一年里，《中国晚报》尽管取得了一些成绩，但并不顺利。1922 年 9 月 8 日，沈卓吾致函孙中山，汇报创刊以来情形及海外影响，请求给予资助。中山先生批示："著焕廷查明，酌量办理并代答。"[9] 至 1924 年，晚报的发行量仍然只有约 2000 份。[10] 1926 年 10 月，沈卓吾再次向国民党提出每月 1000 元的津贴。国民党中央经过讨论，决定给予每月 500 大洋的资助，由中宣部予以指导管理。[11]

图 1-7：《中国晚报》，1931 年 3 月 30 日

约 1927 年间，晚报曾一度停刊。1928 年 4 月 10 日复刊。报馆在复刊通告中说："本报……受先总理之指导，奋斗东南，宣传党义，与恶势力作殊死战，受厄者再……"云云。[12] 复刊后，沈卓吾称发行量达到 8000 份。[13] 知名出版人张静庐评价说：

上海的晚报能维持其永恒的生命的，当推《中国晚报》了。……沈氏为上海名记者，他办这一张晚报，惨淡经营，到现在已亏去了十几万元了，这不能不使我们钦佩其毅力。[14]

沈卓吾过世后，一直到1932年5月，《中国晚报》还在坚持出版。[15]

中国晚报馆专门设有留声部，但可能组建于《孙中山演讲》录制之后，报馆最早关于演讲片的广告，尚没有留声部的名称。沈卓吾是中国留声机器公司的股东，录制《孙中山演讲》、设立留声部的想法，应该与此有直接关系。留声部的宗旨，在《孙中山演讲》封套上有明确表述：

晚报鉴于声音感人之深，而外人所制留声音片，限于音乐歌曲，仅可悦耳消遣，于国于民，均无裨益。为特聘请专家，附设留声部，专制名人演说、科学讲话，宣传救国要旨，冀为社会指导。

沈卓吾还专门注册了"中山留声话盘制造厂"，1927年12月，以该厂的名义，向全国注册局注册了"孙总理肖像"商标。1928年2月15日，注册局以"审定商标第一号"公告于《商标公告》第1期。1929年6月，在提倡国货、挽救利权运动中，这一商标被工商部商标局认定为"国货商标"。[16]

不过，从已知的资料看，"中山留声话盘制造厂"只是一个名目，并没有厂房设备。留声部的唱片，是由中国留声机器公司（后更名大中华留声机器公司）代为录音、制造的。[17]

以中国晚报馆名义出版的唱片，除中山演讲外，今知还有以下几种：

1. 戴季陶日语演讲《介绍三民主义于日本国民》，张数不详。

1924年6月1日录于广州南堤小憩，即沈卓吾南下录音返沪的当天下午。次日《广州民国日报》报导说："昨日午后五时，旅粤日侨特请戴季陶君讲演三民主义。先在南堤小憩假上海晚报社沈卓吾君之收音机，作一日语留声片，题为《介绍三民主义于日本国民》。"报导并介绍了演讲的主要内容。戴季陶《中山演讲片题辞》亦称，中山先生广州录音时，"余亦制日语讲片数枚"。

2. 梁士诒演讲《经济政策》，2张4面。

1925年4月录于北京。《三水梁燕孙先生年谱》1925年4月记云："是月，上海中国晚报社社长沈卓吾携带录音机器来京，恭请先生演讲《经济政策》一节；并制成留声机片，共四面。"《年谱》收有演讲全文。此片在梁士诒去世三周年纪念会上曾有播放记载。[18]

图 1-8：《商标公告》第 1 期，
1928 年 2 月

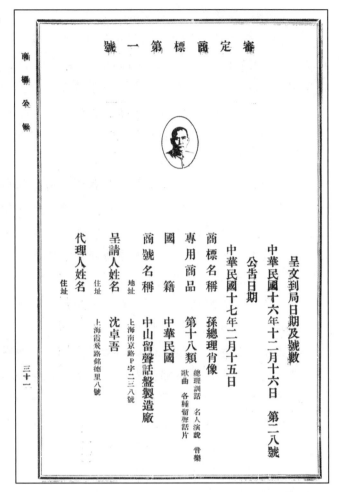

3. 冯玉祥演讲并唱歌，8 张 16 面

约 1925 年录音。《申报》1925 年 8 月 15 日，报导当日开洛无线电播送站节目《冯玉祥督办演说并唱歌》，有如下记载：

> 西北边防督办冯玉祥将军告诫军官兵士之演说片，共八张十六面，语多警惕，音尤响亮，其中有唱歌一段，别有韵味。……该片系本埠中国晚报馆所制，声音非常清晰云。

此前《申报》8 月 6 日预告此节目唱片，则云"大中华留声机器公司出品"，盖因大中华录音制造，中国晚报馆出版发行，遂有两说。

是年冯玉祥任西北边防督办，驻张家口，并无来上海的记载。查本年《冯玉祥日记》，亦未记录音事。或沈卓吾赴京参加吊唁孙中山活动前后，曾赴张家口，已不可知。

4. 《国民党党歌》，2 张 4 面。

1929 年 3 月录于上海。周淑安女声独唱、李恩科男声独唱，萧淑娴钢琴伴奏 1 面；国立音乐院学生合唱，萧淑娴钢琴伴奏 1 面；上海特别市公安局军乐队铜管乐演奏 1 面；全体合唱，公安局军乐队伴奏 1 面。

《申报》1929 年 3 月 17 日的报导《大中华公司代收党歌》载：

> 南京中央党部新选定之党歌，于总理四周年忌辰日，由教育部特派科长及奉安委员沈卓吾，偕国立音乐大学全体教授，及男女学生，在大中华留声唱片公司灌收。用钢琴全体男女合唱一面；又用钢琴，由周淑安女士教授及某男教授，轮流单唱一面；再由特别市公安局音乐队，与全体男女合唱共奏一面，又用音乐队单奏一面。计四面共二张。闻已命该公司赶制，以备赠送三全大会代表之用，及普遍诸海内外，使人人皆晓党歌云。

4 月 11 日《党歌留声片出世》又称：

> 中山留声制造厂云：中央党部委托，制造党歌留声话盘，并由教育部蒋部长，特派陈秘书、荣科长在沪赞助筹备。受音时由国立音乐院主任萧友梅先生亲临指导，由该院萧淑娴女士奏琴，教师周淑安女士个人先歌一阕，李恩科先生继之，成单唱党歌一片；复由萧女士奏琴，请该院全体学生合唱，又成一片；次由公安局军乐队先奏党歌曲谱一片，后奏军乐全体合唱一片，共计制成党歌话盘二张。已经中央审核特准专卖，以利宣传。为普及起见，每张仅售银一元四角，外埠函购另加装箱邮费六角。该片由上海南京路二三八号中国晚报馆营业部发售云。

中山留声厂、中国晚报馆 1931 年致国民会议代表的广告函（图 1-21）中，列有此片。

5. 汪精卫演讲《训政与民权》，2 张 4 面。

1931 年 11 月录于上海。时汪精卫自广州来上海，出席宁粤和平统一会议，10 月 21 日抵沪。11 月 26 日、29 日，中国晚报留声部两次在《申报》刊登广告："汪精卫先生，此次来沪，筹商统一，共御外侮。全国同胞，莫不引颈企望，欲聆先生救国之言论。中国晚报留声部有鉴于此，特请先生演讲，制成留声话片，题为《训政与民权》。"并介绍演讲的具体内容。据生产周期推算，演讲应录制于 11 月上旬或中旬，沈卓吾遇难之前一月。

以上唱片，均未见有实物传世。

三、樫尾庆三与上海留声机器公司

在录制《孙中山演讲》的 1924 年，录音及唱片生产在中国还属于先进技术，国内仅有两家工厂可以实现，一是法商百代公司，二是中日合资的上海留声机器公司。《孙中山演讲》便是使用上海留声机器公司的设备，由该公司技师欣治和庆三录制的，最初的唱片生产，也由该公司完成。

欣治的生平已不可考；庆三即樫尾庆三，日本知名录音师，曾任大阪留声机公司（大阪蓄音器株式會社）董事。

日本的唱片工业，借助于明治维新的推动，1900 年代开始起步，1909 年（明治四十二年）掌握了录音和制造技术，推出了日本的国产唱片，大正前期得到蓬勃发展。但由于法律并不保护唱片的著作权，大量廉价盗版唱片（日本所谓“复写盘”或“海贼盘”）充斥市场。直至 1920 年（大正九年）8 月修订《著作权法》，将唱片列入保护之列，这种状况才得以遏制。

大阪留声机公司成立于 1912 年（大正元年），生产白熊牌唱片，是日本关西地区以盗版知名的公司。他们曾针对中国市场，盗版过美国胜利公司出版的京剧唱片。

图 1-9：大阪留声机公司生产的白熊牌唱片，京剧《朱砂痣》，李万兴唱，目录号 B1，盗版自美国胜利留声机公司的唱片，原目录号 42329-A

1918 年，大阪留声机公司被京都的东洋留声机公司（東洋蓄音器株式會社）兼并，1920 年 7 月 1 日清算结业。樫尾庆三于 1922 年（大正十一年）只身来到上海，创办了上海留声机器公司。[19]

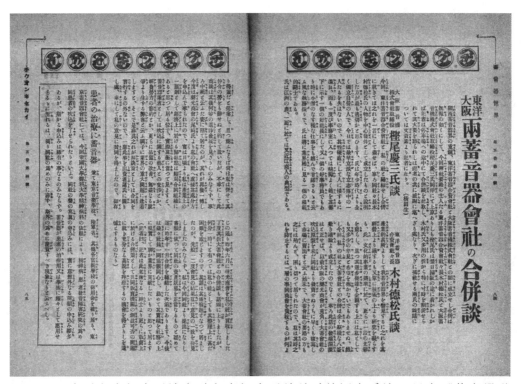

图 1-10：大阪留声机公司被东洋留声机公司兼并时的记者采访，日本《蓄音器世界》第 5 卷 4 期，1918

上海留声机器公司（Shanghai Talking Machine Co.）创立于 1922 年 8 月，工厂设于杨树浦华德路（今杨浦区长阳路）。公司由中日两方人员投资，资本金 5 万元。

由于资金短缺，产品生产不足，上海留声机器公司开办不到一年便陷于停产状态。1923 年底，由新成立的中国留声机器公司租赁其设备，代为经营。上海留声机器公司遂沦为中国留声机器的生产加工厂，最终在 1924 年 9 月被中国留声机器公司收购。

1929 年的一份行业调查报告《上海唱片机器制造厂》说：

> 民国十一年八月间，有一"上海留声机器公司"之组织，设厂于杨树浦华德路，系中日合办，资本五万元。嗣因出品微细，开支浩大，开办未及一年，而资本消耗殆尽，遂至不能营业之状态。至民国十二年底，始由……"中国留声机器公司"，代为经营。[20]

上海留声机器公司的产品，迄今绝少留传。但存世有一些同时期商标、厂名俱为假托的盗版唱片，如标"物克多利唱片公司"的"福"字唱片、标"亚洲唱片公司"的鹦鹉唱片等，有可能即上海留声机器公司的产品。当时中国的法律，尚没有保护唱片著作权的条款。

图 1-11：上海留声机器公司以 Dancing Record 商标，为中国留声机器公司生产的唱片，京剧《宝蟾送酒》，小杨月楼唱，目录号 520B，1923

　　上海留声机器公司的工人，特别是技工，大都为日本籍。被中国留声机器公司收购之后，日籍工人多继续受聘于新公司，直到 1930 年代初。其中有名可考者，除樫尾庆三外，还有西村、英布、桑野，以及参与了《孙中山演讲》录音的欣治等 4 人。[21]

　　上海留声机器公司被收购之后，中国留声机器公司与樫尾庆三签订了为期 20 年的长期合同。1931 年"九一八事变"爆发，抗日浪潮兴起，时已改名为大中华留声唱片公司的中国留声机器公司遭遇信任危机，舆论指其为日资公司而产品冒充国货。大中华留声唱片公司随即发表声明，按照上海市抗日救国会的要求，解除了与樫尾庆三的合同。[22]

　　据说，樫尾庆三返回日本后，一直从事录音工作，曾到过日本占领下的朝鲜、台湾，可能是为合资帝国留声机公司（合資會社帝國蓄音器商會）服务。1934 年 2 月，合资帝国留声机公司改组，成为新的帝国留声机公司（帝國蓄音器株式會社，Teikoku Gramophone Co., Ltd.），樫尾庆三出任董事。

　　民国末年以来，曾流传有孙中山 1910 年代邀请樫尾庆三来华创办大中华唱片公司的传说。此说最早见 1948 年《广播周报》记者的采访文章《大中华唱片厂访问记》：

　　　　民国九年，孙中山先生邀日人樫尾庆三来华在上海合力创办"中国唱盘公司",民国十三年,孙先生过沪北上时,曾收灌国语及粤语演讲片四种,已成我国近代历史中最珍贵的文献。[23]

1989 年,《中国的唱片出版事业》一书称:

> 大中华唱片厂是在孙中山先生提倡和支持下建立的。孙中山先生在日本创办同盟会时,邀请日本人樫尾庆三来上海创建唱片厂。1917 年在虹口大连路设厂,由中日资本家合资经营。"大中华"这个厂名,是孙中山先生起的。孙中山先生还录制了讲话唱片两张,以示对大中华唱片厂创建的鼓励。[24]

这些说法与前引早期文献相悖,带有传说性质,又有明显错误,不足为信。

四、许冀公与中国留声机器公司

由许冀公集资创建的中国留声机器公司,与《孙中山演讲》亦有密切关系。沈卓吾是中国留声机器公司的早期股东,后曾出任总经理,所以中国留声机器公司称《孙中山演讲》为"本公司股东"赴粤收录。公司最初的发展,亦得益于这次录音时中山先生的鼓励。

图 1-12:许冀公先生肖像,源自新月唱片公司《新月集》第 1 期,1930

许冀公(1871～1934),字又铭,祖籍福建安溪,六世祖迁居台湾台北新店,是为台湾人。16 岁考入武备学堂,毕业后任百夫长。甲午中日战争,清政府割让台湾予日本,许冀公与丘逢甲等自发组建台湾民主国,出任财政部长兼陆军次长,与日兵作战三年。终以殖民当局允许台湾自治为条件,解散部属。此后致力实业,开办公司。1900 年,孙中山至台湾,策划惠州起义,许冀公曾参与其事,与孙中山朝夕相处。辛亥革命时期积极筹款济饷。宋教仁遇刺后，他受命于孙中山，与黄兴等人同谋二次革命，后被上海镇守使郑汝成拘捕，受酷刑五次，死里逃生。出狱后逃往东京，参加中华革命党。不久接受孙中山谕令："有一分精神，当作一分事业；有一文金钱，当助同志举义。谁功谁过，死后算账。"遂命其妻黄丹芷女士回台湾，典押产业，以所得资金，回国参加暗杀郑汝成、炮击兵工厂等活动，继而至福建，参加讨袁护国，任福建护国军总司令。

许冀公身居日本占领下的台湾，国籍为日籍。1916 年后，他不堪台湾沦丧之痛，举家迁居上海，以华侨的身份兴办实业。在上海，他积极参与各种社会活动，提倡国货、发展教育，热心参与各种赈灾救助慈善事务，历任华侨联合会会董、副主席、主席。[25]

唱片是许冀公在上海的主要实业。他于 1923 年秋集资 1 万元，筹办了中国留声机器公司（Chung Kuo Record Manufacturing Co.），出任经理，是年冬正式营业。公司租用已停业的上海留声机器公司的设备，录音并压制唱片。公司设在海宁路 39 号，工厂在杨树浦蓓开尔路（今惠民路）58 号。[26]

当时控制中国唱片市场的企业，主要是法商百代公司和美商胜利公司，产品主要面向娱乐，内容大抵不出以京剧、粤剧为主的地方戏曲、曲艺，以逐利为唯一目的。由于许冀公、沈卓吾等人的政治追求，中国留声机器公司的经营理念与西方公司有着明显区别，号称以"宣传党义"为目的。这也正是沈卓吾中国晚报留声部的宗旨。

中国留声机器公司一开始就十分重视唱片的宣传、教育作用，经常邀请名流政要，发表关于社会发展、国计民生的演讲，录制成唱片出版。1923 年秋至 1924 年春，除了出版小杨月楼、马连良、谭富英等人的京剧，王美玉、王爱玉的苏滩作品外，还录制了中国社会党领袖江亢虎的《普及教育》《交通要旨》，驻德公使魏组宸的《德国改革后之现状》《欧洲外交之情形》等演讲片多种。后来，还收录了包括孔祥熙在内的许多名人演讲。即使戏曲、曲艺唱片，他们也往往以政治眼光选择曲目，如老同盟会员刘艺舟抨击袁世凯复辟的京剧《新华宫》，范少山反对列强的苏滩《五卅叹词》《五卅春调》等。后者出版后，即遭当局查禁。

1924 年 9 月，中国留声机器公司增资至 10 万元，收购了上海留声机器公司的全部资产，开始自行生产唱片。调查报告《上海唱片机器制造厂》载：

> （上海留声机器公司）开办未及一年，而资本消耗殆尽，遂至不能营业之状态。至民国十二年底，始由华侨许冀公等，集资一万元，另组一"中国留声机器公司"，代为经营。至十三年九月间，且扩充资本十万元，先收五万

元，收买"上海留声机器公司"之全部生财及机件。至是中国留声机器公司，始得直接自行制造唱片矣。[27]

其背景，正是公司录制孙中山演讲时，得到中山先生赞扬，因此信心倍增，做出增资收购决定。公司 1930 年的《沿革及宣言》称：

> 本公司……于民国十三年五月率领技师赴粤，请先总理灌收教训国人演说片。先总理欣然允诺，灌收三片，并赞许曰："中国留声机器公司所制唱片，为宣传之无上利器，将来当可大有助于中华国民革命。"本公司受宠若惊，勇气陡增。[28]

1931 年的《沿革及宣言》更明确说：

> 本公司各股东因十三年赴粤灌收先总理演说唱片时，蒙先总理亲加赞勉，而毅然正式组织公司，收买前上海留声机器公司中日合办之残局。[29]

中国留声机器公司使用双鹦鹉商标出版"中国唱盘"，这一商标一直延续到上海沦陷，并在战后被重新启用。

图 1-13：中国留声机器公司出版的唱片，音乐《燕子楼》，吕文成、司徒梦岩演奏，目录号 599，1924 年 9 月录音，初版

图 1-14：中国留声机器公司出版的产品，女子苏滩《阎瑞生》，王美玉、王爱玉演唱，目录号 549，1923 年 10 月录音，约 1925 年再版

图 1-15：大中华留声机器公司时代的产
品之一，1925

1925～1927 年间，许冀公离沪从事政治活动，沈卓吾出任公司总经理。在此期间，公司更名为大中华留声机器公司，复又更名为大中华留声唱片公司。[30] 1928 年 4 月 10 日，《中国晚报》复刊，因难以兼顾，沈卓吾在 13 日《申报》上刊登启事，宣布辞去大中华留声唱片公司总经理职务：

> 鄙人近因主持新闻事务过忙，而所营工厂计划制造日无暇晷，对于大中华留声唱片公司总经理一职力难兼顾，业向董事会辞职，幸荷议准。所有卓吾名下之股份，刻已让渡与许清（青）海君。

不久，许冀公复出，任总经理。[31]

1931 年，许冀公退出大中华公司，返回福建。但早在 1926 年，其子许青海已进入公司学习录音，后成为大中华留声唱片公司的优秀录音师。

图 1-16：大中华留声机器公司时代的产
品之二，1926

图 1-17：大中华唱片公司时代的产品，约 1928

上海沦陷时期，1940 年日本人上阪孙市接办公司，更名为大上海留声唱片公司（大上海蓄音器株式會社，Great Shanghai Gramophone Co.），出版孔雀牌唱片。1944 年更名为亚洲唱片厂股份有限公司，出版亚洲唱片。

抗战胜利后，该公司由华人资本改组收购，更名为大中华电气实业股份有限公司（China Electric Industries Ltd.），恢复双鹦鹉品牌，但为期很短，1946 年底停业。1947 年 3 月，国民政府中央广播事业管理处以法币一亿元收归国有，改名为大中华唱片厂。1949 年，唱片厂被上海军管会接管。[32]

《孙中山演讲》后来一直由大中华留声唱片公司压制生产，大中华也一直视演讲片为己出。1930 年 3 月 11 日《申报》报导大中华唱片时，曾有这样的陈述：

> 大中华留声唱片公司宣称：本公司为华侨创办，本为宣传党义而设，始由孙总理亲讲三民主义留声话片数张，总理声音，得留存万世，皆本公司之功也。

同年，大中华在香港的合作伙伴新月唱片公司，出版了第一期宣传杂志《新月》，其中刊登了一篇署名该公司宣传部的文章《孙总理与新月的历史关系》，记述说，录制演讲是许冀公向孙中山提出的：

> 吾国唱片事业，纯系华资者，只有大中华公司而已。该公司职员，除映相师为日本人外，其余均为华人。其总经理许冀公，为国民党老党员，追随孙总理多年。许公以唱片为宣传利器，故注意于名人演说片，及教育片。许公尝谓孙总理曰："总理一生干如此大事业，但未能以有声之物，传播伟论于国中，实憾事也。今大中华唱片公司，拟请总理演说，灌入片中，总理其许之乎？"孙总理慨然允诺，乃在广州云南会馆收音，计共得四片：普通话二

片，粤语二片。灌制事毕，总理听之，无殊口说，大为欢慰。
此大抵为宣传品的夸饰、演绎之词，难以全信。

五、《孙中山演讲》的宣传、发行及影响

《孙中山演讲》录音之后，沈卓吾一行于 1924 年 6 月 5 日回到上海，很快，唱片便压制出来。《申报》当月 22 日刊发的《国民党上海学生党员大会纪》，报导召开于前一日的会议，已有播放记载：

> ……次演该党总理留声机片，计共国语四片、粤语二片。大意谓中国本为世界一等强国，现则沦于瓜分之危境，不设法补救，必致亡国。欲思挽救，非实行革命、实现三民主义之政治不可。惟革命有真假，预防假革命势力之侵入，系党员责任云云。

1924 年 7 月 13 日，中国晚报馆在《申报》头版第一次刊登了《孙中山演讲》的广告。此时，《孙中山演讲》零售价每张 2.4 元，较一般唱片要高。1925 年，百代、胜利、中国留声机器公司的 10 英寸钢针唱片新出曲目，每张 1.4～1.5 元；百代的钻针唱片每张 2 元。[33] 这一定价也折射出中国晚报馆对《孙中山演讲》的重视和对市场的信心。

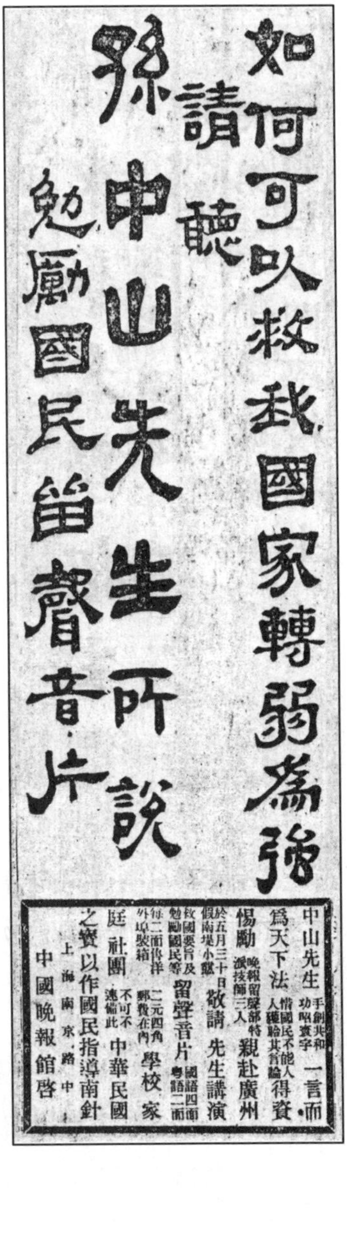

图 1-18：中国晚报馆的首次广告，《申报》1924 年 7 月 13 日第 1 版。落款为中国晚报馆，尚没有留声部的名称

中国晚报馆也向一些机构赠送唱片，见于报导者，如 1924 年 7 月 28 日江苏省师范附小联合会与上海县教育局联合举办的暑期讲习会交际大会，会上播放了晚报馆留声部赠送的《孙中山演讲》。[34]

大中华唱片公司的《沿革及宣言》称：

> 因将先总理所灌演说片，对于海内外华侨同志，或仅收半价，或竟全然义务赠送者，不下数万张。区区此心，亦不过借此宣传党义，冀为党国稍尽义务而已。[35]

唱片出版后，播放《孙中山演讲》是许多会议的经常性项目，报导屡见报端。未几，1925 年 3 月 12 日，孙中山逝世，此录音竟成绝响。播放演讲片，遂成为悼念日、纪念日集会上，寄托哀思、宣传孙中山思想的形式之一。

孙中山逝世后，停灵于中央公园社稷坛。沈卓吾携带演讲片至北平，以无线电播放，因设备效果不好，复在中央公园内设放大机播放。《哀思录·治丧报告》载：

> 二十八日，午后二时至四时，招待员在社稷坛头门外演乐亭内设置留声机，以无线电机将声浪放大，传播先生演说，共分六片，四为国语，两为粤语，均系鼓励国民之词。制片者为上海《中国晚报》，盖先生去年五月三十日在广州南堤讲演者。先生之遗音犹存留于世者，仅此数片而已。[36]

时任交通部京津无线电话管理员的于润生，是此事的承办者，他回忆播放演讲片为 3 月 26 日事：

> 时治丧委员会对国父生平事迹的宣传工作，虽在多方努力，仍感不够。适上海中国晚报社社长沈卓吾曾为国父灌制国语、粤语演讲录音片各一张，携来北平，拟于国父停灵中央公园之际广播于世。经治丧委员会同意，所有工具设备及技术问题，并嘱转商于我。因就交通部北平电话东分局内设置的五百瓦特无线电话机，予以利用。惟以限于环境及设备，更以当时民间只有少数矿石收音机，播放数次后，佥认为收效不宏。复经商得治丧委员会同意，改于中央公园（后改为中山公园）内设机播放。其时交通部并无播音设备，因向中国电气公司借得长约七尺高约三尺的木质扩音筒一具，用木杆支架于中央公园门内左侧广场上空，其传音及增音设备，安置于路左亭内，专作传播之用。是时北平尚未有利用公众讲演扩音设备以作宣传者，故当时耳目为之一新。来园凭吊人士，咸于瞻仰国父遗容后，绕道亭前，恭聆国父遗训方始离去。哲人逝矣！音容宛在。民众中有闻国父遗音而至泣下者，感人之深，于此可见。时为民国十四年三月二十六日。其后广播节即源由于此。盖吾人

所以纪念广播节者，实所以纪念国父也。[37]

南京追悼大会期间，"每晚七时，演放《中山创造革命》电影及由上海寄来之中山演讲三民五权主义留声机片，放大声音，可听三万人"。[38] 上海无线电话播送站还在无线电广播中连播三日，以满足人们对孙中山的悼念。[39]

孙中山逝世的当年，演讲片甚至在偏远的内地县城也有播放，如 10 月份河南辉县举行的国庆节纪念大会，"开会时并演孙中山先生之讲演片"。[40] 在海外，陈以益《国父声片保存记》记载：

是年冬，余由沪赴长崎，临行承卓吾君以此原片见贻。是年三月十二日，国父逝世。四月一日，长崎华侨开追悼会，首将此片开播。是年十月，余调任墨西哥后，迭将此片在美国旧金山、罗省集、墨国京城及棉市加利埠广播。各埠同胞，热烈欢迎。[41]

约在孙中山逝世后，《中国晚报》报头上增加了"国父声音之所寄托"字样，以示晚报的政治使命以及与中山演讲片的关系。

图 1-19：中国晚报馆广告，《申报》1928 年 11 月 12 日，孙中山诞辰纪念日

1926 年，美国为庆祝独立 150 周年，在费城举办万国博览会，邀请中国参加。中国晚报馆及大中华留声机器公司以留声机片选送参会，双双获得博览会丁等银奖。[42] 获奖名单虽未明列唱片品种名称，但中国晚报馆所选送者，当有《孙中山演讲》。

1928 年《中国晚报》复刊后，6 月 25 日在《申报》刊登广告，面向各地征招代理商，以 50 张为起点，代理费为零售价的 20%。

孙中山临终前，遗愿葬于南京。及其逝世，由于种种原因，直到 1929 年 5 月才安葬于中山陵。在此期间，沈卓吾参与了许多相关活动，《孙中山演讲》也发挥了独特的作用。

1925 年 4 月 4 日，国民党中央成立孙中山先生葬事筹备委员会，18 日在上海成立葬事筹备处。沈卓吾任纠察主任。1929 年始，丧事由国民政府接手主持办理，1 月 18 日，国民政府成立奉安委员会，下设办公处于南京，沈卓吾任办公处秘书。奉安典礼结束后，1929 年 7 月 16 日，总理奉安专刊编纂委员会成立，沈卓吾任编辑；9 月 9 日设专刊办事处于铁道部（时孙科为部长），沈卓吾任专任干事兼秘书。[43]

修建中山陵的过程中，1926 年 3 月 18 日，葬事筹备委员会讨论了墓碑、石刻文字的基本原则，1928 年 1 月 7 日确定了各处的具体碑文、石刻内容。中山陵祭堂后壁墓门左侧，选刻了谭延闿手书的《总理告诫党员演说词》，即《孙中山演讲》第四面演讲词，惜今已不存。[44]

奉安大典之前，1929 年 1 月，戴传贤等人提出奉安宣传计划，由国民党中常会第 191 次会议通过，国民政府据此于 27 日颁布《宣传计划令》予以执行。其中规定，安排由首都南京开往北平的迎榇列车，沿途各地宣传时，"车内奏演哀乐及留声机之总理留声片"；南京及沿途各地组织的迎榇纪念大会，亦安排播放总理演说片程序。[45]

2 月，沈卓吾辑录历年来孙科、于右任、谭延闿、蔡元培、冯玉祥、吴敬恒、戴传贤等要人为演讲片所作题辞，成《中山先生留声纪念集》第一集，请胡汉民题签，以柯罗版影印，由中国晚报馆出版。

5 月 1 日，临近奉安大典，沈卓吾曾向葬事筹备委员会提出，在南京卫桥东马路南，以芦席搭建一座"留声阁"，专事销售《孙中山演讲》唱片，得到委员会批准。[46]

图 1-20：《中山先生留声纪念集》，沈卓吾辑，中国晚报馆出版，1929

此后，1931 年 5 月，国民会议在南京召开。中国晚报馆在鼓楼北中山路中实里口三号设立了发行处，销售中山演讲唱片，并制作了专门给会议代表的广告。

沈卓吾遇难后的一个时期，《中国晚报》仍然继续出版，并刊登广告，销售《孙中山演讲》。

图 1-21：中山留声厂、中国晚报馆致国民会议代表广告，1931。此广告裱于台北孙中山纪念图书馆所藏《中山先生留声纪念集》首页

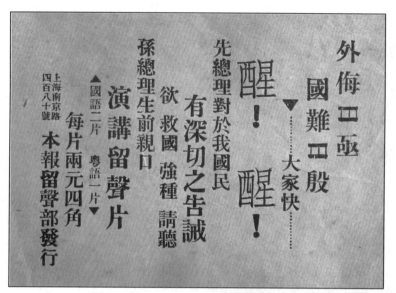

图 1-22：《孙中山演讲》广告，《中国晚报》，1932 年 5 月 4 日

图 1-23：广利生公司的唱片广告，新加坡《总汇新报》，1930 年 1 月 4 日。内有《中山先生演说片》

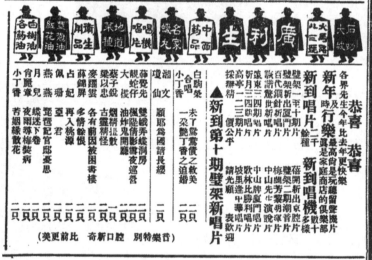

在《孙中山演讲》的保存与宣传上，值得一提的还有同盟会老会员陈以益。

陈以益（1890～1966），字宝庵，江苏江阴人。1906 年加入同盟会，不久留日，与秋瑾等相善。辛亥前奉命回国从事革命活动，后投身新闻界，在上海等地办报多种。1919 年任北京政府驻日本、墨西哥等地外交官。1926 年回国后在南京政府外交部任职，"五三惨案"发生后随外交部长黄郛辞职。此后在上海从事编译著述。1948 年任教台湾大学，1950 年赴日本，任东京华侨总会常务理事。1953 年回国，在北京中国人民外交学会任编译。一生著述甚富。[47]

陈以益 1924 年赴日任驻长崎代领事时，沈卓吾曾赠送给他一套《孙中山演讲》。陈以益视为"家藏三宝"之一，随身携带至海外多地播放。1937 年他在北平遭日本宪兵拘捕，收藏此片即为罪名之一。1941 年，他发起国父遗声宣扬会，复制此片分赠同志，并作《国父声片保存记》述其收藏磨难。国父遗声宣扬会于每年各孙中山纪念日，在电台、纪念场所播放中山演讲。1945 年，中央电影摄影场制作关于孙中山的影片，借其所藏唱片转录，作为电影配音。他还编著了《国父声片讲演录》，初版于 1932 年，再版于 1941 年，今未见传世；第 3 版更名为《国父遗声纪念刊》，出版于 1947 年 5 月，今幸有流传。为表彰他对保存《孙中山演讲》所作的贡献，国民党中宣部 1946 年特向他颁发了奖状。

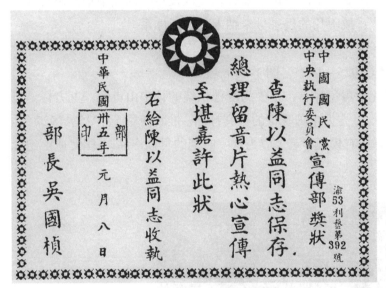

图 1-24：国民党中宣部颁发给陈以益的奖状，1946 年。源自《国父遗声纪念刊》

六、《孙中山演讲》的生产与再版

孙中山演讲唱片的生产，原始记录已不存。在历年的出版和再版过程中，厂商更换过不同的片芯和商标。通过现存的唱片实物，可大体推断出初版和再版的情况。

《孙中山演讲》的模版，纳入了中国留声机器公司的模版号体系，存世的早期唱片上，压有模版号，反映出 6 面演讲的模版号分别为：

589A　勉励国民其一

589B　勉励国民其二

590A　勉励国民其三

590B　告诫同志其四
591A　救国方针其五
591B　救国方针其六

中国留声机器公司在此前后的录音模版编号，574～575 为刘艺舟演唱的京剧，1924 年 1 月录音；592～595 是周越然朗读的《英语正音片》，1924 年 7 月录音。中山演讲模版号在两者之间，时间上正相吻合。

中国留声机器公司最初实行模版号与目录号合一制，即模版号与目录号相同，但在中山演讲唱片的片芯上，却没有使用这一编号作为目录号。这是因为，演讲是以中国晚报馆的名义出版，中国留声机器公司（以及后来的大中华留声唱片公司）只是代为压制唱片，故唱片的目录号未纳入其出版体系。

1. 中国晚报初版（1925～1927，图 1-26）

今所见最早的唱片为黄色片心，正中为麦穗拱绕的孙中山肖像。上方标"上海中国晚报留声部制"，下方为中国晚报的英文社名。推断使用于 1925～1927 年。无目录号。其中片心外压有模版号者，应为这一时期的早期产品。《国父遗声纪念刊》指为"原片"。

图 1-25：《孙中山演讲》封套

图 1-26：《孙中山演讲》第一版

2. 中国晚报再版（约 1928 ~ 1932，图 1-27）

此版仍以中国晚报留声部名义出版，模版号改为 A1 ~ A6，亦无目录号。片心以蓝白国民党党徽为底，正中孙中山肖像改为线条图外加椭圆线，下方印有"沈卓吾监制"字样。粤语两面的标题，改为《勉励国民》。此片孙中山肖像，与 1928 年《商标公告》所刊之专利图相同，片心左方印有"版权特许专利，仿冒请官罚办"字样。为时应在中国晚报馆获得商标专利之后，即 1928 年，故今推断此版使用于 1928 ~ 1932 年。

沈卓吾故世后，《中国晚报》仍存在了一个时期，具体停办日期不详。这一版的《孙中山演讲》，当结束于中国晚报馆停业。

图 1-27：《孙中山演讲》第二版

3. 大上海留声机器公司孔雀版（1940～1944，图1-28）

大中华留声唱片公司结束后，大上海留声唱片公司仍然继续了《孙中山演讲》的出版。此版使用大上海留声唱片公司的孔雀商标，并增加了与模版号相同的目录号 A1～A6。标题统一为《孙中山先生讲演》。生产日期应为 1940～1944 年。陈以益《国父遗声纪念刊》指为"新片"。

图 1-28：孔雀版《孙中山演讲》

4. 亚洲唱片厂新月版（1944～1945）

此版系亚洲唱片厂以新月商标再版的产品。亚洲唱片厂本使用鹰标为商标，新月是大中华留声唱片公司的合作伙伴新月唱片公司的商标。新月公司由钱广仁创建于香港，录音俱为粤曲，唱片一直由大中华代造。上海沦陷后，大中华的模版被日资公司据有。日资公司直接以新月商标再版新月公司的录音。除亚洲唱片厂外，樫尾庆三任职的帝国留声机公司，这一时期亦以新月商标再版新月的粤曲。

图 1-29：亚洲唱片厂以新月商标再版的
新月唱片公司的粤曲

1981 年，中国唱片公司上海分公司曾将演讲片转录为磁带，在纪念会上播放，音源即亚洲唱片厂出版的新月版。唱片原藏上海文管会，今未见。[48]

5. 大中华唱片厂版（1947~1949）

1947 年大中华被收归国民政府后，再次出版过《孙中山演讲》。1949 年 5 月上海军管会接收大中华唱片厂时编制的《大中华唱片厂资产清册》，"成品类"中尚登记有《国父遗声片》2 张，目录号为 1338~1339，未详是全套否。[49] 今未见此片的正式版存世，仅见样片二种（图 1-30、1-31）。

大中华唱片的模版后来散失，今存于中国唱片上海公司者已寥寥无几，《孙中山演讲》亦不在其中。沈卓吾曾收藏有一套模版，沈过世后，1937 年 6 月，其家属呈请国民党中央收回翻制，国民党以 6000 元给价收回，但模版遗失于国民政府南迁重庆之时。[50] 抗战胜利后，国民政府曾向日本追讨中山演讲的模版。[51]

图 1-30：大中华唱片厂《孙中山演讲》样片之一

图 1-31：大中华唱片厂《孙中山演讲》样片之二

图 1-32：大中华唱片厂同时期的正式唱片，歌曲《教我如何不想他》，管喻宜萱演唱，1947 年 8 月 5 日录音

随着技术的发展，1930 年代后期，一次性可录式空白唱盘（即所谓家用录音盘，Home Recording）进入市场，于是出现了以空白唱盘转录的《孙中山演讲》。陈以益《国父声片保存记》记其 1940 年曾在沪复制《孙中山演讲》，"登报征求同志，以复制片分给之"，使用的可能是这种类型的唱盘。

今所见民国间复制的《孙中山演讲》有两种，一为 Decelith 赛璐珞盘，一为铝盘。

Decelith 空白盘，由德国爱伦堡的德意志赛璐珞公司（Deutsche Celluloid-Fabrik AG）生产，使用的材料是赛璐珞（即 PVC，塑料的一种），投产于 1936 年。

图 1-33：Decelith 赛璐珞盘复制的《总理演讲》

RCA 铝盘（aluminum core disc），由美国 RCA 唱片公司出品，803-5 是直径 10 英寸唱盘的代码，生产时间约在 1939～1941 年间。

图 1-34：中央广播电台以 RCA 铝盘复制的《国父演讲》

1949 年以后，在一些纪念日，大陆与台湾俱曾再版过《孙中山演讲》。所知情况如下。

1955 年 12 月，为纪念孙中山诞辰 90 周年，台湾国民党中央借沈卓吾之女姚沈美德所藏演讲片，由中国广播公司转录，鸣凤工厂压制成 78 转唱片出版。此版 2 张 4 面，册页装，于右任题签。1965 年，为纪念孙中山诞辰 100 周年，鸣凤唱片公司又再版为 33 转唱片一张。

图 1-35：台湾中国广播公司出版的《国父训词》，1955

图 1-36：台湾鸣凤唱片公司再版的《国父之声》，1965

　　1971 年，台湾中国国民党党史史料编纂委员会以其所藏唱片，委托台湾教育广播电台翻录，配以普通话、闽南话朗读，由台湾丽鸣唱片厂压制为 33 转唱片两张发行，题为《国父留声》。唱片首载党史会主任委员黄季陆的介绍词。

　　1978 年，台湾中央广播公司为纪念公司成立 50 周年，出版过一张题为《最大的声音》33 转唱片，台湾丽歌唱片公司压制。其中也收录了《孙中山演讲》。

　　1986 年孙中山诞辰 120 周年，中国唱片公司上海分公司再次以宋庆龄故居所藏唱片转录为卡式磁带。

图 1-37：台湾中国国民党党史史料编纂委员会出版的《国父留声》，1971

此外，民国年间，由于《孙中山演讲》有较大的市场需求，上海英商电气音乐实业有限公司 1934 年 7 月录制了由国民党中央广播电台播音员李秉新朗读的《恭读总理留声演讲》，是年底以百代的商标出版。

七、《孙中山演讲》的演讲词

《孙中山演讲》片国语的第一、二面与粤语的第一、二面，内容主旨相同，一些关键词都相同，但用词、语句及顺序又存在差异，说明录音之前，中山先生应该有一份演讲提纲，但没有完整的演讲稿，演讲并非照本宣读。

演讲最初没有标题。《觉悟》副刊刊发时，只题《孙中山先生之留声演讲》。演讲片的初版，第一、二、三面题为《勉励国民》，第四面为《告诫同志》，第五、六面为《救国方针》，应为沈卓吾命名。但五、六两面粤语演讲，名之为《救国方针》，有些大而无当，所以再版时亦改为《勉励国民》。

如前所述，录音的讲演词，最早连载于《广州民国日报》1924 年 6 月 4 日、5 日，又刊于 6 月 28 日的上海《民国日报》副刊《觉悟》，俱只有普通话演讲部分。黄昌谷明确说，这份演讲词是录音时的记录。

此稿与录音的字句有一定差异。演讲毕竟是临场的口语化表达，带有不少虚词、过渡词，有语句不严谨之处。作为文字发表，自然要经过书面化处理。这一稿文从字顺、用词准确，应是经过黄昌谷、邹鲁的整理、润色，按当时的情况，可能还经过了中山先生本人审订。[52]

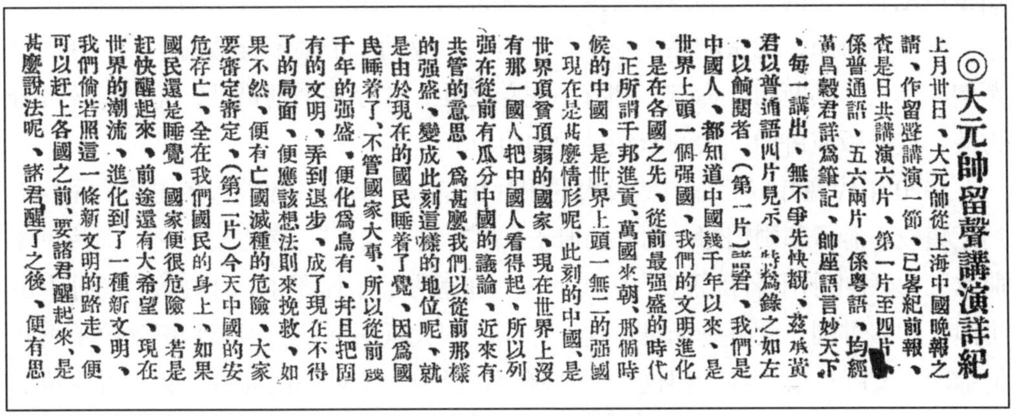

◎大元帥留聲講演詳紀

上月卅日、大元帥從上海中國晚報之請、作留聲講演一節、已畧紀前報、査是日共講演六片、第一片至四片係普通語、五六兩片、係粵語、均經黃昌穀君詳爲筆記、帥座語言妙天下、每一講出、無不爭先快覩、茲承黃君以普通語四片見示、特爲錄之如左、以餉閱者、(第一片)諸君、我們是中國人、都知道中國幾千年以來、是世界上頭一個强國、我們的文明進化、是在各國之先、從前最强盛的時代、正所謂千邦進貢、萬國來朝、那個時候的中國、是世界上頭一無二的强國、現在是甚麼情形呢、此刻的中國、是世界頂貧頂弱的國家、現在世界上沒有那一國人把中國人看得起、所以列强在從前有瓜分中國的議論、近來有共管的意思、爲甚麼我們以從前那樣的强盛、變成此刻這樣的地位呢、就是由於現在的國民睡着了覺、因爲國民睡着了、不管國家大事、所以從前幾千年的强盛、便化爲烏有、并且把固有的文明、弄到退步、成了現在不得了的局面、便應該想法則來挽救、如果不然、便有亡國滅種的危險、大家要審定審定、(第二片)今天中國的安危存亡、全在我們國民的身上、如果國民還是睡覺、國家便很危險、若是赶快醒起來、前途還有大希望、現在世界的潮流、進化到了一種新文明、我們倘若照這一條新文明的路走、便可以赶上各國之前、要諸君醒起來、是甚麼說法呢、諸君醒了之後、便有思

图 1-38：《广州民国日报》刊登的演讲词，1924 年 6 月 4 日

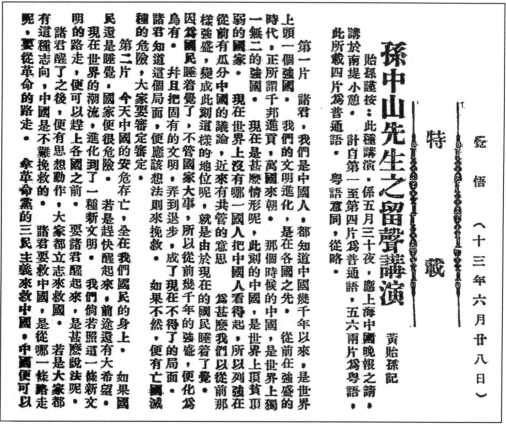

图1-39：黄昌谷记录的演讲词。上海《民国日报》副刊《觉悟》，1924年6月28日

中国晚报馆在讲演片出版发行时，同时附有一份演讲词，此后还裱附在《中山留声纪念集》的封二和封四。这一版演讲词，是又一份经过了书面化处理的文字。与录音对照，此版删除了一些口语虚词，改动了个别不合适的字句，并加以断句、标点。其断句、标点，都有不完善之处，并存在个别错讹，尤以粤语部分为甚。这一版演讲词，大约未经孙中山审订。

1920年代晚叶以后，一些较大的唱片销售商、书商，常常将各唱片公司的唱词汇集成小册子印刷销售。北方的册子，多冠以"戏考"，南方则名之"唱片对照曲本"。这种小册子名目繁多，种类不一。在南方的小册子中，往往收有《孙中山讲演》的演讲词，北方则未见。这些印刷品，大抵根据原公司唱片所附的单页戏词翻印，文献价值不高，但这从一个侧面，反映出《孙中山演讲》在南方流传的广泛。

上海南京路P二三八
中國晚報留聲部製傳

國父演講話盤每片實
銀貳元四角郵費在內

總理留聲話盤國語演說詞

中華民國十三年五月三十日受晉音廣州

勉勵國民第一

（沈卓吾君言）

（以下係 中山先生演說）

中國晚報，請
孫大元帥講演：

諸君！我們是中國的人，我們知道中國幾千年來，是世界上頭等的強國，我們的文明進步，比各國都是先的。當中國頂強盛的時代，正我所謂干邦進貢，萬國來朝，中國的文明，是世界上頭一個高等的國家。現在世界上，沒有一個能看得起中國人的，所以現在世界上的列強，對於中國，都是有瓜分中國的念頭，也是由來各國有咎中國的意思。為什麼我們從前頂強盛的國家，現在變成這個地步呢？這就是由於我們近來幾百年，我們國民睡了！我們睡了！不知世界各國進步的地方。我們睡着之後，還是以為我們幾百年前是這樣的富強的，因為睡着了，所以我們這個幾百年來，政治墮落，變成現在不得了的局面。我們中國人，在今天應該要知道我們現在的地步，要趕緊想想法子，怎麼樣來視救：那末，我們中國就可以有得救，不然中國就要成為亡國滅種的地位。醒！醒！

勉勵國民第二

今天我們中國的國民，睡，還是醒，如果我們還是睡，那末就要退險，如果我們能夠今天醒起來，那末中國可以跟得到各國來追向去，那末要醒起來，中國才有望，為什麼呢？怎麼樣說法呢？就是我們能醒起來，向新的文明這條路去走，我們要研究這個三民主義，民權主義，也講了六個禮拜，現在民族主義已經由書，我將演詞刻了單行本，現在民族主義，不久再來開始講民生主義，大概也要出書，將來民生主義講完，也是一樣刻單行本出書，其中有很多好道理，很多新思想，要留心詳詳細細來研究，如果大家在政治上立平等地位，以民為主，拿民來治國家，民族主義，民權主義，這個就是從國際上立不等地位，民族主義，就是國際上立平等地位，以民為主，拿民來治國家，民權主義，就是從人生計上經濟上平等，民生主義。

勉勵國民第三

諸君，今天我們中華民國是革命黨犧牲流血，推翻滿州，才造成的。現在這個革命事業，都是由我們革命黨，來宣傳到一般的國民知道，要宣傳到中國各省，望諸君要留心找這個書。三民主義三冊的演說，來詳詳細細研究，其中很多好道理，很多新思想，要留心詳詳細細來研究，如果看過之後，把三民主義宣傳到大家都知道，

告誡同志第四

現在我還要同革命黨來講幾句話，大家知道中華民國是革命黨犧牲性流血，推翻滿州，才造成的。現在頂一個義務，就是要把我們革命黨，武人破壞了，所以革命建設不能澈底成功，所以我們革命黨，在中國還要擔很重的責任，要傳到一般的國民知道，要宣傳到一般的國民知道，要努力進行，要用自己的力量，要研究三民主義，現在革命黨還要努力進行，學從前先烈這個樣，不好拿革命成功後這種假革命的名，借革命來致國一個人的私利，是中國民從前沒有總過的，說諸君要留心找這個書，廣傳到中國各省，望諸君要做到同現在這個樣，詳細來了解，那末諸君，就懂得怎麼樣革命立志來致中國，大家都立志來救中國，那末中國很快的可以變成一種富強的國家，與列強競駕齊驅了，還就是我望於諸君的。

民知道是非，知道真假，知道這個真革命黨是為國犧牲，現在要擔一種很大的精神，使國民大家知道真革命黨，是真心為國家，借革命假革命黨，這種是革命成功後，這種假借什麼事，所以立國民還要做到同這個樣，布滿全國，以造種假革命之名，冒革命之名，所以把革命黨一個人的才，我們要把這種假表示我們的一種道德，一種真革命黨，現在要擔一種很大的精神，使國民大家跟我們來革命，中國總有救略！

图1-40：中国晚报馆《孙中山演讲》所附的演讲词

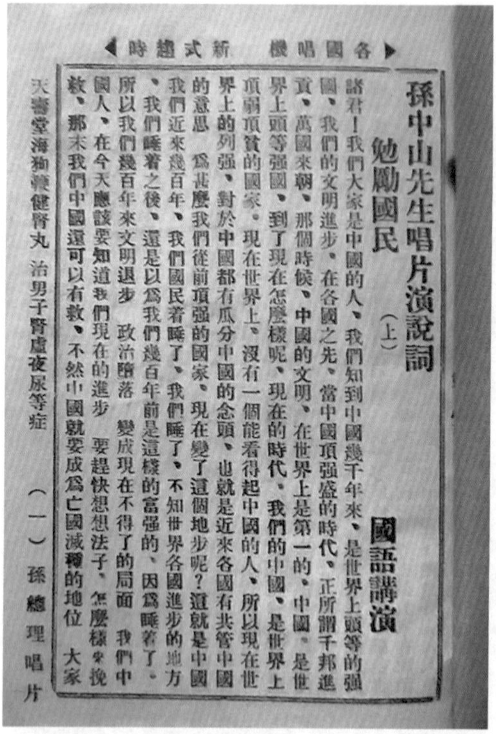

◀ 時趨式新　機唱國各 ▶

孫中山先生唱片演說詞（上）

勉勵國民

國語講演

孫總理唱片

諸君！我們大家是中國的人，我們知到中國幾千年來，是世界上頂等的強國，我們的文明進步，在各國之先，當中國頂強盛的時候，那個時候，中國的文明，現在的時代，在世界上是第一的，中國，是世界上頂富頂貴的強國，到了現在是怎麼樣呢，現在的世界上，沒有一個能看得起中國的人，所以現在世界上的列強，對於中國都有瓜分中國的意思，為甚麼我們從前頂強的國家，現在變了這個地步呢？我們近來幾百年，我們國民着了睡了，不知世界各國進步的地方，我們睡着之後，還是以為我們幾百年前那樣的富強的，因為睡着了。現在要趕快想想法子，怎麼樣以挽救，那末我們中國還可以有救，不然中國就會變成為亡國滅種的地位　大家

天壽堂海獨醒健腎丸　治男子腎虛夜尿等症

（一）

图 1-41：香港天寿堂药店编印的《孙中山先生唱片演说词》。天寿堂药店是当时很有影响的唱片销售商

图 1-42（下左）：广州华兴书局编印的《孙中山先生留声片演说词》

图 1-43（下右）：大新书局编印的《大中华公司唱片曲本》

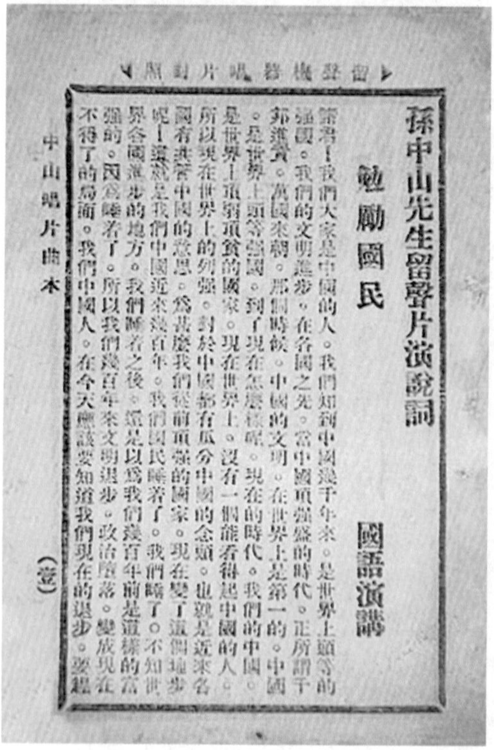

◀ 照印片唱機聲留 ▶

孫中山先生留聲片演說詞

勉勵國民

國語演講

中山唱片曲本

諸君！我們大家是中國的人，我們知到中國幾千年來，是世界上頂等的強國，我們的文明進步，在各國之先，當中國頂強盛的時候，那個時候，中國的文明，現在的時代，在世界上是第一的，中國，是世界上頂富頂貴的強國，到了現在是怎麼樣呢，現在的世界上，沒有一個能看得起中國的人，所以現在世界上的列強，對於中國都有瓜分中國的意思，為甚麼我們從前頂強的國家，現在變了這個地步呢？我們近來幾百年，我們國民着了睡了，不知世界各國進步的地方，我們睡着之後，還是以為我們幾百年前那樣的富強的，因為睡着了。現在要趕快

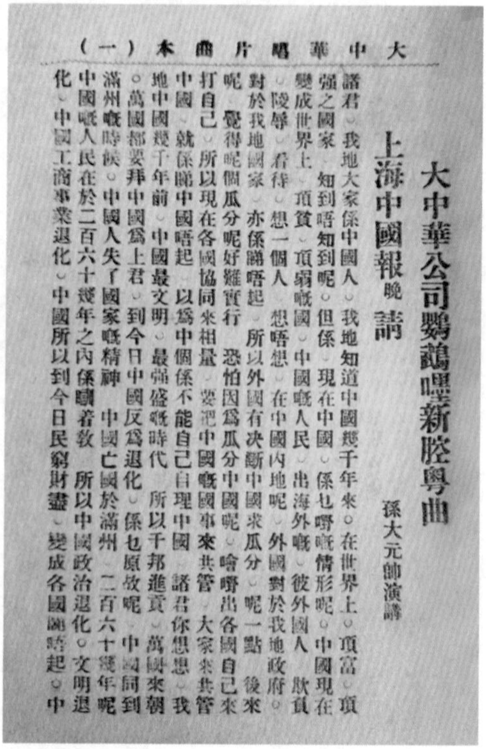

（壹）

（一）　本曲片唱華中大

大中華公司鸚鵡喺新腔粤曲

上海中國報晚請

孫大元帥演講

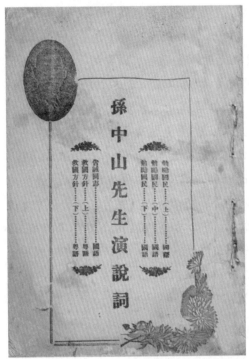 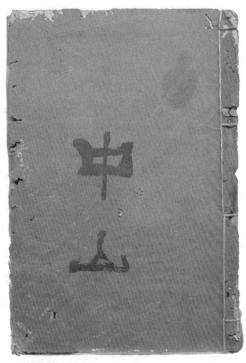

图 1-44（左）：民国间编印的《孙中山先生演说词》

图 1-45（右）：民国间香港永隆中西印刷场印制的《孙中山先生唱片演说词》

民国以来，各地编纂出版的《中山先生演讲集》、《中山丛书》、《中山全集》等，大都收录有《孙中山演讲》的演讲词，所见以广智书店 1927 年出版的《中山演讲集》为最早。演讲集、全集所收，早期多以报刊发表本为底本，晚期或以演讲片为据，各本所加标题不一，大都只收前四片国语演讲。

1940 年代，陈以益编印的《国父遗声纪念刊》，除收录了演讲词全文之外，还编入了一份英语译文。1955 年鸣凤工厂版《国父训词》，亦附有夏方光玉的英语译文。

今以录音为据，重行校录如下（录音中的口语虚词，加括号以识别）。粤语演讲，由中山大学中文系教授庄初升先生听记。

其一：勉励国民（国语）

〔沈卓吾〕《中国晚报》请孙大元帅讲演：

诸君：

我们大家是中国的人，我们知道中国几千年来是世界上头一等的强国，我们的文明、进步比各国都是先的。当（这个）中国顶强盛（这个）时代（呀），正所谓千邦进贡、万国来朝。那个时候，（这个）中国（这个）文明，在（这个）世界上就是第一的，中国是世界上头一等的强国。到了现在（啊）怎么样呢？现在这个时代（啊），我们中国就是世界上顶弱、顶贫的国家。现在世界上，没有一个能看得起（这个）中国人的。所以现在（这个）世界的列强，对于（这个）中国就是有瓜分中国的念头，也是由来各国共管中国的意思。（那么）为什么我们从前是顶强一个国家，现在变成这个地步呢？（这个就是）中国，我们近来的几百年（呢），我们（这个）国民睡着了了。我们睡了，就不知道（这个）世界他国（这个）进步的地方。我们睡着的时候，还是以为我们几千年前这个样富强的。因为睡着了，所以我们（呢）这几百年来（这个）文明就是退步，（这个）政治就是堕落，所以变成现在这个不得了的局面。

我们是中国人，在今天应该要知道我们现在这个地步，要赶快想想法子怎么样来挽救，那么，我们中国还可以有得个救。不然（呢），中国就是成为一个亡国灭种的地位。大家要警醒！警醒！

其二：勉励国民（国语）

今天，（这个）中国安危存亡，全在我们中国的国民睡（呀）还是醒。如果我们还是睡，那么就很危险；如果我们能从今天就醒起来，那么中国前途的运命，还是很大的希望。现在（这个）世界的潮流，都是进到一个新的文明。我们如果大家能醒起来，向（这个）新的文明这条路去走，我们还可以跟得到各国来追向前去。（那么）要醒起来，（这个）中国才能有望。为什么呢？怎么样说法呢？就是我们能醒起来，我们大家才有思想，有（这个）动作，大家才能立一个志来救（这个）国家。（那么）大家能知道这一件事，中国就是不难来救的。

（那么）今天我们要来救（这个）中国，要从哪一条路走呢？我们就是要从（这个）革命这条路去走，拿（这个）革命的主义来救（这个）中国，拿（这个）革命的三民主义，就是（这个）民族主义、民权主义、民生主义，这个就所谓三民主义。（这个）民权主义（呀），就是拿（这个）中国要做到同现在（这个）列强达到（这个）平等的地位；（这个）民族主义，就是求（这个）国际上的平等地位；（这个）民权主义（呀），就是要拿本国的政治弄成到大家在（这个）政治上有一个平等的地位，以民为主，拿（这个）民来治（这个）国家；（那么这个）民生主义（呀），就是弄到人人（这个）生计上、经济上的平等。（那么）这个样（这个）三民主义（呀），如果我们能实行，那么（这个）中国也可以跟到（这个）列强来进步，不久也可以变成一个富强的国家。

其三：勉励国民（国语）

诸君：

今天听到我的话，大家想（这个）中国再恢复我们从前几千年的强盛不想呢？如果大家想的，就是要大家立志。（那么）要立志（么），大家就要研究（这个）三民主义。（这个）三民主义，我近来在（这个）广东（这个）高师学校，每一个礼拜讲一次，每一次讲到两点多钟。（那么这个）民族主义，我讲了六个礼拜才讲完。民权主义，也讲了六个礼拜才讲完。（那么）不久再来开始讲（这个）民生主义，大概也要讲六个礼拜、八个礼拜，说不定的。（那么）这三个三民主义讲完之后，我将（这个）演说，刻了（这个）单行本。现在（这个）民族主义已经出书了；（这个）民权主义，不久也会出书了；将来的民生主义讲完，也一样刻（这个）单行本出书，来广传到（这个）中国各省。就是望诸君要留心找这个书——三民主义三回的演说，来详详细细来研究。其中（啊）很多好道理，很多新思想，很多新发明，是中国人从前没有听过的。这个演说，我以为是很有趣味的，（那么就）望诸君要买这个书来看！看的时候（啊），就要留心来详详细细来研究。如果能把（这个）三民主义来详细来读过，详细来了解，那么，诸君（呢）就懂得怎么样去立志救去中国。既已懂得之后，就把（这个）三民主义来宣传到大家都知道，（那么）令大家都立志来救（这个）中国，那么（这个）中国就很快可以变成一个富强的国家，与（这个）列强并驾齐驱（呀）。这个就是我所望于诸君的。

其四：告诫同志（国语）

现在我还要同（这个）革命党来讲几句话。大家知道，中华民国是革命党牺牲流血，推翻满洲才来造成的。（那么）现在（呀），（这个）革命事业就被（这个）官僚、武人破坏了。所以（这个）革命建设就不能彻底成功，所以我们革命党，在中国还要担负很重的责任。（那么）现在头一个义务，就是要把我们革命党的三民主义，来宣传到一般的国民能知道。第二个责任（呢），我们的革命党还要学从前（这个）革命先烈（这个）样，要牺牲性命，要舍身来救国，要为（这个）中国前途来奋斗，要（这个）把自己的力量，要来努力地进行，学（这个）从前（这个）先烈（这个）样，不好学革命成功后这种（这个）假革命党，借（这个）革命来图一个人的私利，借（这个）革命这条路来做（这个）终南捷径，来升官发财。（那么）这种革命成功后，（这个）假革命党布满全国，来冒（这个）革命之名，所以把（这个）革命的成绩都破坏了，往往令（这个）国民不知道革命党是做什么事。所以国民看到现在这种假革命党，以为这种就是革命的人才。（那么）我们（这个）真革命党，现在要担一种很大的责任，就是要彻底，要把这种假革命党来排除。我们对于（这个）国民，我们要表示我们这种道德，这种（这个）革命的精神，令（这个）国民大家知道真革命党是为国牺牲的，是来成仁取义的，是舍（这个）性命来救国的。只要把（这个）奋斗精神来感动（这个）国民，令（这个）国民知道是非，知道真假，知道（这个）真革命党是真心的为国家，令一般国民是跟我们去革命，（这个）中国才有救（呢）。

其五：救国方针（粤语，再版改题"勉励国民"）

〔邓彦华〕上海《中国晚报》请孙大元帅演讲：

诸君：

我哋大家喺中国人，我哋知道，中国几千年来喺世界上顶富、顶强之国家，知道唔知道呢？但喺，现在中国喺乜野嘅情形呢？中国现在就变成喺世界上顶贫、顶弱嘅国。中国嘅人民出海外嘅就被外国人欺负、凌辱，看得唔像一个人样。在中国内地呢，外国对于我哋嘅政府呢，对于我哋嘅国家呢，亦系睇唔起，所以外国就有胁逼中国嚟瓜分呢一点。后来呢，觉得呢个瓜分呢喺好难实行，恐怕因为瓜分中国呢，就惹出各国自己打自己，所以呢现在各国就协同嚟商量，要把中国嘅国事嚟共管，大家嚟共管中国，就喺呢睇中国唔起，以为中国喺不能自己治中国。诸君试想想，喺中国几千年来喺世界一个文明嘅国家。几千年前，中国最强盛嘅时候，正所谓"千邦进贡，万国来朝"，各国都要拜中国做上邦。到咗今日呢，中国反为退化。呢个喺为乜缘故呢？就喺中国自从受满洲征服以后，中国人就失了个国家精神。中国亡国于满洲二百六十几年，中国嘅人民在呢二百六十几年之内呢就瞓着觉，所以中国就政治退化，文明退化，中国工商业退化。中国总所以到咗今日，就成为民穷财尽，就变成各国睇唔起。

其六：救国方针（粤语，再版改题"勉励国民"）

中国堕落到今日呢个地位，我哋做国民嘅，要有一种乜野嘅感觉呢？我哋对于国家，第一件，我哋知道我哋今日之危险。先知道危险呢，我哋要设法子嚟避呢个危险。咁用乜野法子嚟避得呢个危险呢？就要大家同心协力嚟赞成革命，用革命嘅方法，用革命嘅主义嚟救中国。革命嘅主义喺乜野呢？就喺我哋个三民主义。第一、民族主义，第二、民权主义，第三、民生主义，用呢三种嘅主义呢嚟救中国。呢三种嘅主义呢，我哋大家要留心，要嚟考究。

咁从边处能考究得呢个三民主义呢？对于呢个三民主义呢，我近日在呢个广东高师每礼拜演说一次。头一个民族主义呢，就演说晓六个礼拜就讲完，第二个民权主义呢，又演说晓六个礼拜讲完。第三个呢，民生主义呢，不日再嚟演讲。现在呢，呢个民权主义、民族主义两种呢已经喺刻书出嚟，咁就要诸君呢留心呢个三民主义呢，要将我呢个三民主义呢哋演说要嚟留心，详细嚟读过。呢个三民主义呢喺讲得好透彻嘅，喺发挥得好精密嘅，里头呢有好多新思想，好多新发明。诸君能读呢个三民主义呢，就晓得用乜嘢方法嚟救国啦。我哋能照着三民主义呢种嘅方法，呢种嘅精神，大家同心协力嚟救国呢，咁中国就可以反弱为强啦，转贫为富啦，就可以同今日之列强嚟并驾齐驱啦！

八、《孙中山演讲》的题辞

1929 年沈卓吾编辑的《中山先生留声纪念集》第一集，收录了国民党要员孙科、于右任、谭延闿、蔡元培、冯玉祥、吴敬恒、戴传贤 7 人为中山演讲片所作的题辞，并自跋一篇。这些题辞，也是演讲片流传过程中的参考文献。

该书沈卓吾的自跋，按常理应居首或居末，但却排在第三篇，甚不可解，今移至末尾。自跋中又称"裒集十篇"，则题辞应有 10 篇，今所见传世的 3 个原本，俱只有 7 篇。或所谓 10 篇，是指此册的 10 页。这些题辞，或曾收入各作者的文集，字句稍有异同，文字往往更优，可能作者后来有所润色。今据原版重录于此。

1. 孙科题辞

先君子致力革命，周历世界，揭橥三民主义以薪大同。功业未竟，遽即奄忽。国人怆怀遗教，争自奋振。书策所传，不胫而走，遐荒僻壤，诵习靡间，举以未得亲炙为恨。曩先君子逝世之先二年，沈同志卓吾由沪走粤，于南堤小憩乞先君子讲演，随制成留声话盘，用是先君子生平謦欬，得永与国人相接。其时特许沈同志以专利，以杜仿制，惧其失真。乃者三民主义如日中天。有此话盘，使未得见颜色者得聆其声音，所以唤起民众，普及全国，固先君子志也。国人其共宝之。

孙科

2. 于右任题辞

十三年夏，余在广州遇沈同志卓吾，讶其焦困特甚，询知卓吾携技师数人，欲得总理讲演，制为留声机片，使国内外无由亲聆总理謦欬者，借此话片如闻面命。惟时总理体恒不豫，久久未得间。卓吾艰勤期待，曾不稍异其诚恳。后哲生同志因便得请，总理乃就长堤小憩勉为讲演。因病初愈，仅成话片二，即今兹国内外所流传者也。总理逝世，此话片遂为纪念革命领袖之唯一珍品，微卓吾则大声希音，其将求之于太寥。顾卓吾以长久之时间，经周密之计画，历几许之困难，卒留总理不朽之言为永远，宣传之助，心力之勤，夐乎尚矣！十六年夏复晤卓吾于汉口，属记数言，因次所知如此。卓吾同志指正。

十六年七月五日，于右任记于汉口

3. 谭延闿题诗

至人灭度群言杂，谁会丁宁说法心。惭愧当时曾受记，闻迟习惯到于今。大地重闻狮子吼，机声何异万雷霆。转轮历劫应长在，此是中华遗教经。

卓吾先生属题。

延闿

4. 蔡元培题辞

人类之所以异于动物，文明人之所以异于野蛮人，虽因缘复杂，而新工具之发明与利用，实为一大关键。人而不能发明新工具，可耻也；有新工具而不能利用，尤可耻也。工具之中，若望远镜、显微镜之于目，电话机之于耳，各种制造机械之于手，各种交通机关之于足，吾人固已有利用之者矣。为纪念伟人及最所关切之人计，则画像、雕像及照相之写其容貌，印刷品之传其言论若思想，固已。而欲并传其语音，则若莫如留声片。吾中国国民党总理孙先生著作等身，足迹遍数大洲，遗像遗嘱，比户供奉，宜若可以餍崇拜者之望矣，而多数之人，尚以不克亲接其謦欬为歉然。使非卓吾先生于总理在日，利用留声机以保存当日简要之训词，则后之瞻遗像、读遗书，而以不克亲闻法语为憾者，又何借而告慰耶？吾以是佩卓吾先生利用新工具之手腕，而为缀数语于兹册。

十七年一月二十九日

蔡元培

5. 冯玉祥题辞

先总理所著三民主义等书传遍全国，读其书者无不以得瞻丰采、亲聆謦欬为快。惜功未完成，遽而仙逝。今则遗像流传，人人尊奉，惟声音笑貌，杳乎其不可闻矣。卓吾先生深思远虑，当时有见及此，特请先总理讲演，制成留音机片以垂久远，声音清晰，有如面命，俾后之聆其言者，并可想见其人。其有裨于革命事业者，岂浅鲜哉！戊辰夏鄙人奉召来京，卓吾先生出此册见示，用记数语，以志敬佩。

冯玉祥，一七、八、一五

6. 吴敬恒（稚晖）题辞

佛道圆觉，由于声闻，因声之感人，实超名言之外。所以宣扬妙道，可以有声无词，即若祖师之"如在其上，如在其左右"。然古无留声之术，所谓声者，止象其意态，若优孟之描揣耳。今总理之声，乃发于所亲吐，一启机而恍若侍坐，即未必得体其言，敬畏之念、亲爱之情，已油然自生。此皆沈子之勋可永念者。

吴敬恒拜题

7. 戴传贤题辞

十三年夏，沈卓吾兄偕技师来粤，专为总理制留声话片。余时亲侍总理在南堤俱乐部对机讲演，余亦制日语讲片数枚。总理逝后而声音得留传于永久者赖此。卓吾之功诚不小也。

十七年秋七月，戴传贤志于沪寓

8. 沈卓吾跋

先总理揭三民主义以诏国人共起革命，光复以后，主义益彰，然在军阀官僚压迫下之国民，多为愚民政策所炀蔽，不能了解革命真谛者极众，是以革命进行，屡遭波折。先总理以为正义不扬，邪说不息，即事功不得竟也。是以先之以演说，继之以著作，凡国内交通便利之处，闻风而兴起者，乃渐以广博，辄有以不得亲炙为恨者。卓吾因于民国十三年夏谒先总理于广州，请留音于话盘，俾千里万里之外，咸得闻声而兴感。于是制成《勉励国民》并《告诫同志》之话盘三张，以资传播。不意越岁而先总理竟因劳瘁国是，遽以殂落。吾党同志以谓，先总理謦欬于是仅存，贻书题字，辄加奖勉。兹值全国统一，先总理遗体奉安之期，益增聆音心瞿之痛，谨裒集十篇，刊为纪念第一册。他日尚当继作，以信今而垂远也。

民国十八年二月，沈卓吾记于上海中国晚报馆

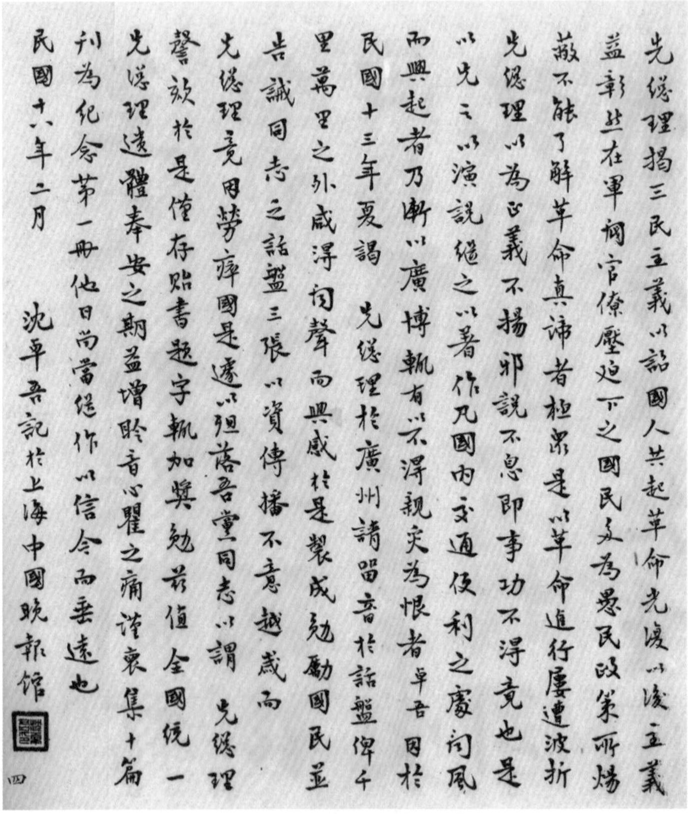
先總理揭三民主義以詔國人共起革命光復以後主義益彰然在軍閥官僚壓迫下之國民又為愚民政策所煬蔽不能了解革命真諦者極衆是以革命進行屢遭波折
先總理以為正義不揚邪說不息即事功不得竟也是以先之以演說繼之以著作凡國內交通便利之處聞風而興起者乃漸以廣博輒有以不得親炙為恨者卓吾因於民國十三年夏謁 先總理於廣州請留音於話盤俾千里萬里之外咸得聞聲而興感於是製成勉勵國民並告誡同志之話盤三張以資傳播不意越歲而
先總理竟因勞瘁國是遽以殂落吾黨同志以謂 先總理謦欬於是僅存貽書題字輒加獎勉於值全國統一
先總理遺體奉安之期益增聆音心瞿之痛謹裒集十篇刊為紀念第一冊他日尚當繼作以信今而垂遠也
民國十八年二月 沈卓吾記於上海中國晚報館
四

图 1-46：沈卓吾《中山先生留声纪念集跋》

此外，陈以益《国父遗声纪念刊》中，亦收录有张群、吴国桢、胡汉民、张人杰（静江）为其纪念刊所作题辞。

注释：

［1］参见孙中山《三民主义自序》，中国国民党党史委员会编《国父全集》第一册，中国国民党党史委员会出版，1973。

［2］沈卓吾《国父声片收音日记》，据邵铭煌《孙中山影音档案与政治宣传之探究》
（载周惠民主编《民国史事与档案》，政大出版社，2013），最早刊于《中国国
民党周刊》，但该文未注明卷期。中国国家图书馆藏有 1926～1927 年的 2 卷 1
期至 4 卷 4 期，未见刊载日记。陈以益《国父遗声纪念刊》收有日记全文，今
据是书 1947 年第 3 版引。沈卓吾之女姚沈美德所著《中山先生留声始末——并
纪念先君沈卓吾百零二岁冥诞》中，亦曾引日记全文，未注出处，其文初刊于
纽约《世界日报》1989 年 4 月 22、23 日，复刊于《近代中国》双月刊第 27 期
（1989 年 8 月），后收入《如皋文献》第二册（台北市如皋县同乡会编印，1992），
但文字错讹较多。

　　此次录音的技师，中国晚报馆在《申报》1924 年 7 月 13 日上刊的广告中
称有 3 人。又，黄汉纲《孙中山在越秀区的革命活动》（载广州市越秀区政协学
习文史委员会编《越秀文史》，内部出版，1991）一文称，偕同沈卓吾南下录音
者有陈以益，文章说：“最近查明，孙中山的这篇演讲，是应上海《中国晚报》
的要求，1924 年 5 月 30 日在长堤‘南堤小憩’（今沿江中路 195—197 号）内进
行的。《中国晚报》特派录音技师沈卓吾偕同助手陈以益，携同录音设备从上海
到广州录制孙中山的演讲。分别用普通话和广州话讲述。”此说未注明根据，疑
因陈以益编有《国父遗声纪念刊》而误传。

［3］孙科《广州市政忆述》，秦孝仪主编《孙哲生先生文集》第一册，中国国民党党
史委员会出版，1990。文中所谓“此种录音片经黄季陆同志之整理，现尚保存，
并已有复印品发行”，指 1971 年台湾中国国民党党史史料编纂委员会出版的唱
片，见图 1-37。

［4］于右任《中山先生留声题辞》，沈卓吾编《中山先生留声纪念集》第一集，中国
晚报馆，1929。

［5］戴传贤《中山先生留声题辞》，沈卓吾编《中山先生留声纪念集》第一集，中国
晚报馆，1929。

［6］中国晚报馆随《孙中山演讲》发行的演讲词，粤语部分报幕，标“邓彦华君言”。

［7］关于沈卓吾生平，参见《沈卓吾遗骸昨日殡殓》、《沈卓吾追悼会记》，《申报》，
1932 年 4 月 27 日、5 月 1 日；《沈卓吾先生赴告》，1932；姚沈美德《中山先生
留声始末》等。其任职、社会活动，以及遗体发现、追悼会等，当时的报纸如
《申报》、上海《民国日报》、《大公报》等，多有报导。

［8］《中国晚报》初拟 1921 年 2 月 15 日创刊，因印刷设备安装时受损，延迟到当年
5 月 9 日发刊。详中国晚报馆的广告，《申报》1921 年 2 月 3 日，上海《民国日
报》1921 年 2 月 16 日、5 月 9 日。报馆的地址，早期文献所标俱为南京路 238
号，1931 年始标南京路 480 号。

[9]沈卓吾《上总理函》，1922 年 9 月 8 日，台北国民党党史馆档案，环龙路档 11594。

[10]邓中夏《上海的报纸》，《中国青年》第 19，20 期，1924 年 2 月。从《邓中夏全集》上册引，人民出版社，2014。

[11]见《国民党中常会致中央宣传部函稿》，1926 年 10 月 11 日，台北国民党党史馆档案，汉口档 7525。

[12]《中国晚报通告》，《申报》，1928 年 4 月 6 日。

[13]怡红馆主《双宴》（《申报》，1928 年 5 月 3 日）称："《中国晚报》经理沈卓吾君谈风甚健，与予谈及该报近来销数达八千余份，每日并有专人随夜车送至沪宁一路，对于当日新闻登载尤为详细，可为沪上各晚报冠。"

[14]张静庐《中国的新闻纸》，光华书局，1928。张静庐是沈卓吾忘年交，他第一篇公开发表的小说《游丝》，即刊登在沈卓吾主编的《妇女周刊》上。详张静庐《在出版界二十年》，上海杂志公司，1938。

[15]今所存《中国晚报》，最晚一份为 1932 年 5 月 4 日出版。

[16]见工商部商标局《国货商标汇刊》第 1 期，1929 年 6 月。

[17]中山留声话盘制造厂的注册地址上海南京路 P 字 238 号，实即中国晚报馆的地址。当时记述上海留声机厂商的文章，如丁悚《上海留声机器事业近况》（《新上海》第 3 期，1925 年 7 月）、漱梅《留声机业》（《申报》，1925 年 12 月 1 日）、虞廷扬《留声唱机业》（《申报》，1928 年 7 月 29 日），及后引《上海唱片机器制造厂》等，俱未记有此厂。后引《申报》两份中山留声厂出版《党歌》的报导，明确反映出该厂的唱片是由大中华留声机器公司代为录音、制造。中国晚报馆 1931 年的广告（图 1-21），还注有"中山留声厂发行所"的地址"霞飞路 506 号"，应该也只是一个销售部门。

[18]《梁士诒逝世三周年纪念会》（《申报》1936 年 4 月 10 日）："会场中另播放梁氏生平关于经济财政之演词。该片前由《中国晚报》在香港收音，异常清晰，闻者如接謦欬。"所谓在香港录音，误，应据《年谱》。时沈卓吾在北京，参加孙中山悼念活动。

[19]关于樫尾庆三的生平及大阪留声机公司的情况，参见山口龟之助《レコード文化発達史》第一卷（録音文献協会・丸善出版，1936）。此书记樫尾庆三 1921 年来上海。但日本有位学者，曾以 Changpian 网名，在日本知名博客网站 Hatena Bolg 上发表过两篇文章介绍樫尾庆三，一为《大阪蓄音器と樫尾長右衛門》（http://changpian.hatenablog.com/entry/2012/02/04/195858，2012 年 2 月 4 日），一为《再び樫尾慶三について、そして朝鮮・台湾のオーケーレコード》（http://changpian.hatenablog.com/entry/2012/02/07/105847，2012 年 2 月 7 日）。文称曾见樫尾庆三填写的履历书，记载他于 1922 年 5 月来上海。这一时间较山

口龟之助的说法晚一年，而与后来中文文献所记上海留声机器公司的创建时间相符合。

［20］《上海唱片机器制造厂》,《工商半月刊》第 1 卷第 6 号，1929 年 3 月。另，1930 年发表的一篇英文行业述评 *Engineering and Industrial Notes*（*The China Journal of Science & Arts*，Vol. XII, No. 6, June 1930），全译此文。"上海留声机器公司"译为 Shanghai Phonograph Company。

［21］上海市抗日救国会执行委员会《调查函》，1931 年 11 月 24 日，《申报》，1931 年 11 月 28 日。又，1930 年，新月唱片公司邀请大中华唱片公司的录音师赴香港录音，公司经理钱广仁有《收音师一夕谈忆述》（《新月集》第 1 期，1930）记其事。据文意语气，录音师似为樫尾庆三。

［22］大中华留声唱片公司《沿革及宣言》，《申报》，1931 年 11 月 28 日。

［23］《大中华唱片厂访问记》，《广播周报》第 282 期，1948 年 5 月 9 日。文中"樫尾庆三"，原误作"枪尾庆三"。所谓中山演讲 1924 年录于上海，明显为误传。此说可能源自大中华唱片厂当时的厂长范式正。1924 年，范式正作为上海交通大学的学生，参加了欢迎孙中山到沪的活动，听过中山演讲。后他曾撰文《我见到了孙中山先生》（《吴县文史资料》第 8 辑，1992）记其事。

［24］《当代中国的广播电视》编辑部选编《中国的唱片出版事业》，北京广播学院出版社，1989。

［25］有关许冀公生平，参见《许冀公先生传略》，曹元泽等编《许冀公先生讣告》，1934；许冀公《华侨联合会呈中央文》，《申报》，1931 年 1 月 17 日；《泉州市志》，中国社会科学出版社，2000。

［26］关于中国留声机器公司的成立，参见《著名戏曲新入留声机者多种》，《申报》，1923 年 10 月 6 日；《中国留声机器之创设》，《申报》，1923 年 12 月 8 日。前者称"集资五十万元组织中国留声机器公司"，资金额恐系夸张。兹据注［20］记述。

［27］同注［20］。

［28］大中华留声唱片公司《沿革及宣言》，见《新月集》第 1 期，新月留声唱片公司编，1930 年 4 月；亦见该公司编《新月十周年纪念特刊》，1936 年 8 月。

［29］同注［22］。

［30］许冀公 1925～1927 年突然在公众视野中消失，行踪未见报刊报导。他在政治上反对中国共产党，1927 年曾参与国民党右派的"驱逐鲍罗廷"活动。《华侨联合会呈中央监委会文》（《申报》，1931 年 1 月 21 日）提到，他"丁卯在汉反共，重罹缧绁"。《华侨联合会呈中央文》（《申报》，1931 年 1 月 17 日）亦称："及鲍罗廷在汉厉行共产，复与本党同志，共谋驱逐。约杨其昌、刘佐龙定期起事，

诇杨军由青山出发至徐家棚，刘佐龙竟不依约发炮而失败。杨军被张发奎解除武装，冀复被捕下狱。幸孙哲生、沈卓吾诸先生，多方营救，得免于难。"事在1927年（丁卯）宁汉分裂时期。时鲍罗廷为武汉国民政府顾问，杨其昌为第十一军第二十六师师长，刘佐龙为第十五军军长，张发奎为第四军军长兼十一军军长。

许冀公离沪时间不详。1925年10月，公司出版的范少山演唱的苏滩《五卅叹词》、《五卅春调》，因"有反对外人意思"，"有碍租界治安"，被上海总巡捕房查封。11月2日，会审公廨传讯了"大中华留音机器公司"的沈卓吾（见《〈五卅叹词〉唱片案结束》，《时事新报》1925年11月3日）。此时沈当已经接任总经理。此亦为中国留声机器公司更名为大中华留声机器公司的最早记载。

［31］许冀公以大中华留声唱片公司经理的身份重新出现在报刊上，最早是1928年7月，见虞廷扬《留声唱机业》，《申报》，1928年7月29日。

［32］关于大中华唱片公司这一段历史，参见范式正《大中华唱片厂概况》，1949，上海档案馆档案，Q431-1-130。原稿称"抗战胜利前六个月，改名为亚洲唱片公司"，是为1945年2月。但1944年7月9日《申报》报导《防空歌》出版，已有"亚洲唱片制造厂"之称。

［33］参见漱梅《留声机业》，《申报》，1925年12月1日。

［34］《暑期讲习会今日开交际会》，《申报》，1924年7月28日。

［35］同注［22］。

［36］见孙中山先生葬事筹备处编《哀思录》初编，1925。

［37］沈云龙访问，林泉记录《于润生先生访问纪录》，台湾中央研究院近代史研究所出版，1986。

［38］《南京悼孙大会纪事》，《申报》，1925年4月21日。

［39］《无线电话播送孙中山演讲留声片》，《申报》，1925年3月25日。

［40］《辉县国庆纪念日盛况》，上海《民国日报》，1925年10月17日。

［41］陈以益《国父声片保存记》，1941年1月1日，《国父遗声纪念刊》，国父遗声宣扬会编印，1947年第3版。

［42］恽震《费城赛会观感录》附录《中国赴赛得奖题名录》，1927。

［43］参见南京市档案馆、中山陵园管理处编《中山陵档案史料选编》，江苏古籍出版社，1986；总理奉安专刊编纂委员会编：《总理奉安实录》，约1930。

［44］见总理奉安专刊编纂委员会编《总理奉安实录·陵墓工程》。

［45］见南京市档案馆、中山陵园管理处编《中山陵档案史料选编》。

［46］见《孙中山葬事筹备委员会第六十七次会议记录》，1929年5月1日，《中山陵档案史料选编》，江苏古籍出版社，1986。

［47］关于陈以益生平，参见高骞《陈以益略历》，载陈以益编《国父留声纪念刊》；
赵永良、张海保主编《无锡名人辞典（三编）》，上海科学技术文献出版社，1994。

［48］同注［24］。

［49］上海档案馆档案，1949 年，Q431-1-130。

［50］参见叶楚伧、梁寒操《沈卓吾所摄总理演讲音片之底片请给价收回翻制案》，
台北中国国民党党史馆档案，会 5.3/45.8；姚沈美德《中山先生留声始末》；邵
铭煌《孙中山影音档案与政治宣传之探究》。

［51］台北国史馆所藏赔偿委员会档案中，尚存追讨中山演讲模版的文件，见《全国
民国档案通览》（十），中国档案出版社，2005。

［52］据 1946 年余仁《国父遗声纪念刊弁言》，演讲词还刊于 1924 年的《国民党周
刊》，今未见。

第二章　辛亥革命音频文献概述

　　19 世纪与 20 世纪之交，是苦难的中国发生巨变的年代。面对清政府的腐败和西方列强的欺压，以孙中山、黄兴为代表的仁人志士，奋起救国，举行了一次又一次起义，最终结束了中国数千年的君主专制统治，建立了中华民国。中国近代史上的这一时期，自兴中会、华兴会、光复会等革命组织的发起，同盟会的成立，至 1916 年袁世凯洪宪帝国的覆灭，前后十余年间，辛亥革命被视为标志性的事件。

　　辛亥革命时期，革命党人曾采用各种形式，特别是民众喜闻乐见的地方戏曲、曲艺，来宣传革命思想、咏唱革命人物和事件，开启民智，激励民心。一些具有现代意识的艺人、作家，也在新思潮影响下，自发地创作和演出了许多批判现实、反映民众爱国运动的作品。此后，1920 年代至 1930 年代，特别是北伐战争时期，出于各种需求，包括政治的、军事的和民众文化生活的需求，出现了一批缅怀辛亥革命历史人物和记述辛亥革命历史事件的戏曲、曲艺作品。这些作品在当时曾发挥过非常特殊的作用。与此相关，1925 年孙中山先生逝世之后，在国民党和国民政府的推动下，全国形成纪念孙中山的热潮，其间，人们创作了一系列纪念性歌曲和曲艺作品。

　　这一时期，正是留声机工业从诞生走向鼎盛的时代。1900 年代，西方留声机公司开始全球化商业录音，触角也伸向了拥有四万万人口的中国。1920 年代以后，华人资本的留声机公司也相继成立。于是，上述戏曲、曲艺和歌曲作品中的一小部分，有幸被录制成唱片，记录下来并流传至今。

　　这些唱片，同文学、绘画、摄影等其他形式的文学艺术作品一样，从一个侧面，反映了那个轰轰烈烈的时代的政治生活和历史变迁，成为辛亥革命历史文献的另一个组成部分。尽管这些唱片所反映的，只是零星的历史片段，但其独特的形式，为任何其他类型的文献所无法替代，足以让我们珍视。

一、晚清的通俗艺术改良与改革

现今所知的辛亥革命音频文献，形式上主要是唱片，内容上主要是通俗艺术：地方戏曲、曲艺作品。政论性的演讲唱片，在中国一直到 1923 年才出现。

中国传统的戏曲、曲艺，长期以来一直是民众最重要和最普遍的娱乐形式，也是广大的社会底层民众接受道德教育、历史知识教育、文化教育的主要途径。追溯其历史，知识阶层自元代进入戏曲创作以后，就十分重视戏曲的教化作用，有意识地将他们的政治观念、道德观念，寓于戏曲作品之中，为戏曲、曲艺注入了教化的基因。整个君主时代，戏曲、曲艺所宣扬的，大抵不出忠孝节义、劝善惩恶等传统的以儒释道为主的观念。

19 世纪末，戊戌变法失败，民众对清政府有了深刻和清醒的认识。一些具有进步意识的戏曲艺人，开始自发地在他们的作品中或隐讳或激烈地抨击时政，表达他们的不满和反抗。1901 年，京剧艺人汪笑侬编演的《党人碑》，即是一部典型的、产生了巨大影响的作品。《党人碑》是一部历史剧，汪笑侬借北宋故事悼念戊戌六君子，慷慨激昂，感染了许多观众，立宪派和革命派都给此剧以高度评价。

晚清时代，虽然保皇党与革命党在政治纲领、政治目标的追求上水火不容，但在批判现实、启迪民智方面，却又相当一致。他们不约而同地意识到戏曲的宣传教育功能，意识到对于大量未接受过基本识字教育的国民，戏曲、曲艺是社会改良的最有效的工具。因此，各派政治人物，都提出了关于戏曲改良的呼吁并付诸实践。

1902 年，梁启超在日本横滨创办《新小说》杂志，创刊号上发表了《论小说与群治之关系》，鼓吹"欲新一国之民，不可不先新一国之小说"。所谓"小说"，即传统学术分类中的"说部"，包括了现代概念中的小说、戏曲、弹词等文学形式。梁启超还身体力行，撰写了《劫灰梦》、《新罗马》等案头剧本。

约在同年，梁启超的弟子、一度具有革命倾向的欧榘甲，以"无涯生"的笔名在旧金山《文兴日报》上发表长篇政论文章《观戏记》，[1] 明确发出了粤剧改革的呼声。文中痛斥旧剧："红粉佳人，风流才子，伤风之事，亡国之音，昔在本国既憎其无谓，今在外邦，岂能入耳哉！"作者以法国、日本戏剧感化民心、激励民志为例，称戏剧"激发国民爱国之精神，乃如斯其速哉！胜于千万演说台多矣"。最后呼吁："中国不欲振兴则已，如欲振兴，可不于演戏加之意乎？加之意奈何？一曰改班本，二曰改乐器。改之之道如何？曰请详他日；曰请自广东戏始。"

1904 年初，蔡元培主办的日报《俄事警闻》上，发表了一篇题为《告优》的社论，充分肯定了传统戏曲的意义，鼓励戏曲艺人自强自立自尊，编演拒俄新剧以感化国民：

> 我们中国本来没有强迫的教育，不识字的人，不知多少。这些人既然不会看书，又没有什么阅历，他的思想，他的行为，他的口头言语，多半是听戏时候得来。……所以各处的戏场，就是各种普通学堂；你们唱戏的人，就是各学堂的教习了。……现在俄国人夺了我们东三省，各国都要来分我们的中国。中国的人，个个要吃苦，你们也在里头的。要救这一场大祸，只要叫中国人个个都想拒俄的法子。但无论怎么样的办报、发传单、演说，总有许多地方行不到，有许多人不会看，有许多人不愿听。这是要用着你们的手段了。你们编出一套新戏，同行中就都传开了……演起来，传到各地方去，一定好感化许多人，到比我们天天写的字画的图，功效大得几十倍呢！

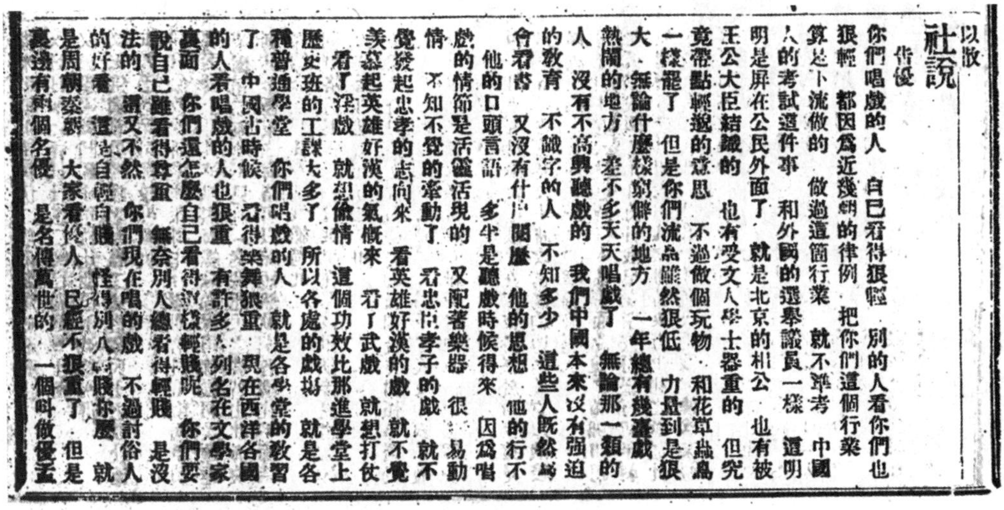

以敬

社說

告優

你們唱戲的人 自己看得很輕 別的人看你們也很輕 都因爲近幾朝的律例 把你們這個行業算是下流做的 做過這箇行業 就不準考 中國人的考試這件事 和外國的選舉議員一樣 這明明是屏在公民外面了 就是北京的相公 也有被王公大臣結識的 也有受文人學士器重的 但究竟帶點輕褻的意思 不過做個玩物 和花草蟲鳥一樣罷了 但是你們流品雖然很低 力量到是很大 無論什麼樣窮僻的地方 一年總有幾臺戲 熱鬧的地方 差不多天天唱戲了 無論那一類的人 沒有不高興聽戲的 我們中國本來沒有强迫的教育 不識字的人 不知多少 這些人既然不會看書 又沒有什麼閱歷 他的思想 他的行不 他的口頭言語 多半是聽戲時候得來 因爲唱戲的情節是活靈活現的 又配著樂器 很易動情 不知不覺的牽動了 看忠臣孝子的戲 就不覺發起忠孝的志向來 看英雄好漢的戲 就不覺羡慕起英雄好漢的氣概來 看了武戲 就想打仗 看了淫戲 就想偷情 這個功效比那進學堂上歷史班的工課大多了 所以各處的戲場 就是各種普通學堂 你們唱戲的人 就是各學堂的教習了 中國古時候 看得樂舞很重 現在西洋各國的人看唱戲的人也很重 有許多人列名在文學家裏面 你們還怎麼自己看得這樣輕賤呢 你們要說自己雖看得尊重 無奈別人總看得輕賤 是沒法的 這又不然 你們現在唱的戲 不過討俗人的好看 這也自輕自賤 怪得別人看賤你麼 就是周朝 秦漢 大家看優人 已經不很重了 但是裏邊有兩個名優 是名傳萬世的 一個叫做優孟

图 2-1：《告优》，《俄事警闻》1904 年 1 月 17 日

1904 年 9 月，陈独秀以“三爱”的笔名在其主办的《安徽俗话报》上发表《论戏曲》，谈道：

> 现在国势危急，内地风气，还是不开。各处维新的志士设出多少开通风气的法子，像那开办学堂虽好，可惜教人甚少、见效太缓；做小说，开报馆，容易开人智慧，但是认不得字的人，还是得不着益处。我看惟有戏曲改良，多唱些暗对时事、开通风气的新戏，无论高下三等人，看看都可以感动……这不是开通风气第一方便的法门吗？

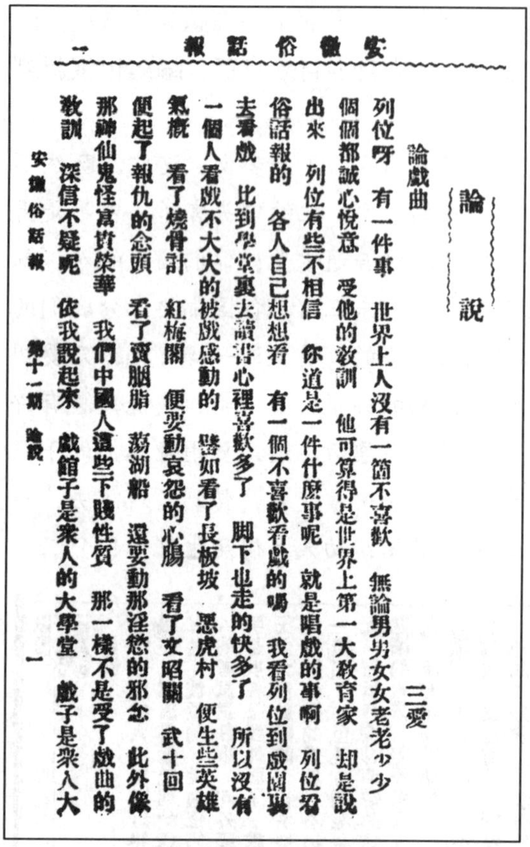

安徽俗話報　一

論說

論戲曲　三愛

列位呀　有一件事　世界上人沒有一箇不喜歡　無論男男女女老老少少個個都誠心悅意　受他的教訓　他可算得是世界上第一大教育家　却是說出來　列位有些不相信　你道是一件什麼事呢　就是唱戲的事啊　列位看俗話報的　各人自己想想看　有一個不喜歡看戲的嗎　我看列位到戲園裏去看戲　比到學堂裏去讀書心裡喜歡多了　脚下也走的快多了　所以沒有一個人看戲不大大的被戲感動的　譬如看了長板坡　惡虎村　便生些英雄氣概　看了燒骨計　紅梅閣　便要動哀怨的心腸　看了文昭關　武十回便起了報仇的念頭　看了賣胭脂　蕩湖船　還要動那淫慾的邪念　此外像那神仙鬼怪富貴榮華　我們中國人這些下賤性質　那一樣不是受了戲曲的教訓　深信不疑呢　依我說起來　戲館子是衆人的大學堂　戲子是衆人大

安徽俗話報　第十一期　論說　一

图 2-2:《论戏曲》,《安徽俗话报》第 11 期，1904 年 9 月 10 日

此后，关于戏曲改革的讨论屡见报章，形成了强大的戏曲改革舆论氛围。在这种环境下，产生了一大批新的戏曲、曲艺作品，抨击时政，歌咏新思潮、新生事物和富有积极意义的社会事件，极大地激励了民众的政治热情。

革命党人其实更早地就注意到戏曲、曲艺的宣传教育功能，不仅在文章的号召中，而且在实践行动上投入了更多的努力。他们深知，推翻一个旧的体制，需要整个民族的觉醒。因此早在 1900 年，革命党人就在报刊上发表新曲作品，演出批判现实的剧目，还专门兴办戏曲学校，组建剧团，创作、改编和演出了大量传播革命思想的戏曲。

二、录音技术的到来

19 世纪、20 世纪之交，又是世界上技术创新变革的时代，电力、电话、电影、唱片相继被发明，从而在另一意义上改变了世界。

1900 ~ 1910 年代，记录声音的介质有唱筒（cylinder record）和唱片（disk

record）。唱筒分为两种，一种是用户可以自行录制或清除的可录式空白唱筒，类似于后来的磁带和可擦写光盘（CD-RW）；另一种是在工厂生产，以模具批量压制了声音内容的唱筒，其内容不可清除。唱片则只有后者一种。

1900 年前后，一些西方的学者、旅行家，曾使用空白唱筒，在中国录制了不少录音，如汉学家劳弗尔（Berthold Laufer）1901 年至 1903 年曾在中国录制过数百个唱筒。中国的富有者，亦有以空白唱筒录制戏曲的记载。有些商行，也以空白唱筒录制戏曲、曲艺节目销售。爱迪生的留声机公司，于 1900 年代在美国本土录制发行了 100 多个模压的华语唱筒。清末民初的各类唱筒，世界各地公私收藏尚有近千个，其内容除个别诗文朗诵外，俱为传统戏曲、小曲、曲艺作品（包括演唱和器乐曲），但未发现有辛亥革命相关题材的唱筒。也就是说，现存辛亥革命音频文献，形式只有唱片一种。

图 2-3：非批量录音的百代唱筒

1900 年代，留声机在中国已经有了相当的发展。1902 年，海关开始将留声机及其附属品（唱片及唱针等）作为独立的商品门类进行统计，当年上海关自海外和香港进口的留声机及附属品总计关平银 6 万余两。1909 年，全国各海关（不含香港）留声机及附属品净进口总额合计关平银 19.21 万两，合银元（墨西哥鹰洋）28.43 万元，折合普通留声机 1.18 万台，或美国胜利公司 10 英寸单面唱片 20.17 万张，或法国百代公司 28 厘米双面唱片 10.53 万张。[2]

当时除了富裕人家有能力消费外，还形成了一个租赁留声机、沿街背着叫唱的职业，针对一般民众的消费。一个巧合的事件是，1911年武昌起义的当晚，领导人刘复基在秘密指挥部敦促总指挥蒋翊武下达起义命令后，曾召来街头背留声机的小贩进屋播放，借此掩护指挥机关。[3]

图2-4：风俗画《话匣子》，陈师曾绘，1914～1915

在强有力的资本推动下，西方唱片公司一开始就抱有开拓国际市场的雄心。1903年，英国留声机与打字机公司的录音师盖茨伯格（Frederick W. Gaisberg）远渡重洋，登陆中国，在上海和香港录制了有史以来第一批本土华语唱片。1904年起，美国哥伦比亚留声机公司、胜利留声机公司，德国国际留声机公司、蓓开唱片公司，法国百代公司等，相继进入中国，十余年间，在中国录制了上万面不同曲种的唱片，成就了华语唱片的青铜时代。

出于利益最大化的追求，留声机公司对于唱片曲目的选择，必然是以名家演唱、知名作品为追求，如此才能得到最大的销量。由此，这些唱片，保存了大量那一时期最优秀的艺术家的经典代表作品。同时，为了获取最大的利润，唱片公司也录制了许多低俗的曲目，诸如《十八摸》、《妓女伤悲》等黄色小调，以适应流俗的口味。

图 2-5：英国留声机与打字机公司华语唱片目录，1904

图 2-6：美国哥伦比亚留声机公司粤语唱片目录，约 1908

图 2-7：美国爱迪生国家留声机公司粤语唱筒目录，1904

图 2-8：法国百代公司华语唱片目录，约 1908

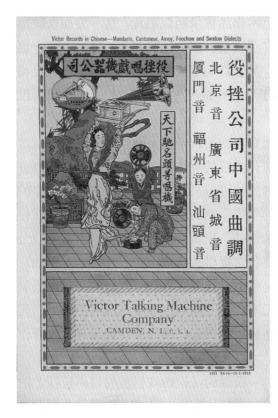

图 2-9：美国胜利留声机公司华语唱片目录，1913

图 2-10：德国高亭华语唱片目录，1923

在此期间，一些与辛亥革命相关的艺术作品被录制成唱片。这一方面反映出成功的辛亥革命戏曲、曲艺在民间受到广泛欢迎，成为经典名作；另一方面，也不排除革命党人有意识地推荐一些曲目，甚至订购了这些唱片。英国留声机公司录制的厦门南音《革命歌》，有可能即属于后一种情况，尽管在这一点上，目前没有发现相关的文献记载。

对于唱片曲目的选择，西方唱片公司在本地的代理商有着绝对的发言权。这是因为，唱片与一般日用商品不同，是文化内容的载体。由于文化的隔阂，西方公司并不了解哪些文化内容会受到消费者的认可，只有本土代理商、代理商中的华人买办，才清楚这一点。在唱片工业的生产、销售模式方面，本土代理商往往也是投资者之一，除了负责市场推广和销售外，也负责曲目的选择。西方唱片公司除投入一定的资金和商业品牌外，主要负责提供录音技术和唱片压制。例如，哥伦比亚公司 1904 年在中国的录音，是根据其代理商乌利文洋行的要求而录制的；后来诸如高亭华行等公司的运作，无不如此。在戏曲改良风潮的影响下，代理商中的华人买办，或多或少地会受到新思想的感染，从而关注到唱片的教育作用，关注到具有积极意义的曲目。

1909 年，《万国商业月刊》曾发表过一篇题为《论影戏机器与留声机器》的文章，介绍百代公司的电影机和留声机。从文章内容看，这是一篇百代公司的软性广告。文章说："余尝谓行乐以节其劳，嬉游以舒其气。西人行乐，往往能于行乐中寓学问，寓经济，寓教育，寓见识。是名虽游戏，其实游戏乃一种旁通侧击、羽翼名教之科学也。"[4] 此时，作者已有了笼统的对唱片教育意义的认识。稍后，上海谋得利洋行（英国留声机公司和美国胜利留声机公司在华总代理）华经理徐乾麟（懋），则有更明确的看法。他在 1912 年为胜利公司中文唱片目录撰写的《弁言》中说：

> 声音之道，入人深矣。泰西各强国，大小学校，无不列音乐一科，以涵养国人优美之天性，提倡国民尚武之精神，毋曰玩物游艺。国势之盛衰，民俗之强弱，胥于此中参消悉焉。……（谋得利公司）不惜巨资，延聘南北超等之名伶，制成大小时新之曲片……所以导引国民之注重于音乐者，意至深也。[5]

徐乾麟本人，在辛亥革命的上海起义中，即曾参与过一些积极的活动。

在社会进步的背景下，各行各业都会受到冲击。辛亥革命曲目得以被选择出版，与此有显而易见的关系。

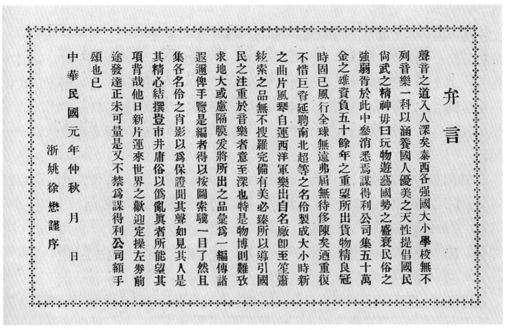

图 2-11：徐乾麟《役挫（胜利）唱戏机器公司戏片目录·弁言》

辛亥革命唱片的出现，非常明显地映射了戏曲改良、革命宣传的时代。1902～1903 年，美国哥伦比亚公司、国家留声机公司和胜利留声机公司，在旧金山录制了不少于 600 个粤语唱片、唱筒，毫无例外俱为传统曲目，如《杏元和番》、《斩四门》、《贺寿》、《加官》等，与欧榘甲当时在旧金山观剧的见闻完全一致。1903年，盖茨伯格在上海和香港录制的包括京剧、滩簧、小曲、粤剧在内的 400 多个录音，也全部都是传统曲目。而 1904 年以后，美国哥伦比亚、胜利公司以及德国国际留声机公司来华录音，曲目都出现了新剧作品，这正是政治家们鼓吹改良、新剧大量涌现的时代。

三、辛亥革命唱片的地域与曲种

辛亥革命唱片，也非常明显地反映出新思潮发展的地域特征。这些唱片集中录制于上海、厦门和广州、香港。这些地区的共同特点是：经济文化比较发达，社会思想比较开放，革命活动比较活跃，同时又都是开埠口岸。

具有对比意义的是，同时期在北京、天津录制的唱片中，没有一种与辛亥革命相关的曲作。

1. 上海——京剧

清末民初，上海最流行的地方戏曲是京剧。庚子事变以来，由于政局动荡，战乱纷起，作为娱乐活动的京剧，在北京一时陷入低谷。上海以其相对稳定的环境、较为成熟的商业模式及较高的消费能力，吸引了众多的著名艺人南下，或长期定居演出，或短期商业巡演。这一时期的代表性人物、号称"新三鼎甲"的谭鑫培、孙菊仙、汪桂芬等，无不如此。一时之间，上海的京剧呈现出空前繁荣的局面。

在戏曲改革的浪潮中，1904 年 10 月，陈去病、汪笑侬等人创办的京剧刊物《二十世纪大舞台》正式发刊。编者在《简章》中开宗明义地说，该刊"以改革恶俗，开通民智，提倡民族主义，唤起国家思想为唯一之目的"。[6] 柳亚子的《发刊词》，将积极参与京剧改革的"南都乐部"艺人，比喻为"梨园革命军"，盛赞其"独于黑暗世界，灼然放一线之光明"。

1908 年，姚伯欣、沈缦云、夏月樵等人发起的新舞台在上海成立。新舞台采用新式舞台布局、新式照明设备，成为新剧演出的大本营，受到社会普遍关注。1909 年，柳亚子、陈去病等发起成立南社。南社社员吴梅、欧阳予倩、陆子美、冯春航（小子和）等人，积极发表论说文章，编写新剧本，演出新京剧，投入京剧改革。

图 2-12：上海新舞台内景，小子和挂牌演出

这一时期，出现了一大批新京剧作品，或借古讽今，以历史故事激励民众，如《崖山哀》、《明末遗恨》等；或借时事入剧，激浊扬清，如《黑籍冤魂》、《潘烈士投海》等；或借国外政治历史，告诫大众，如《瓜种兰因》、《越南亡国惨》等。北京市艺术研究所、上海艺术研究所编写的《中国京剧史》统计，1902～1912年间发表的改良京剧作品，约有40种。

京剧改革与革命派有着直接的关联。许多参与戏曲改革的人物，如柳亚子、沈缦云等，后来都加入了同盟会；一些京剧艺人，如潘月樵、夏月润、毛韵珂等，还参加了光复上海的武装起义，为革命军义演募资。有些艺人，甚至在后来的军政府中担任职务。

新京剧的发表及演出，对于新思想的传播和普及，起到了重要作用。其中革命派经常演出的《党人碑》、《瓜种兰因》等，哥伦比亚和胜利公司都录制了汪笑侬本人演唱的唱片；革命党人刘艺舟编写并亲自演唱的《明末遗恨》等，也在稍晚的1920年代录制了唱片。

遗憾的是，一些直接演述革命事迹的新剧，如《民军光复大武汉》，以及《秋瑾》、《光复旧土》、《鄂州血》等，未见有唱片录制。这种现象也反映出，政治性的剧目，如果艺术性未能达到一定高度，则很难成为普遍流行的作品。革命艺人夏月樵、冯春航等人，作为当时的京剧名角，录制过不少唱片，但俱为传统京剧剧目。

2. 上海——滩簧

清末民初上海流行的曲艺还有滩簧。

滩簧是流行于江浙一带的民间讲唱艺术，形式上兼有说唱。滩簧有前滩（亦称钱滩）及后滩（亦称嚎滩）之别，前滩多从昆曲故事改编，后滩则以滑稽插科打诨的曲目为主。早期滩簧多在茶馆中演出，后来亦有堂会演唱等形式。传统曲目有《打茶会》、《马浪荡》等。其词语俚俗易懂，广受普通民众欢迎，但往往加入淫鄙猥亵的内容，被视为有伤风化，遭到官方的禁止。其在苏州者称为苏滩，在宁波者称为甬滩。清末传入上海之后，结合了上海本土元素，得到了空前的发展，称为申滩，亦称本滩，成为上海最受欢迎的艺术之一。后来，从滩簧中衍变出苏剧、申剧、独角戏等多个地方剧种。

1900年代，上海出现了一批知名的滩簧艺人，如马飞珠、周凤林、林步青、叶菊荪、张筱棣、周四宝等，其中以林步青贡献最大。[7]

图 2-13：上海滩簧演出的情景，《上海社会之现象》（三）《夜花园之滩簧》，《图画日报》，宣统元年七月十九日（1909 年 9 月 8 日）

　　在戏曲改良思潮的推动下，林步青开始尝试苏滩改良。1905 年前后，林步青演出的曲目，出现了一些反映时事新闻、社会事件的内容，如《跑马赋》、《教育赋》、《戒烟赋》等，被称为"时事新赋"，广受时人欢迎。随后，革命党人曾为他提供资料，请他编演宣传新思想、新知识的滩簧曲目。这些曲作备受民众喜爱，林步青也因此声名更著。陈伯熙《林步青之苏滩》载：

　　　　滩簧复分为三，日本地滩簧、宁波滩簧、苏州滩簧（简名曰苏滩），而以苏滩为最流行。唱苏滩而得大名者，厥为林步青。其所唱多出自独创，随遇一事，立能信口唱出，词韵铿锵而新颖。庚子以后，新党中之注意社会教育者，以滩簧为一般人所乐听，而林步青之魔力又甚伟，如能改良其词句，灌以新智识，大足为教育之助。因商之步青，而授以资料。自是步青出而奏技，愈受社会欢迎，而改良滩簧之名，遂以大噪，风气亦为之转移。技虽微贱，允为有功社会之人物。步青死，而其徒范少山辈，犹享大名，足征其艺术之神已。[8]

1903 年，英国留声机公司曾为林步青录制了《闹五更》、《十八摸》等 15 张传统曲目唱片。1904 年以后哥伦比亚留声机公司为他录制的唱片，开始出现《打宁波会馆》这样反映时事的作品。今所知林步青的时事新赋唱片，还有《禁美货》、《跑马赋》、《上海大潮水》、《捉拿范高头》、《上海闹公堂》、《上海大罢市》、《立宪赋》、《天足会》、《教育赋》、《戒烟赋》等 10 余种。但他创作的直接宣传革命的曲目，如《革命小热昏》、《从军乐》、《革命滩簧》，[9] 则未见有唱片录制。存世描写辛亥革命上海起义的滩簧唱片《打制造局》，是林慰青演唱的，相传亦由林步青编写。

在林步青的带动下，其他一些滩簧社班，如邱凤翔的苏滩班，也开始编演时事新赋，从而形成滩簧界改良的潮流。曾从林步青学艺的范少山，后来亦以时事新赋著称。1925 年"五卅惨案"发生后，他曾编演《五卅春调》、《五卅叹词》滩簧两种，由大中华留声机器公司录制了 3 张 6 面唱片。这两种唱片因其反对帝国主义的主旨，遭到租界当局的查禁。[10]

3. 厦门——南音

厦门南音是另一个留存有辛亥革命音频文献的曲种。

南音流行于闽南，亦称南乐。其起源甚早，曲调幽雅、文词含蓄，保存了许多宋元音乐的元素，曲牌如《清江引》、《玉交枝》等，多源自唐宋古调；曲目如《荔镜传》、《三元记》等，多为元明传奇，故有"中华音乐活化石"之称。但南音发展源流的历史文献十分匮乏。相传，康熙六旬寿典（康熙五十二年，1713 年），大学士李光地以南音沉静幽雅，征求晋江、南安等地艺人进京，献技于御前。康熙帝甚为赞赏，赐以"御前清客"的名号。[11] 南音艺人因此称南音为"御前清曲"。清末民初，厦门代表性的社团有集安堂、鸡峰堂等。1920 年以前，英国留声机公司、德国国际留声机公司及美国胜利、哥伦比亚等公司，录制了上千面厦门南音唱片。

作为开埠口岸，厦门又是华侨之乡，受南洋华侨传播的新思潮影响很大。厦门的辛亥革命，以 1911 年 11 月 14 日光复起义为标志性事件，主要领导人有从南洋回国的同盟会会员黄韫山、王振邦等。在此前后，厦门革命党人致力于宣传革命和社会改良活动，曾经印刷邹容的《革命军》，出版《建言报》，成立"去毒社"以禁烟，号召男人剪辫、妇女放足。厦门光复后，中小学教师、学生还编演文明戏，宣传革命，教育民众。[12]

厦门许多南音艺人，特别是集安堂会员，都参加了革命活动。这与厦门革命的领导人、南音大家黄韫山有密切关系。

黄韫山（1873～1947），字允之，龙溪人，生于厦门。少年时代即富于民族思想。清末在新加坡听到孙中山演讲，遂毅然加入同盟会。1907年回国从事革命活动，任同盟会闽南部副部长。在厦门，他组织了集安堂声学会，名义上研究南乐，实际上则策动革命。厦门起义后，他曾任军政府副统制。黄韫山生平酷嗜音乐，深通南音，尤擅长品箫。[13] 1930年代，上海EMI曾以丽歌的商标，出版过多张由他吹笛伴奏的唱片。论者称："厦门南乐，集安堂为之冠。韫山则集安堂之俞伯牙、桓子野也。"[14]

图 2-14：黄韫山肖像，源自上海 EMI《百代唱片目录》，1937

关于集安堂艺人参加革命活动的情况，亲历者林崧回忆说：

集安堂吸收的新会员颇多，有陈益炳、张扬波、邵贞茂、黄遂弼……

辛亥革命活动期间，该堂有不少弦友，参加是项地下活动，上述的陈、张、邵、黄诸人，大概他们都受到热心革命的黄韫山的影响和鼓舞而参加的。宣统三年九月，厦门光复前夕，张后保草仔垵，组织义务民团。团的队伍，多系劳动人民，其中有驳船船工、建筑和搬运工人。于必要时，全副武装集合列队到田仔墘广场，听取集安堂进步分子的演讲时事和应如何救国等的伟论。这种情况，是笔者亲见的。集安堂既有革命志士隐藏在内，难怪光复后，厦门新任军政府首领张海珊，对该堂弦友，致力于革命事业的贡献，极为嘉奖。[15]

参加过黄花岗起义的厦门革命党人李嘉瑞，同样是一位戏曲家，民国初年曾结社演出，宣传革命，为北伐筹款。他回忆说：

> 民国元年冬，曾得同志若干合组一团，名曰文明剧社，举余为剧务部长。租屋于鼓浪屿洋墓口之右路前，同志三十多人。主演之剧不外宣传革命，开牖民智，并以作北伐募捐之利器。当此时也，厦门方面亦倡一临时剧团，定名扶风实进会。系北伐之筹款作用也，始演平剧，继演白话戏焉。[16]

厦门南音留下了《革命歌》、《早剪辫迟易服》计两套四张唱片。这两套录于1912 年初的唱片，是革命党人借地方曲艺传播革命的明证。其中，《革命歌》由李嘉瑞与另一名南音艺人合作，他在厦门起义后，担任军政府讲演队主任，所以唱片片芯标署李的身份为"演说员"。这套唱片是现存所有曲种唱片中唯——套以"演说员"身份录制的唱片。

4. 广州、香港——粤曲与粤剧

粤剧是流行于广东的地方戏剧，粤曲是流行于广东的说唱曲艺。

粤曲的类别较为繁杂，学术界迄今仍未有公认的清晰分类。清末民初流行的主要种类，有南音、粤讴、班本、板眼、木鱼歌、龙舟歌以及其他杂调等。今所见辛亥革命相关唱片，有什调、打琴小调、龙舟歌和班本四种类型。

"什调"向未见记载，似取"什锦"之意，意谓杂曲；或是"时调"之音转，已不可考。

"打琴小调"亦未见有文献描述。琴，应即洋琴（即扬琴）；打琴小调应是以洋琴为主要伴奏乐器的说唱曲艺。[17]

"龙舟歌"以手持木雕龙舟演唱得名，研究者或将其归入木鱼歌一类。龙舟歌的歌词为韵文，内容有抒情短篇，亦多长篇叙事故事。其曲调后被粤剧吸收，成为粤剧声腔的一个组成部分。

"班本"原指粤剧戏班演出之本，但又是一个粤曲说唱曲艺类别的专有名称。当时许多报刊，如《中国日报》、《图画时报》、《中外小说林》等，都设有"班本"栏目，与南音、粤讴、板眼等粤曲类别并列。从刊载的作品看，班本与其他粤曲的主要区别，是使用粤剧的梆簧唱腔体系；其与粤剧的区别，则在于体制较为短小，类似于粤剧单独演唱的折子唱段；班本除有代言体外，也有述事、抒情；在演出上，班本大抵未必粉墨登场。它应是由粤剧衍生而来的一种粤曲类型。

粤剧和粤曲关系密切，在发展过程中互相影响。许多知名故事，都有同题材的粤剧剧本和粤曲曲本，往往是相互改编而来，比如著名的《梁天来告御状》等。在曲调唱腔方面，粤剧也大量吸收粤曲因素，如龙舟歌、打琴小调被穿插使用于粤剧演出中，甚至龙舟歌后来成为粤剧曲调的一种。另一方面，在歌楼茶馆演唱的粤剧折子，也可视为粤曲的"班本"。

就清末民初的唱片而言，十数张一套的粤剧全本固然不少，但更多的仍然是只收录主要唱段的"出头"，因此很难断定某一唱片一定是粤剧而不是班本；一些粤曲唱片，也很难断定它就是独立的粤曲，而非某粤剧的"出头"。本书第四章、第五章《叙录》，对《文献》收录的这类作品，尽量给予说明。但由于资料匮乏等多方面原因，一些结论可能会存在不准确之处。

清末民初的广州，地接香港、澳门，位于中西方文化交汇处，较早地受到西风东渐的影响。因此粤曲改革，从呼声到行动，也较其他曲种为早。

作为民主革命活动的发祥地，广东革命党人更早地注意到粤剧和粤曲的宣传功效，而不仅是社会风气的改良。

1900 年初，受孙中山委托，陈少白在香港创办了第一份兴中会的机关报《中国日报》。很快，又由黄鲁逸主编，出版了《中国旬刊》。《中国旬刊》办有附刊《鼓吹录》，即以刊登该报记者撰写的戏曲、歌谣为主，讽刺时政，感召世人。是为革命党人最早以粤曲宣传新思想的发端。

图 2-15：《中国旬报》附刊《鼓吹录》第 12 期封面，1900 年 9 月

　　此后，革命党人一方面撰写新剧本，一方面兴办戏剧学校，创办剧团，现身说法，亲自演出，对于唤醒民众，革新社会风气，起到了很好的效果。在这种气氛感召下，旧剧团也加入到改革的行列，改造旧剧，编演新剧。后来，许多戏班的艺人，都参加了广东的武装起义。

　　时任同盟会香港分会会长、后来成为国民党党史专家的冯自由，曾撰文详细叙述了这一时期革命党人的戏曲活动，并给予高度评价：

　　　　广东号称革命策源地，世人咸归功于新学书报之宣传，然剧本之改良及维新志士之现身说法，亦与有大力焉。在庚子年（一八九九）拳乱以前，粤中风气尚极闭塞，士大夫能稍言维新变法者，寥落如晨星。及庚子以后，清廷辱国丧师之罪，举国同愤，民智因而大开，有心人士主张非实行革命排满不足以救亡者，缤纷并起，或则以报纸鼓吹，或则借演说倡导，然皆未能深入民间，使种族思想普遍于各级社会，以收实效。职是之故，革命主义之香港各报，遂有编撰戏曲唱本以引人入胜之举。最先发起者为己亥年（一八九八）十二月出版世称革命元祖之《中国日报》，该报首在附刊之旬报特辟"鼓吹录"一门，由杨肖欧、黄鲁逸数记者撰作戏曲歌谣，或讽刺时政得失，或称颂爱国英雄，庄谐杂出，感人至深。其后在香港出版者，有《世界公益报》、《广东报》、《有所谓报》、《东方报》、《少年报》等；在广州出版者，有《时事画报》、《群报》、《国民报》、《人权报》、《南越报》、《平民报》、《天民报》、《中原报》、《齐民报》等，均注重戏剧歌谣一门。其旨趣及作风略与《中国报》相仿佛。此外香港广州保守派各报，以俗尚所趋，亦多踵而效之。歌唱之风，盛极一时。甲辰乙巳间（一九〇四至一九〇五）有陆军学生前辈程子仪者，在陶模督粤时代，与钮永建同办陆军学堂，夙有志于社会教育，时方赋闲家居，与兴中会员陈少白、李纪堂等过从甚密，以其时民众识字者寡，徒恃文字宣传，实难普遍收效。于是建议创设戏剧学校，编制各种爱国剧本，招收幼童，授以相当教育，俟其学业有成，乃使出而实行表演。如是方可以涤除优伶平时不良之习惯，一新世人之耳目。陈李深题其议。陈允襄助编制剧本，李愿捐助巨资以为之倡，定名"采南歌"戏班。训育一年始成，乙巳冬在各乡市及香港、澳门等处开演，所排新剧颇博世人好评，实开粤省剧界革命之先声。惜乎创设不及二载，而资本已折阅无余，此幼童剧团遂不得已宣布解散，有志者咸为扼腕。未几复有香港各报记者黄鲁逸、黄轩胄、欧博明、卢骚魂、黄世仲、李孟哲、卢博郎诸人组织"优天社"于澳门，各欲亲自粉墨登场，为社会现身说法，以棉力弗继，未及出演，数月而散。黄鲁逸

图 2-16：《欢迎新剧》，笛云绘，原载《时事画报》1906 年第 1 期。画面描绘了 1906 年 1 月 13 日革命党人兴办的采南歌戏班在广州长乐戏院的首场试演

志不少懈，更邀黄轩胄、陈铁军等组织"优天影剧团"，惨淡经营，历一载余始克出世，是为新学志士献身舞台之嚆矢。粤人通称新剧团曰志士班。示与旧式戏班有别。该班出演数载，成绩斐然可观，旋亦因事中辍。戊申年（一九〇六）陈铁军又组织一社，名振天声，所编剧本多偏重推翻专制，及暴露满虏虐政，时遭地方官吏之干涉。以当日民气日强，清吏有所畏惮，幸免于祸。是岁十月清光绪帝母子相继逝世。清制国丧期内禁止演剧，该班乃借赈灾募款为名，赴南洋诸埠游历演唱，所编诸戏本，名为劝人禁烟禁赌，实则暗中宣传革命，于南洋华侨民智之启导，厥功非鲜。自乙巳以迄己酉之四五年间，经报界之热心鼓吹，及志士之现身说法，其影响所及，遂使在旧式戏班之诸名伶，亦渐有排演爱国新剧之倾向。就中最有力者为人寿年班主角梁垣三（蛇王苏）、豆皮梅、新白菜等所演《岳飞报国仇》一剧。梁垣三饰宋徽

宗后，豆皮梅饰李若水，新白菜饰岳飞，均能表扬忠义，唤起一般遗民之民族观念，其收效之速，较新剧团之宣传，有过无不及。《中国日报》尝赠梁垣三等以"石破天惊"横帡，用旌其功，洵非虚誉。同时广州、香港、澳门各地志士组织新剧团者，有陈俊朋等之现身说法社，李德兴等之移风社，梁侠侬等之现身说法台，分道扬镳，一时称盛。振天声社自南洋返香港，乃与现身说法社合并，易名曰振南天，未几又解散。庚戌（一九〇八年）后振天声社诸同志得陈少白之助，另组一白话配景新剧社，剔除旧套，眼界一新，极受社会欣赏，是为白话配景剧之滥觞。继起者复有"琳琅幻景"及"清平乐"、"天人观社"诸社，均属话剧团之铮铮者。此种剧团咸对腐□（败）官僚极嬉笑怒骂之能事，卒能引起人心趋向于革命排满之大道。及辛亥革命军起，诸剧员躬身参与义举者，尤不乏人，是更由演剧之舞台工作，进而为实行工作矣。[18]

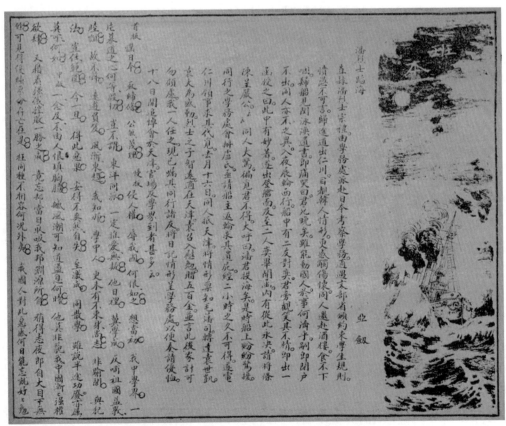

图 2-17：班本《潘烈士蹈海》，《时事画报》1906 年第 2 期

据赖伯疆、黄镜明《粤剧史》统计，在此期间，志士班编演的剧目有 63 种。但这仅是粤剧的数目，大量的粤曲、小调，迄今未有全面的整理统计。

今所知辛亥革命相关的各类唱片，以粤语最为丰富。有描写革命事件者，如叙述黄花岗起义的《革命党焚都署》，叙述革命党人温生才刺杀满清官员的《温生财炸孚琦》；有歌颂革命党人故事者，如描写秋瑾的《火烧大沙头》等；有借历史故事宣传革命思想、批判旧制度者，如《梁天来告御状》、《虐婢报》等。

广州与香港，地理联系密切，而香港为英帝国殖民地，不受清政府辖制，所以革命党人往往以香港为基地，开展革命活动。香港的华人，又多来自广东，广东的戏班也常常在香港演出。由于交通便利，早期西方唱片公司来华录音，每每在香港设立录音室，如英国留声机公司、哥伦比亚、蓓开、利乐风等公司，都是如此。与辛亥革命相关的唱片，大多录于香港，一些演唱者，也是定居香港或长期在香港演出的艺人。

四、1930 年前后纪念孙中山的相关唱片

1925 年 3 月，中山先生在北京逝世。他所提出的民族主义等一系列政治主张，以及他在推翻君主专制、建立民国过程中的政治实践，使他得到各方社会力量和民众的普遍尊敬。当时，中国国民党主持了北京的哀悼仪式，北洋政府及其他政治、军事派别都参加了仪式或举行哀悼活动。中国共产党也向国民党发出唁电，并发表公告《中国共产党为孙中山之死告中国民众》，尊称孙中山为民族主义领袖。各地的政府和民众，也都举行了大规模的悼念集会。这充分反映了当时孙中山在中国人民心目中的崇高地位。

此后，孙中山的声誉如日中天。他的思想，甚至成为正确、进步的代名词和标识，虽然，在孙中山逝世后的 1920 年代和 1930 年代，各派政治力量，包括国民党内部的不同派别，都对中山思想作出自己的解释。

作为政治遗产，国民党尤其重视孙中山及其思想的影响力，在宣传上不遗余力地提高孙中山的地位，以此为旗帜，对内凝聚党员，对外号召民众，并借此以彰显国民党的正统性。1927 年 4 月，南京国民政府成立；1928 年，南北分治局面结束，中国完成了形式上的统一。作为执政党，国民党把对孙中山的宣传纪念与尊崇，提高到空前绝后的程度：在各种场合悬挂中山像，修建孙中山塑像、纪念碑、纪念堂，以孙中山的名字命名行政区域、街道，设定各种纪念日和仪式。1929 年 6 月，国民党和国民政府举办了孙中山移葬南京中山陵的奉安大典，对孙中山

的宣传和纪念达到前所未有的高潮。此后，对孙中山的崇拜，一直长期持续。[19]

在这种情势下，艺术界创作了许多纪念孙中山的歌曲、戏曲、曲艺作品，同时，描写他所领导的辛亥革命历史事件和历史人物的作品，也时有出现。这些作品，同样反映在唱片业。

1920 年代以后，唱片业在中国蓬勃发展。法商百代在上海的工厂投产，美商胜利在上海设立分公司并投资建厂，德商高亭、蓓开重返中国市场，华侨资本中国留声机器公司也于 1923 年成立。1920 至 1930 年代，中国唱片进入了空前繁荣的黄金时代，每年都有上千个新曲目推向市场。

图 2-18：百代唱片目录，1937

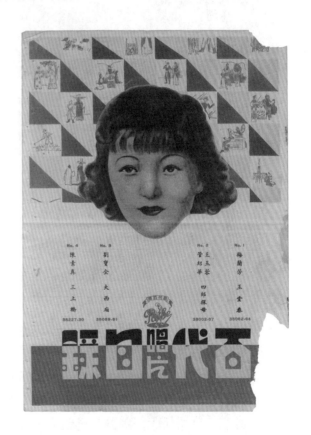

尽管唱片公司的主要出版方向，在于娱乐性的曲目，即传统戏曲、曲艺，但他们也注意到了社会发展的趋势。1923 年起，中国留声机器公司率先出版了一批政治性演讲片；1924 年，上海中国晚报馆出版的《孙中山演讲》，产生了很大的影响。1920 年代中期，各个唱片公司都突破传统业务范畴，开始出版流行歌曲和电影歌曲，唱片题材得到了很大拓展。

1930 年代，百代公司出版了国民党要员戴季陶、邵元冲关于三民主义的演讲，以及罗家伦、叶楚伧等人的演讲片，还录制了民间曲艺《孙总理伦敦蒙难》和《秋瑾就义》。1937 年胜利公司与中央广播电台合作，录制了一批宣传性歌曲唱片。而后，迁至重庆的中央广播电台录制了一大批抗战歌曲，由英国留声机公司压制成唱片。

图 2-19：胜利唱片目录，1938

　　这一时代，主导唱片曲目选择的出版人，较前一代具备了更多的现代意识，对唱片的社会意义有了更多的关注。他们大多接受过现代教育，有着较高的文化素养，有着自己的政治信仰和社会追求。1930 年代，左联人士及共产党人任光、聂耳、冼星海、安娥等，都曾任职于百代公司音乐部；文化学者徐慕云，曾在大中华、胜利等公司任职，曾撰写过题为《戏剧杂曲唱片为推行社教之利器》的文章。[20] 中国留声机器公司的许冀公、沈卓吾，则明确以"宣传党义"为己任；中央广播电台更是国民党直接主办的宣传机构。因此，带有政治色彩的唱片品种增多，成为理所当然。

　　这一时期与孙中山相关的唱片，集中在《总理遗嘱》和《总理纪念歌》两个品种上。此外，影响较大者，还有曲艺作品大鼓书《孙总理伦敦蒙难》和牌子曲《秋瑾就义》。

1. 《总理遗嘱》

孙中山逝世前，留下两份遗嘱，一份政治遗嘱和一份家事遗嘱。"总理遗嘱"是指他的政治遗嘱。

1925 年 5 月，中国国民党举行第一届第三次中央全会，决定接受孙中山遗嘱，发表了《接受总理遗嘱宣言》。次年 3 月，国民党第二次全国代表大会通过了《接受总理遗嘱案》。孙中山遗嘱遂成为国民党的纲领性文件。

孙中山逝世不久，国民党中执会即于 1925 年 4 月 28 日发布通告，要求各级党部开会时首先恭诵总理遗嘱。[21] 5 月 24 日，国民党一届三次中央全会通过的《关于接受遗嘱之训令》，以党规的形式明确了这一要求："本党各级党部、党团之一切会议，在开会时，须先由主席恭诵总理遗嘱，会众应全体起立肃听。"

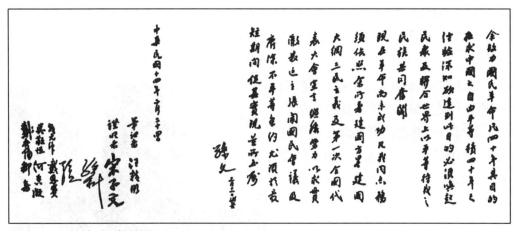

图 2-20：孙中山遗嘱

1926 年 1 月 18 日，国民党第二次代表大会通过《国民党总章修正案》，又将"凡集会开会时，应宣读总理遗嘱"写入党章。《修正案》还规定，国民党各党部、政府所属各机关各军队，每周要举行总理纪念周一次。2 月 12 日，中执会发布《总理纪念周条例》，规定纪念周在每周一上午举办，仪式第四项为："主席读总理遗嘱，全体同志循声宣读。"

在国民党及其执政的国民政府推动下，"恭读总理遗嘱"作为一项重要程序，普遍实行于当时的会议、仪式、集会和节庆纪念活动中，并且从国民党内发展到政府、社会各界；从会议集会，发展到其他社会生活场合；进而进入中小学课堂，成为学生必须背诵的文字。"恭读总理遗嘱"甚至一度达到泛滥的程度，民间一些游艺娱乐、婚丧嫁娶，也加入恭读的程序。为此，1929 年 12 月，国民政府按照国民党中执会的要求发布训令，限定恭读的场合为"本党各级党部、各级政府及民众团体一切正式集会"。[22]

为规范孙中山遗嘱诵读，1930 年 1 月，国民党中执会第 66 次常会通过了严格诵读的决议，国民政府据此颁布第 33 号训令，规定恭读时不得省略文前的"总理遗嘱"四字。[23] 此后，还规定必须以"国音"诵读，以使"南北东西皆能普遍循读"。[24]

据今已知的情况，1930 年前后，各唱片公司出版了至少 5 个品种的《总理遗嘱》朗读片。朗读者大抵都是当时的名人，如孔祥熙、郑正秋、周寿臣等。其中 1934 年上海 EMI 出版的百代唱片 34696A，题为《开会仪式》，首先宣布"开会"，然后"奏乐"，"全体肃立"，"唱党歌"，向党、国旗及总理遗像三鞠躬，然后由大会主席"恭读总理遗嘱"，最后"静默三分钟"。这是一张标准的集会活动程序唱片。1932 年，国民政府教育部颁布《国音常用字汇》，语言学家赵元任据此在 1934 年修订了他 1921 年编写的汉语教程《国语留声机片》。新教程取名《新国语留声机片》，仍由商务印书馆出版，所附唱片则由上海 EMI 以哥伦比亚商标出版。这部有声教程的第八课《声调练习》，选用了《总理遗嘱》为范文朗读听写，反映了《总理遗嘱》社会影响之深。

图 2-21：蒋介石在《总理遗嘱》前

2.《总理纪念歌》

孙中山逝世后，《总理遗嘱》曾被谱入歌曲，但国民党认为甚不严肃。1932 年初，国民政府教育部依据国民党中央训练部函，颁布第 2195 号训令，禁止将《总理遗嘱》谱入歌曲，"以昭尊崇"。[25]

1925 年以后，悼念孙中山的歌曲有陈以益的《中山歌》，[26] 以及《孙中山先生悼歌》、《孙中山先生诞辰纪念歌》等，而流传最广、影响最大的，是黎锦晖创作的《总理纪念歌》。

黎锦晖（1861～1967），知名音乐家，中国流行音乐创始人。湖南湘潭人。1927 年在上海创建中华歌舞学校，培养了第一批流行歌舞明星。《总理纪念歌》创作于孙中山逝世的当年，[27] 最早发表于中华书局 1927 年 9 月出版的《小朋友》杂志第 277 期（此前 1927 年 5 月 8 月，《申报》已有演出的报导），后收入作者编著的《大众音乐课本》第 8 册（小学初级用），1934 年由大众书局出版。

图 2-22：黎锦晖肖像

《总理纪念歌》发表后，很快在社会上传唱开来。一时之间，歌唱《总理纪念歌》甚至像"恭读总理遗嘱"那样，成为一些纪念活动和集会的仪程。[28] 这首歌曲也是黎锦晖的中华歌舞团演出的保留曲目，随着中华歌舞团在海外巡回演出，《总理纪念歌》也流传到南洋，广受华侨的欢迎。

黎锦晖回忆 1928 年在香港的演出时说：

开幕后由八个女演员穿着国产最好的雪白小纺长衣长裙上场，合唱《总理纪念歌》（节目单上有用中英文印的歌词），唱时，观众全体肃立。许多身穿大礼服的英国贵族们，在四周观众的影响下，也不得不随之站了起来，气氛非常严肃。三段唱完，恰好三分钟，观众才坐下开始欣赏节目。以后每场都是如此。在当时确实是个破天荒的事，爱国侨胞深受感动。五天演出，天天客满。澳门侨胞也闻讯赶来，英国、葡萄牙等外国观众也不少。由于侨胞盛情要求，我们又续演了三天。

在港八天，常有华侨以便宴或宵夜热情招待全体团员，观众来访也很频繁，由我和黎明、王人路、刘廷枚分头接待。来访者以教育界人士最多，他们第一句话几乎都是称颂："你们真给祖国争了光。"有的说："唱《总理纪念歌》，英国人也得肃立，这在英帝国统治下的香港是个创举。"[29]
参加演出的王人美也回忆道：

> 我们在香港的首场演出，幕前曲深沉有力，沉甸甸的大幕缓缓拉开，我们十几个女孩子，身穿白色衣裙，整整齐齐地排成两列，合唱《总理纪念歌》。我们刚刚唱出"我们总理"四个字，好象谁下达了一道命令，华侨观众齐刷刷地站立起来，表示对首创中华民国的孙中山先生的敬仰和怀念。在这种肃穆的气氛下，一些身穿大礼服的英国贵族也勉勉强强地站立起来。在演唱这支歌的三分钟时间内，观众们始终保持肃立的姿势，而且鸦雀无声，连咳嗽的声音也听不到……[30]

图2-23：《总理纪念歌》，《小学初级用大众音乐课本》第八册，大众书局，1934

1927年，约在《总理纪念歌》正式发表的同时，大中华留声机器公司就录制出版了由黎明晖与中华歌舞学校学生合唱的版本，列入《黎锦晖著作》系列唱片之中。随后，东方百代公司、胜利留声机公司、中央广播电台都录制了这一歌曲，并不断再版发行。面向东南亚市场的英国留声机公司，也录制过由印尼华侨演唱的版本。今所知 1927 年以后，《总理纪念歌》至少出版了 5 个不同的版本，足以见这一歌曲影响的广泛。

3.《孙总理伦敦蒙难》和《秋瑾就义》

1932 年，国民党中央广播电台新台在南京落成，并于 11 月 12 日孙中山诞辰纪念日正式开播。此后，中央广播电台开始着手整顿播出节目，丰富节目资源。一年后，1933 年 10 月 21 日，《申报》刊发了署名"微言"的文章《国内播音界之现状》，对中央广播电台的变化给予充分肯定，称"中央广播电台对于搜集节目之努力，实在高出于一般人希望之上"。文中列举的两个例证之一，是中央台组织了一批曲艺节目：

> 曾请专家特编大鼓词数阕，如《孙总理伦敦蒙难》、《秋瑾就义》、《签伪约卖身投靠》等，分请大鼓名家何质臣、金玉芳等轮流到台奏唱，极为听众所欢迎。

这些大鼓书，曾以"新大鼓书词"为丛书名出版过单行本，今所知不少于 6 种：第一种《秋瑾就义》，何质臣演唱；第二种《马占山诈降玩倭酋》，山药旦演唱；第三种《签伪约卖身投靠》，金玉芳演唱；第四种《总理伦敦蒙难》，山药旦演唱；第五种未详；第六种《陈英士诛郑讨袁》，何质臣演唱。词作者俱为郑恨厂。

图 2-24：新大鼓书词第四种《总理伦敦蒙难》，1930 年代

郑恨厂（1890～？），又名郑青士，江苏省如皋市白蒲人。早年游学日本，后在安庆高等巡警分校学习。辛亥革命爆发后，任职于皖军都督府参谋部谍报科。后在上海，加入王亚樵的组织，在公平通讯社工作。郑恨厂写过不少取材于时事政治的大鼓书作品，除以上几种外，后来还有《南京浩劫》、《八百壮士》、《二一

八空军大战》、《飞将军轰炸台湾》等。[31]

《孙总理伦敦蒙难》和《秋瑾就义》当时曾在南京中央广播电台演唱播放。1933 年 5 月由百代公司录制成唱片，出版后得到国民党中央宣传委员会"特函嘉奖"。同时，中央宣传委员会还发函各省政府及教育部，称"上海百代公司所灌制之大鼓唱片《孙总理伦敦蒙难》及《秋瑾就义》两种，现已开始发售。该两片为宣传本党革命事迹之良好工具"，希望各政府及教育部酌情购买，并转向所属机关介绍购置。教育部和一些省政府转发了这一函件，各省教育行政部门亦纷纷转发。这在唱片史上，是非常少见的情形。[32]

五、北伐时期的辛亥革命史题材粤语唱片

国共合作时期，1926 年 5 日，国民党二届二中全会通过北伐战争决议案，7月，蒋介石就任国民革命军总司令，誓师北伐，开始了旨在推翻军阀统治的北伐战争。是年 7 月，北伐军攻克长沙，接着攻克武昌，占领南昌、福州。1927 年 3月占领上海、南京。随后发生了国共分裂和宁汉分裂，北伐中止。1928 年 4 月 7日，蒋介石在徐州誓师二次北伐。1928 年 6 月，军阀张作霖撤出北京，国民革命军进入北京。12 月 29 日，张学良在东北通电东北易帜，宣布效忠南京中央政府。至此，北伐宣告胜利。史称"北伐战争时期"或"国民革命战争时期"。

作为北伐初期的革命中心和国民政府所在地，当时的广州再次出现了一个新粤曲、粤剧创作演出的集中期。

图 2-25：班本《孙中山归天》，《工人之路》第 388 期，1926 年 7 月 26 日

北伐之前，工人、农民就已经积极地开始了新粤剧、粤曲的创作演出。这是在国共两党和国民政府直接推动下，为配合工运、农运而形成的，并在北伐初期发挥了很大作用。当时的广州，工人运动、农民运动蓬勃兴起。由中华全国总工会主办、邓中夏主编的周刊《工人之路》上，发表过不少新粤曲，如铜器行陈颖泉投稿的纪念"五卅"的班本（第 336 期，1926 年 6 月 1 日）等；广东省农民协会的机关刊物《犁头》，也发表了《联群御敌》、《特派员叹监》等新粤语作品。

演出方面见于记载者，以位于广州第六甫青紫坊易家祠的工人剧社最为突出。工人剧社的前身是由工人组成的劳工白话剧社。1926 年"沙基惨案"发生后，由国民党中央工人部部长陈树人（1884～1948，画家）负责，国民党第三区党部接管了劳工白话剧社，更名为工人剧社，直属工人部管辖，并派出刘尔崧（共产党人）、陈其瑗、冯菊坡（共产党人）等领导剧团工作。

工人剧社成立后，开始改演粤剧，聘请粤剧艺人兰花米、李丕显教授粤剧。剧社演出的作品，部分为自行编写，部分为辛亥革命以来的传统革命剧目。工人剧社的成员朱少秋回忆说：

> 最为可贵的是剧社还有自己的编剧，贤思街木工铺的一位木工师傅赵武，他白天做工，业余时间就编戏。他记性好、笔头快，剧社所演的节目除部分传统戏外，都是由他编写的。虽然这些剧目大都是比较简单、粗糙的，类似文明戏，即兴创作的成分很重，但它的内容却是紧密配合革命斗争需要，是很富于战斗性的。正是这类剧目，使工人剧社有别于其他商业化剧团，为粤剧史写下了光荣的一页。
>
> 比如《蔡松坡云南起义师》一剧，就热情地歌颂了蔡锷（又名蔡松坡）自云南率义军讨伐军阀袁世凯，直接配合了当时正在进行的北伐战争。
>
> 《温生才刺孚琦》一剧，写革命志士温生才，炸死声言要杀绝广东革命党人的清朝反动官吏孚琦的英勇行为，歌颂了反封建专制政权的英雄，也是为当时的革命斗争服务的。
>
> 《安重根刺伊藤侯》一剧，则借朝鲜民族英雄安重根刺杀日本侵略者伊藤博文的故事，歌颂了反帝斗争。
>
> 《袁世凯发梦》，讽刺袁世凯复辟封建帝制似"南柯一梦"，反封建的观点非常明确。[33]

与此同时，出于号召国民、凝聚人心的需要，对孙中山的歌颂和纪念在这一时期也显得非常重要。因此，像《孙中山归天》这样的粤曲曲目，也应运而生。朱少秋的文章回忆工人剧社的演出场所时说："剧社的演出宗旨也很明确，由工人部赠送的大幕上，用白色醒目地绣有孙中山总理遗嘱的全文，落款是工人部赠，气氛异常庄严肃穆。"即是这种政治背景的反映。

图 2-26：联义社为北伐筹款义演的广告，《广州民国日报》，1926年 8 月 13 日。参加演出者有靓元亨、蛇仔利、豆皮元等知名粤剧艺人

北伐开始，国民党和国民政府进行了大规模的宣传，针对不同阶层的社会群体，编写了大量宣传材料，宣讲北伐的意义，发动民众。同时，粤曲和粤剧作为宣传工具，作用也突出体现出来。

广州的艺人，在辛亥时期曾经历过革命的洗礼，当年采南歌班的一些学员，如靓元亨等，已成为知名演员。在工运、农运高潮中，广州艺人改革了八和公会的管理体制，家长式的行长制改为委员制，还成立了广东优伶工会。北伐期间，不少职业的编曲、编剧和艺人，纷纷加入到宣传行列中来，不止一次组织艺人义演，除宣传北伐之外，更为北伐募集军费。

粤曲的编演亦是如此。1929 年，国立中山大学语言历史学研究所的《民俗》周刊第 79 期，发表了马益坚写于是年 4 月 35 日的文章《从"木鱼书"所得的印象种种》，文章将木鱼书分为三类："哀情的"、"修佛的"和"演述革命事迹的"。他所见到的木鱼书，第三类"凭借过去的历史，来演述革命的事迹"者虽为数不多，但也竟占到总数的百分之十到二十。文中还节引了《温生才》、《行炸李准》两个曲目的唱词。这说明，这一时代革命木鱼书非常流行。

新粤剧的编演还扩展到海外，包括新加坡、马来亚，以及华侨聚集的北美。辛亥革命时期，革命党人即曾在这些地方宣传革命思想，募集起义经费。

图 2-27：旧金山大明星戏院（Great Star Theatre）演出剧照。该剧院建于 1925 年，剧照摄于 1920 年代后期。剧照表现的是黄兴、林觉民等攻入广州总督府的情形，应为《革命党焚都署》之一幕

　　这一时期上演的剧目和曲目，除依据时政题材新编的作品之外，包括了大量辛亥革命时期的作品，或者以辛亥革命历史为题材的新编历史剧。例如，《温生才刺孚琦》，有 1910 年代初志士班的剧作；《云南起义师》有约作于 1916 年后不久的剧作。由于文献缺乏，大多作品现已无法确切知晓，此时演出的是 1910 年代的原作，还是改编或新编的作品。

　　北伐时期的新粤剧、粤曲创作演出，也直接在唱片业反映出来。1926 年至 1928 年的三年时间里，集中出现了一批时事、政治题材的粤语唱片，其中不少与孙中山及辛亥革命（包括护国战争）历史相关。

　　自 1926 年起，东方百代公司就录制了职业艺人演唱的《袁世凯惊梦》。稍后，刚刚涉足粤语唱片出版的德意志唱片公司和新成立的远东唱片公司、新乐风有限公司，陆续出版了《徐锡麟舍身救国》、《云南起义师》、《云南起义之得成功》、《中山归天》、《提倡革命记》等唱片。

　　其中《提倡革命记》最值得注意。根据曲词判断，这首曲子是辛亥革命时期用以募捐军费的原作。北伐之时重演这一曲目，并录制成唱片，说明了它在当时特殊的现实意义。

　　反袁过程中蔡锷与小凤仙的传奇故事，更为剧作家、曲作家津津乐道，并为

观众喜闻乐见，因此屡屡被搬上粤剧舞台，收入唱片，如《蔡锷别凤仙》等，不止一种。这一传统意义上的"英雄美人"传奇，作者的旨趣固未必与当时革命宣传活动相关，但取材于此，或多或少都会与反袁的历史联系起来。

此外，此时的《安重根行刺伊滕》、《济南惨案之激愤陈情》等作品，也都有唱片录制，但与辛亥革命史没有直接关联。

纵观华语唱片的历史，尽管在数量上数以万计，但整体而言，绝大多数品种仍然是传统戏曲、曲艺和流行歌曲，除了一些抗日战争题材的唱片外，涉及政治、时事性内容者，仍然不多；涉及孙中山及辛亥革命历史的唱片，更是凤毛麟角。然而也正因为此，存世的唱片更显得弥足珍贵。

注释：

[1] 欧榘甲《观戏记》，最初发表于旧金山保皇党的机关报《文兴日报》上，具体日期不详；1902 年梁启超编《清议报全编》，第 25 卷《群报撷华·通论》收入此文；1903 年黄藻编《皇帝魂》，亦予收录。

[2] 以上数据及汇率，依据上海通商海关总税务司署所编相应年份的《通商海关华洋贸易册》。留声机、唱片的价格，依据胜利、百代公司在当时报纸上刊登的广告和唱片目录。

[3] 见刘心田《武昌起义前的二十四小时》，中国新闻社编《辛亥风云》，中国展望出版社，1982；杨玉如《辛亥革命先著记》，科学出版社，1958。

[4]《论影戏机器与留声机器》，《万国商业月刊》第 3 卷第 16 期，1909 年 7 月。

[5] 谋得利公司《役挫唱戏机器公司戏片目录》，Form 1240 Ex，约 1916。

[6]《二十世纪大舞台从报招股启并简章》，《二十世纪大舞台》第 1 期，1904 年 10 月。

[7] 参见孙玉声《沪壖话旧录》中《林步青、邱凤翔、周凤林之滩簧》、《滩簧场之回忆》，《稀见上海史志资料丛书》，上海书店出版社，2012。

[8] 陈伯熙《老上海》下册，泰东图书局，1919。

[9] 林步青宣传革命的作品三种，有 1911 年石印本，今未见流传，阿英《辛亥革命书征》有著录。

［10］见《〈五卅叹词〉唱片结案》，《时事新报》1925 年 11 月 3 日。

［11］见《御前清客考》，林鸿《泉南指谱重编》卷首，1912 年编，上海文瑞楼石印本，1923。

［12］有关厦门辛亥革命的历史，参见庄威《辛亥革命在厦门》，当代中国出版社，2001。

［13］黄韫山生平，参见《黄韫山先生行述》，《厦门大报》，1947 年 12 月 6 日。

［14］《民国厦门市志》卷三十二《黄韫山传》。

［15］林崧《集安堂的一段小史》，《厦门文史资料》第 10 辑，内部出版，1986。

［16］李维修《悲秋剧话集·吾厦始有戏剧之组织及工作》，厦门永明印刷社，1935。从《李维修文集》上册引，香港国际学术文化资讯出版公司，2010。

［17］乾隆间，北方弹词曾流行以洋琴为伴奏乐器。李声振作于乾隆二十一年的《百戏竹枝词·弹词》云：“近日平湖弦索冷，丝铜争唱打洋琴。”题注：“亦鼓词类，然稍有理致，吴人弹‘平湖调’，以弦索按之。近竟尚打铜丝弦洋琴矣。”（路工辑《清代北京竹枝词》，北京出版社，1962）。1909 年 11 月 23 日《申报》重庆戏园的粤剧演出广告中，有“夜演新串出头”《鸣琴抱恨》一出，注称：“风情东首本，打洋琴唱小曲。”1911 年 9 月 30 日《申报》鸣盛梨园的粤剧广告，亦有优天影班演出的宣传语“打洋琴唱小曲腔调新别”。鲁金《香港歌坛话沧桑》（三联书店（香港）有限公司，1994）介绍 1920 年代香港歌姬时说：“在妓院里唱生旦的曲，必须学会‘打琴’。‘打琴’是打扬琴，因为唱生或旦，无须锣鼓弦索拍和，要自己打琴拍和，凡不会打琴，或对打琴没有兴趣的，就只能唱‘大喉’。”1920 年代，胜利公司录有牡丹苏演唱的“洋琴小曲”《思贤曲》等唱片，高亭华行录有耀卿演唱的《单竹打洋琴妓女自叹》唱片。

［18］冯自由《广东戏剧家与革命运动》，《革命逸史》第二集，商务印书馆，1943。原文标注公元纪年有误，今姑仍其旧。“‘采南歌’戏班”，原作“‘采南’歌戏班”。

［19］相关情况，可参见陈蕴茜《崇拜与记忆——孙中山符号的建构与传播》，南京大学出版社，2009。

［20］见《时代教育》第 2 卷第 3 期《北平社会教育专号》，1934 年 3 月。

［21］国民党中执会通告第 142 号，台北国民党党史馆档案，汉 4869.2。

［22］国民政府训令第 1209 号，1929 年 12 月 17 日，载《国民政府公报》第 348 号，1929 年 12 月 18 日。

［23］国民政府训令 1930 年第 33 号，1930 年 1 月 25 日，《国民政府公报》第 380 号，1930 年 1 月 28 日。

［24］《中央通令各机关举行纪念周时总理遗嘱一律用国音宣读一案》，南京中国第二

历史档案馆档案，2-248，从陈蕴茜《崇拜与记忆——孙中山符号的建构与传播》转引。

［25］《广东省政府公报》第 179 期，1932。

［26］陈以益的《中山歌》，见陈以益《总理遗声纪念刊》。原注此歌曾刊于 1925 年 4 月 12 日上海《民国日报》和 1926 年 3 月 12 日《中国晚报》，并称"当时全国流行"。

［27］见黎锦晖《我和明月社》，1965 年 8 月，《文化史料丛刊》第 3、4 辑，文史资料出版社，1983；黎锦晖《我的生平、创作年表及其他》，《湘潭文史》第 11 辑，内部出版，1994。

［28］1927 年以后，纪念会、音乐会上演唱《总理纪念歌》，经常见于报纸报导。

［29］黎锦晖《我和明月社（下）》，《文化史料丛刊》第 4 辑。

［30］王人美《我的成名与不幸》，上海文艺出版社，1985。

［31］郑恨厂生平，参见他本人撰写《新年忆语》（《心声》第 5 卷第 1 期，1923 年 3 月，署郑恨厂），《安徽辛亥革命鳞爪记》（《辛亥革命回忆录》第 4 集，文史资料出版社，1981，署郑青士）等。从两文所记的个人经历，可以断定郑恨厂与郑青士为同一人。

［32］《申报》1933 年 9 月 14 日的报导《百代公司又出大批唱片》称：两片"均为宣扬革命历史之佳构，故能获得中央宣委会特函嘉奖，此实为他公司未有之荣誉"。国民党中央宣传委员会函，见《湖南民政刊要》1933 年第 32 期。今所见各地教育部门转发教育部函者，有《河北教育公报》第 29 期、《广东教育月刊》第 2 卷第 11 期、《上海市教育局教育周报》第 212 期等。

［33］朱少秋口述、史向民整理《大革命时期的广州工人剧社》，《广州文史资料》第 42 辑《粤剧春秋》，广东人民出版社，1990。

第三章　西方留声机公司与中国

　　正如图书的生产和流通有出版商、印刷商、销售商，有初版和再版一样，唱片作为音频文献的载体，亦有其录音者、制造商、出版商、销售商，有初版和再版之分。只有对唱片的出版背景有更多的了解，才能对唱片本身有更准确的认知，这是文献学的基本要求。已发表的一些关于中国早期唱片历史的论述似是而非，原因之一即是对唱片公司的背景等文献学属性了解不够，导致在断代等一系列问题上模糊不清，进而在某些方面得出错误结论。因此，梳理早期西方留声机公司在中国的发展历史，是整理音频文献的基础任务。

　　本章对西方留声机公司作概括介绍，重点描述 1911 年前后的情况，以及曾经来华录音、出版过辛亥革命相关唱片的公司。

一、留声机的发明与最初的留声机公司

　　1877 年，托马斯·爱迪生（Thomas A. Edison）发明了以锡箔为记录材料的留声机，命名为 phonograph，声音的记录和回放由此得以实现。1885 年，奇切斯特·贝尔 （Chichester A. Bell）和查尔斯·泰恩特（Charles S. Tainter）对留声机进行了改进，使用直刻声槽的蜡筒为记录材料，并取得专利。这种蜡筒式留声机取名为 graphophone。1887 年，埃米尔·贝利纳（Emile Berliner）又发明了侧刻声槽的唱片式留声机，命名为 gramophone。蜡筒和唱片留声机在 1890 年代晚期进入商业化生产，一个全新的产业——留声机业从此拉开序幕。

　　留声机产业在诞生的伊始便伴随着激烈的商业竞争。早期加入竞争的公司，都可以追溯到爱迪生、贝尔—泰恩特或贝利纳的专利技术。这些公司经历了不断的新生、分裂、兼并和倒闭，许多公司之间，存在着复杂的资本或专利的关联关系。

1. 爱迪生的留声机公司

爱迪生发明留声机后，1878 年即与投资者成立了爱迪生留声机公司（Edison Speaking Phonograph Co.）。经过专利权许可、回购或交换，爱迪生先后组建过多家公司，如 1887 年成立的爱迪生留声机公司（Edison Phonograph Co.），1896 年成立的国家留声机公司（National Phonograph Co.），1911 年成立的托马斯·爱迪生公司（Thomas A. Edison, Inc.）等。

图 3-1：爱迪生与他改进了飞轮的留声机

爱迪生早期一直视留声机为办公器具，生产空白唱筒供录音用，1890 年代后期才开始生产带有音乐内容的唱筒。爱迪生坚持认为，唱片式留声机存在设计原理上的缺陷而音质不高。尽管爱迪生的公司 1913 年就开始批量生产唱片，但唱筒的生产一直坚持到 1929 年。

1889 年，爱迪生曾通过上海的代理、美商丰泰洋行（Frazar & Co.）在中国推广留声机，次年向李鸿章赠送过一部样品，李鸿章为之题名"传语盒"，并邀请爱迪生访华。丰泰洋行还在上海的申报馆演示过爱迪生的留声机。[1]

旧金山的保皇会首、中医医师谭树彬的谭树彬合荣医局（Dr. Tom She Bin & Foo Chun Toung & Company）是爱迪生产品在旧金山的代理。谭树彬曾在 1902 年 11 月至 1903 年 2 月旧金山的《中西日报》上，刊登过一份 180 个华语唱筒的广告。这些唱筒应该是以空白唱筒小批量录制的产品。

图 3-2：《磬（罄）欻常存》，丰泰洋行在上海申报馆演示留声机的报导，《飞影阁画报》光绪十六年（1890 年）十月第五号

1903 年初，爱迪生的国家留声机公司派出录音部经理瓦尔特·米勒（Walter H. Miller）前往旧金山，录制了第一批 46 个华语唱筒，1903 年 3 月正式出版。1909 年，国家留声机公司又录制了第二批 56 个粤曲唱筒，并于次年 1 月上市。[2] 两批唱筒俱为传统经典粤剧和粤曲小调，没有与新思潮相关的曲目。

此后，爱迪生的公司再未涉足过华语内容的产品。

图 3-3：爱迪生公司第一批华语唱筒，1903

2. 贝利纳的留声机公司

唱片式留声机的发明者埃米尔·贝利纳，1893 年在华盛顿哥伦比亚特区建立了美国留声机公司（United States Gramophone Company），作为专利拥有者以征求投资人。1895 年，他与几位投资者一起，在费城建立了贝利纳留声机公司（Berliner Gram-o-phone Co.）生产留声机和唱片。

图 3-4：贝利纳肖像，1881

1898 年，中国魔术家朱连魁前往美国巡演，次年 8 月，贝利纳公司为他和他的戏班录制了 17 张唱片，这是最早的华语唱片。[3] 不久，贝利纳与商业伙伴弗兰克·西曼（Frank Seaman）发生矛盾受到起诉，被判禁止在美国销售留声机和唱片。1900 年，贝利纳离开美国，只身前往加拿大，在蒙特利尔重新开启留声机和唱片业务。在加拿大期间，贝利纳公司再未录制过华语唱片，只是再版过一些美国胜利留声机公司的华语录音，面向加拿大市场销售。

图 3-5：贝利纳留声机公司为朱连魁录制的京剧《招军》（《文昭关》），1899 年 8 月 10 日录音

贝尔与泰恩特于 1887 年在华盛顿创建了美国留声机公司（American Graphophone Co.），生产其拥有专利技术的留声机。后来，通过资本重组，这一公司与美国哥伦比亚留声机公司成为姊妹公司，前者负责生产，后者负责销售，共同出品过大量华语唱片。

在资本的推动下，伴随着录音技术的日益成熟和商业模式的不断创新，众多的商业公司将唱片推广到世界各地，包括中国大陆、港澳台，以及华侨众多的北美和东南亚一带。截至 1940 年代末，不同方言的华语唱筒、唱片的品种已数以万计。

二、哥伦比亚留声机公司

1888 年，美国商人杰西·利平科特（Jesse Lippincott）从美国留声机公司和爱迪生的公司购买了贝尔—泰恩特式留声机和爱迪生式留声机的独家销售权，成立了北美留声机公司（North American Phonograph Company），代理销售两种留声机及唱筒产品。为此，利平科特在美国组建了 30 多家区域销售代理公司，其中一家即 1889 年由爱德华·伊斯顿（Edward Easton）等人创建的哥伦比亚留声机公司（Columbia Phonograph Company），代理区域为马里兰州、特拉华州和哥伦比亚特区。

哥伦比亚公司较早地注意到留声机在娱乐业的需求，因此在开始阶段业务发展势头强劲。1893 年，北美留声机公司倒闭，次年，伊斯顿等人整合美国留声机公司和哥伦比亚留声机公司，以此为基础建立了哥伦比亚留声机总公司（Columbia Phonograph Co. General）。重组后的美国留声机公司负责产品制造，哥伦比亚留声机总公司负责产品销售。[4]

作为公司和品牌的名称，哥伦比亚公司及其代理商对"Columbia"一词有过多种中文译称：哥林巴、哥林鼻亚、克绹便等等，1920 年代晚期定型为"哥伦比亚"和"歌林唱片"。日据时期的台湾译为"古伦美亚"。

1. 哥伦比亚早期华语产品

哥伦比亚很早就生产录有内容的唱筒和空白唱筒，并在香港销售。1901 年前后，香港留声机经销商永丰号曾以空白唱筒录制粤剧销售，现存有 12 只，其中 9 只使用的是哥伦比亚唱筒盒。但这些录音只是区域代理商所为，与哥伦比亚公司没有直接关系。

哥伦比亚是最早出品华语唱片的西方留声机公司之一。1902 年中期至 1903 年，哥伦比亚曾在旧金山录制过不止一批粤语唱片。其 1902 年的粤语唱片，是西方留声机公司最早的针对华语市场的产品。

图 3-6：哥伦比亚最早的华语唱片，粤剧《百里奚会妻》，1902

　　1904 年 6 月，哥伦比亚派遣录音师查尔斯·卡森（Charles Wesley Carson）前往中国，开展录音业务。他是继盖茨伯格之后，第二位来到中国的西方录音师。次年，哥伦比亚的另一位录音师亨利·马克（Harry L. Marker）也被派到日本和中国录音。1908 年，录音师弗兰克·多利安（Frank Dorian）也经新加坡来到中国。1904～1912 年间，他们穿梭于各个城市，先后在上海、香港、天津、北京、厦门、汕头和新加坡等地，录制了 2000 余面华语唱片，与美国胜利公司的华语唱片形成了强有力的竞争。[5]

　　哥伦比亚最初的在华代理是法商乌利文洋行（J. Ullmann & Co.）。这是一家以钟表为主要业务的商行，在上海、天津和香港设有分支机构。1909 年起，北方语种唱片改由上海的美商老晋隆洋行（Mustard & Co.）代理。在新加坡则由 L. E. 萨洛蒙森公司（L. E. Salomonson）代理。

　　哥伦比亚早期在中国录制的唱片，模版号与目录号相同，依年代为序有 15500 系列（京剧、滩簧、小曲等，录于上海），57500 系列（粤剧及粤曲，录于香港），60000 系列（京剧、滩簧、梆子、时调等，录于上海、天津、北京），57700 系列（粤剧及粤曲、南音、潮剧，录于香港、厦门、汕头），57900 系列（京剧，录于天津）。北方语种唱片先后以中美国旗、乌利文的狮标、老晋隆的马蹄标发行，最初为单面唱片，1907 年推出纸板基的麦古泥单面唱片（Marconi Velvet Disc），1908 年推出双面唱片（Double-disk Record）。南方语种唱片则先后以红色和绿色片芯的龙标发行。

图 3-7：为哥伦比亚录音的上海艺人合影。源自 *The Music Trade Review*, Vol. XLII, No. 11, Mar 17, 1906

图 3-8：为哥伦比亚录音的香港艺人与录音师马克（二排左三）、多利安（二排左五）合影，源自 *The Talking Machine World*, Vol. VI. No. 12, Dec 15, 1910

图 3-9：哥伦比亚 15500 系列唱片，初版，1905

图 3-10：哥伦比亚 15500 系列唱片，再版，乌利文洋行代理，1906

图 3-11：哥伦比亚双面唱片，老晋隆洋行代理，1909

图 3-12：哥伦比亚红片芯龙标南方语种唱片，1907～1908

　　当哥伦比亚初到中国时，戏曲改良运动已在各地蓬勃发展。因此，其 1904～1905 年录制的 15500 系列中，已出现汪笑侬的京剧《党人碑》和《瓜种兰因》；稍晚的 60000 系列中则有不少林步青编演的时事新赋；而 1910 年录制的 57700 系列南方语种唱片，则收录了革命党人志士班创作的《火烧大沙头》、《虐婢报》等粤剧作品。

2. 美国哥伦比亚与英国哥伦比亚

早在 1897 年，为开拓欧洲市场，哥伦比亚的弗兰克·多利安就在法国巴黎建立了一个分支机构，并于 1900 年迁至英国伦敦。1917 年，为适应日益增长的市场需求，英国哥伦比亚留声机有限公司（Columbia Graphophone Co., Ltd.）在伦敦成立。英国哥伦比亚在总裁路易斯·斯特林（Louis Sterling）的领导下，业务规模不断发展壮大。与此同时，美国哥伦比亚的业务则呈现日益下滑的势态，并陷入财政危机。1922 年，英国哥伦比亚回购了母公司美国哥伦比亚所持股份，从而成为独立公司。

1924 年，贝尔试验室与西部电器公司的电器录音系统（Westrex Electrical Recording System）推向市场，因专利索价高昂，被美国胜利留声机公司拒绝，又因法律障碍不得向美国以外公司出售。路易斯·斯特林果断从摩根银行等处募资，于 1925 年 3 月收购了濒临倒闭的美国哥伦比亚，使之成为英国哥伦比亚的子公司，进而获得了电器录音专利，并率先推出电器录音唱片。

1925 年 10 月，英国哥伦比亚在伦敦设立哥伦比亚（国际）有限公司[Columbia (International) Limited]，以此为控股公司，收购了德国唱片巨头卡尔·林德斯特罗姆公司；1927 年又投资获得了日本留声机公司（株式會社日本蓄音器商會，Nipponophone Co., Ltd.，简称日蓄）的控制权，次年组建了日本哥伦比亚留声机公司（コロムビア蓄音器株式會社，Columbia Graphophone Co., of Japan, Ltd.）；1928 年，英国哥伦比亚进一步兼并了法国百代公司。

经过一系列兼并，英国哥伦比亚成为与英国留声机公司并肩而立的唱片业巨头。1931 年，为应对世界经济危机，两个唱片业巨头合并，成立了电气音乐实业有限公司（Electrical and Musical Industries Ltd.，简称 EMI）。

另一方面，美国哥伦比亚被英国哥伦比亚收购后，1927 年投资芝加哥独立联合广播公司（United Independent Broadcasters），组建了哥伦比亚留声机广播公司（Columbia Phonographic Broadcasting System），但年底又撤资退出。次年，公司更名为哥伦比亚广播公司（Columbia Broadcasting System，简称 CBS）。虽然此时它已没有美国哥伦比亚留声机公司的资本，但"哥伦比亚"的名称被保留下来。

EMI 成立后，由于反垄断的关系，被迫将美国哥伦比亚留声机公司出售给美国的收音机制造商格里格斯比—格鲁诺公司（Grigsby-Grunow Company）。1934 年，格里格斯比—格鲁诺公司倒闭，哥伦比亚被美国唱片集团（American Record Corporation）收购。1938 年，CBS 收购了美国唱片集团，并将美国哥伦比亚更名为哥伦比亚录音公司（Columbia Recording Corporation）。[6]

3. 1920 年代以后的哥伦比亚华语唱片

美国哥伦比亚 1912 年以后极少再有新的华语录音,只是以其早期录音更换各种片芯,不断再版,一直到 1928 年。

1928 年,香港企业家罗旭和(Robert Hormus Kotewall)投资建立香港和声有限公司(Wo Shing Co., Ltd.)。在粤语唱片领域,和声与美国哥伦比亚开展了密切的合作:和声负责艺人和曲目的选择以及产品销售,哥伦比亚负责唱片生产。次年,双方合作的"歌林唱片"在香港上市。[7] 哥伦比亚分配给这批唱片的模版号为 S35000 系列,目录号为 49000 系列。

图 3-13:香港和声公司与美国哥伦比亚公司合作的歌林唱片,1928~1929

1920 年代中期,美国哥伦比亚与德国卡尔·林德斯特罗姆公司都成为英国哥林比亚公司的子公司,所以,美国哥伦比亚还使用卡尔·林德斯特罗姆的华语录音生产唱片,面向北美市场销售。

另一方面,英国哥伦比亚则从 1920 年代晚期进入华语唱片市场,尽管当时其旗下的东方百代、卡尔·林德斯特罗姆已有了众多的华语品牌唱片。其华语唱片业务,集中在香港和东南亚一带。

1928 年,英国哥林比亚曾在印尼的泗水,录制过黎锦晖的中华歌舞团南洋巡演的歌曲(30000 系列)。1938 年,香港和声公司终止了与美国哥伦比亚的合作,转与英国哥伦比亚公司合作,继续出版 49000 系列的华语歌林唱片。这一系列最终的录音超过 2300 面,其中包括许多抗日题材的歌曲和粤剧、粤曲。1939 年,英国哥伦比亚在新加坡录制过任光监制的一批抗日歌曲(32000 系列)。在此前后,英国哥伦比亚还在东南亚录制过许多潮曲唱片(GHC 系列)。

图 3-14：英国哥伦比亚公司出品的黎明晖歌曲，1928

图 3-15：英国哥伦比亚公司出品的抗战歌曲，任光监制，1939

英国哥伦比亚在东南亚的代理，先后有 K. K. 克尼斯 (K. K. Knies，爪哇、泗水）、罗办臣洋琴行（Robinson Piano Co.，泰国）、贝克（Beek，菲律宾）、罗公司（Rowe & Co.，缅甸）、士律有限公司（G. H. Slot & Co., Ltd.）等。

EMI 时代，英国哥伦比亚的华语唱片多由上海的中国唱片公司和印度的英国留声机公司的工厂生产。

此外，作为唱片品牌，英国哥伦比亚以及 EMI 还授权旗下的日蓄、上海 EMI 等公司，以 "Columbia" 商标出品华语唱片，如上海 EMI 的歌林唱片，日蓄面向伪满州国市场的 Columbia 唱片和面向台湾市场的古伦美亚唱片等。

三、胜利留声机公司

1901 年，美国工程师埃德里奇·约翰逊（Eldridge Reeves Johnson）在新泽西创立了胜利留声机公司（Victor Talking Machine Co.）。约翰逊是贝利纳的合作者，曾改进过留声机发条系统，为贝利纳生产和供应留声机部件。1900 年，贝利纳的业务迁往加拿大后，约翰逊在卡姆登创建胜利公司，以承继贝利纳的专利，继续在美国生产和销售唱片式留声机。在约翰逊的努力下，胜利公司得到迅速发展，很快成为当时的行业巨头。[8]

胜利的公司名称和产品商标 "VICTOR"，早期针对不同方言区域，使用过多种汉译：华北使用 "物克多"，闽南译为 "役挫"，粤语区译为 "域陀"（粤语唱片片芯也使用 "役挫"）。1920 年代统一译为 "胜利"。

1. 胜利公司早期华语唱片

1902 年至 1903 年，胜利公司在旧金山收录过 200 余张粤剧和粤曲，最初以 HMV（当时汉译为 "坐狗"）商标出版，俱为 10 英寸单面唱片。1903 年，胜利为华语唱片分配了 7100 的目录号系列，出版新录音并再版前期录音。

图 3-16：胜利公司的第一批粤语唱片，粤剧《西篷击掌》，1902 年 8 月 15 日录音

1904 年，为避免自相竞争，胜利公司与有着血缘关系的英国留声机公司签署了市场划分协议，前者拥有南北美和中国市场，后者拥有其他地区市场；双方可以使用对方的录音，以自己的商标出版。[9] 这一协议的执行，一直持续到二战时

期。基于这一协议，1904 年胜利公司选择了 100 余个英国留声机公司盖茨伯格的华语录音，另编目录号为 6500 系列（7英寸）和 6800 系列（10 英寸），以自己的商标出版。

图 3-17：胜利公司以"好听"商标再版英国留声机公司录音的唱片，1904

胜利公司 1903 年 8 月曾在北京美国驻华大使馆注册过商标。1904 年初又在美国注册了华语唱片的专用商标"好听"，图像为一位华人在听留声机。1904 年 7 月还在天津美国领事馆注册了商标。1907 年 2 月和 4 月，又分别在美国驻上海总领事馆和上海商务部注册了商标。

1905 年 7 月，胜利公司聘请美国环球留声机公司（Universal Talking Machine Mfg. Co.）录音师乔治·切尼（George Kenny Cheney）第一次来华录音，次年 3 月切尼返回美国。此行他在上海录制了 1000 多个录音。第一批母版 1905 年底已寄达美国，唱片于 1906 年 9 月起陆续在上海等地上市。[10]

这批唱片包括 7000 系列（10 英寸）近千张，9100 系列（12 英寸）130 余张，俱为单面唱片，初版以胜利公司的留声机图标出版，以不同颜色的片芯区分品种（如名家作品为黄色等）。其内容有京剧、梆子、曲艺、粤剧、潮剧、南音、小曲、时调等，囊括了当时中国流行的几乎所有主要戏剧、曲艺类型，曲目繁多，极大地丰富了华语唱片市场。

图 3-18：胜利公司第一批在中国本土录音的唱片，1906

切尼来华录音的时间与哥伦比亚相近，正是戏曲改良在上海风行的时期。一些相关的曲目，如汪笑侬的《党人碑》、《瓜种兰因》，林步青的《抵制美货》等时事新赋，都被收入。

切尼之后，胜利公司来华的录音师，还有 1908 年 7 月派出的威廉·纳菲（William Henry Nafey）。[11] 这一时期胜利公司的华语唱片有 10 英寸的 22000、25000 系列和 12 英寸的 27000、28000 系列，计 300 余张（部分为再版）。

1909 年，胜利推出双面华语唱片，同时为华语唱片分配了 42000 系列（10 英寸）和 48000 系列（12 英寸）的新目录号区（其中个别是朝鲜、越南等语种唱片）。这一系列一直出版到 1929 年 12 月，约 3300 面。42000 系列的唱片内容庞杂，有早期录音的再版，有英国留声机公司的录音，也有大量新录音。其中一些名家如孙菊仙等人的唱片，曾被指为伪托，在一个时期内给胜利公司的声誉造成重大负面影响。

这一系列的唱片中，1915 年前后录制的《革命党焚都署》、《打制造局》、《温生财炸孚琦》等，俱为辛亥革命相关唱片。虽然此时武昌起义已过 4 年，但大量普通民众依然处于懵懂之中。所以，发动民心，启蒙民智，依然是革命党人的重要任务。

2. 谋得利洋行——胜利公司早期在华代理

早期英国留声机与打字机公司和胜利留声机公司的在华代理商，是上海的谋得利洋行（S. Moutrie & Co.）。谋得利是一家英资公司，创建于 1847 年，主要从事钢琴制造和乐器进口。谋得利很早就涉足留声机及唱片业务，盖茨伯格来华录音，即由谋得利安排；胜利公司在华录音，也由该公司组织。当时洋行经理是赛登汉姆（Sydenham Moutrie），华经理是徐乾麟。

徐乾麟（1862～1951），名懋，字乾麟，浙江余姚人，是华语唱片史上一位重要人物。徐乾麟 14 岁来到上海做学徒，勤奋好学，1882 年出任谋得利洋行华经理，此后主持谋得利业务 40 余年。他还在多家商业机构担任职务，如上海总商会陈列所所长、上海江南银行总理等。徐乾麟热衷慈善事业，创办过中华妇孺救济会等多个慈善组织。辛亥革命上海起义后，他曾组织华商义勇队军乐队，参与上海商团义勇队的活动。[12]

英国留声机与打字机公司及美国胜利留声机公司多次来华录音，作为谋得利洋行的首席买办，徐乾麟直接组织和领导了许多工作。直至 1924 年，徐乾麟才将胜利的业务交其子徐小麟主持。[13]

图 3-19：徐乾麟肖像，源自 *Who's Who in China*，The China Weekly Review, 1925

　　谋得利拥有一个庞大的销售体系，分销商遍布中国各地，在香港和新加坡等地也设有分支机构。它代理的胜利唱片取得了极佳的销售业绩。在胜利唱片的片芯上，谋得利往往加盖有"英商谋得利公司"或"谋得利公司新货"戳记；一些京剧和粤语唱片上，甚至直接印有"谋得利挽请"某某艺人演唱字样。在民间，"谋得利戏片"一度成为唱片的代称。

　　3. 亚尔西爱胜利（中国）公司

　　1929 年 3 月世界经济危机爆发前夕，美国胜利留声机公司被美国无线电公司（Radio Corp. of America，简称 RCA）收购。随后经过业务调整，RCA 组建了 RCA 胜利公司（RCA Victor Company）。

　　在中国，由于假托名家唱片的影响，以及一些录音较为草率等原因，加上大中华、高亭、蓓开的崛起，胜利公司在 1920 年代后期销售下滑，面临巨大压力。这促使胜利公司进行业务调整。1929 年 9 月，胜利在上海的沙逊大厦开设了中国办事处（Victor Talking Mache Co., China Division），开始自行经营；1930 年 7 月又设立全资子公司——亚尔西爱胜利公司（RCA Victor Company of China），总经理为戈德史密斯（R. Goldsmith），华经理为潘家瑞；同年 9 月，在上海平凉路投资建厂，并于 1932 年投产。[14] 1933 年 3 月，公司的办公地址由沙逊大厦迁至北京路 356 号（河南路口）的国华银行大厦。

　　胜利公司1928年开始推出电器录音华语唱片，从而改善了录音质量。亚尔西爱胜利成立以后，进一步拓宽出版领域，录制了更多的小品种戏曲曲艺，同时追赶形势，录制发行流行歌曲和电影歌曲。此外，它还为开明书店和商务印书馆录制了《开明英语正音片》和《英文留声机片》等教育唱片。

图3-20：亚尔西爱胜利在上海的工厂，上海平凉路1890号。源自《胜利唱词》，1930年代

　　1930年，胜利公司为华语唱片重新分配了54000系列（北方方言）、56000系列（粤语）和57000系列（厦门、潮州方言）的模版号（此时模版号与目录号相同）。至1936年，北方唱片已满2000面，目录区告罄，1937年开始重复使用42000目录区。胜利品牌之外，1936年至1937年，胜利公司还推出了宝塔和蓝鸟两个低价产品品牌。

　　1937年，胜利公司与国民党中央广播无线电台管理处合作，录制出版了一批政治性唱片，如国府主席林森的演讲、《中华民国国歌》《国民革命歌》《满江红》、《铁血歌》等，其中包括了中央电台歌咏团演唱的《总理纪念歌》。随着1937年底国民政府迁都重庆，合作就此终止。

　　鉴于中国战事日益紧张，为供应香港和东南亚市场，美国胜利在1939年委托香港捷利洋行（Clipper Merchandising Co.）为总代理，1940年录制了48000系列粤语唱片，在美国或加拿大的工厂生产，年底在香港上市。[15]

图 3-21：亚尔西爱胜利出品的蓝鸟唱片，
1937

1930 年代末期，中国唱片工业出现急剧变化，这首先源自日本。

1927 年，美国胜利公司曾在横滨建立全资子公司——胜利留声机（日本）公司（Victor Talking Machine Company of Japan）。此后，为规避税收，将日本胜利的部分股权出售给东芝、三井等财团，使日本胜利成为美日合资企业。1937 年中日战争全面爆发，美日关系恶化，美国胜利进一步减持日本胜利的股份，出售给日产集团，致使其在日本胜利的股权比例降至 25.5%。1939 年，日本胜利在伪满洲国新京（长春）建立满洲留声机有限公司（满洲蓄音器株式會社，Manchuria Talking Machine Co., Ltd.），同年又投资上海亚尔西爱胜利公司，将其重组为中美胜利唱机股份有限公司（Victor Talking Machine Company of China, Ltd.）。[16]

1930 至 1940 年代，日本胜利曾针对台湾市场，出版过两个系列的华语唱片，目录号前缀为 FJ 和 F。满洲留声机公司成立后，除以胜利商标录制出版华语唱片外，还再版过许多上海胜利公司的录音，面向中国东北销售。

太平洋战争爆发后，中美胜利唱机股份有限公司 1942 年被日本陆军接管。10 月，由日本胜利和日蓄出资，成立了中华音乐工业株式会社（China Music Industry Co., Ltd.），重组了胜利股份公司，并全面操控其生产经营。这一时期很少录制新唱片，主要再版原有录音。由于日本一些唱片厂被征为军需生产，上海的工厂还负责压制日本本土需求的唱片。[17]

日本投降后，胜利公司因设备损失过巨未能开工，靠出售存货生存。1950 年 12 月接受上海军管会管制。1951 年，其资产被华东工业部征用，作为公股，与颜鹤鸣和钟德霖两位红唱片发明人组建公私合营上海唱片制造有限公司，未几合作终止。1952 年，华东工业部以上海唱片制造公司的公股作为出资，租赁上海 EMI

的工厂，成立国营的上海唱片公司，以"中华唱片"为商标出版唱片。1953年，上海唱片公司划归中央广播事业局，更名为上海人民唱片厂，后与从北京回迁的北京人民唱片厂合并，于1954年成立中国唱片厂。[18]

此外，1949年3月，美国胜利还在香港注册过一个RCA胜利（中国）公司（RCA Victor Company of China）。这一公司于1952年12月终止。在美国本土，RCA胜利于1987年被贝塔斯曼音乐集团（Bertelsmann Music Group）收购，成为其旗下的公司。

4. 贝利纳公司再版的华语唱片

1899年，贝利纳曾在加拿大蒙特利尔开设一家零售店，取名贝利纳蒙特利尔公司（E. Berliner Montreal），随后又开设工厂供应加拿大市场。1904年业务重心迁至加拿大后，贝利纳对公司进行了重组，更名为贝利纳留声机（加拿大）有限公司（Berliner Gram-o-phone Company of Canada, Limited）。1924年，贝利纳留声机（加拿大）公司由美国胜利公司入资控股，更名为胜利留声机（加拿大）有限公司（Victor Talking Machine Company of Canada Limited）。

加拿大的贝利纳公司自己没有录制过华语唱片，但由于与美国胜利留声机公司有密切关系，它从1905年开始，就选择胜利公司的华语录音，以及胜利拥有出版权的英国留声机与打字机公司的华语录音，以自己的商标生产唱片，面向加拿大华人市场销售，一直持续到1920年代以后。这其中，包括了一些胜利公司录制的辛亥革命唱片。

图 3-22：贝利纳留声机公司再版的胜利留声机公司的粤曲唱片，1905

四、英国留声机公司与德意志留声机公司

为开拓欧洲市场，贝利纳的合作者威廉·欧文（William Barry Owen）1897年前往英国，1898 年在伦敦与威廉姆斯（Trevor Williams）共同建立了留声机公司（The Gramophone Company，为避免歧义，今译为"英国留声机公司"）。1900年，他们买下兰姆伯特（Lambert）的打字机专利，更名为留声机与打字机有限公司（The Gramophone & Typewriter Ltd.）。1907 年又改为留声机有限公司（The Gramophone Company Ltd.）。

1898 年，贝利纳和他的兄弟雅各布（Jacob Berliner）、约瑟夫（Joseph Berliner）在德国汉诺威建立了德意志留声机公司（Deutsche Grammophon Gesellschaft m.b.H）。1900 年初公司重组，英国留声机公司入股，占有 60%股份，公司更名为德意志留声机股份公司（Deutsche Grammophon Actien Gesellschaft）。1901 年，英国留声机公司收购了贝利纳兄弟的全部股份，成为唯一股东。重组后，英国留声机公司负责录音、销售，德意志留声机公司负责产品制造。

1908 年，英国留声机公司在英国海斯和印度加尔各答设立唱片工厂，两个工厂分别在 6 月和 12 月投产。此后其远东语种的唱片，大都在印度生产。[19]

图 3-23：英国留声机公司在印度加尔各答的工厂

1. 英国留声机公司的华语唱片

早在1899年,英国留声机公司就曾为华语唱片分配过10500系列的目录号区,但未见有唱片存世。1902年,留声机与打字机公司的录音师盖茨伯格(Frederick W. Gaisberg)与助理迪尔努特(George Walter Dillnutt),开始了远东录音之旅。1903年3月,盖茨伯格作为第一位登陆中国的西方录音师来到上海。随后的两个月中,在代理商谋得利洋行的安排下,他在上海和香港,录制了400多个华语录音,模版号为E429～618(7英寸)和E1503～1788(10英寸)。这些录音被寄往汉诺威压制成唱片,以"录音天使"(Recording Angel,当时汉译为"仙孩")的商标出版,并于1904年1月在上海上市。[20]

这批唱片中有上海流行的京剧、滩簧和小曲以及广东的粤剧和粤曲。此时,戏曲改良还处于酝酿时期,这批唱片中未有新剧出现。如汪笑侬只有《定军山》、《文昭关》等传统京剧,林步青的15张唱片(11个曲目)亦俱为传统曲目。

图3-24:京剧《祭江》,薛瑶卿演唱。盖茨伯格录音,1903;留声机与打字机公司出品,1904

1904年之后,根据前述与美国胜利留声机公司的协议,留声机与打字机公司不再面向中国大陆销售产品。但一方面,它仍在香港、澳门、厦门以及东南亚录制华语录音,除压制唱片对东南亚销售外,还提供给胜利公司制片,向美国和中国大陆销售;另一方面,他们也使用胜利公司的华语录音,以自己的商标生产唱片,销往东南亚。

1903年,留声机与打字机公司在印度加尔各答建立了分支机构,此后东南亚录音逐步交由印度分支机构负责。1906至1907年,留声机与打字机公司在第三次远东录音中,盖茨伯格的弟弟科罗德(William Conrad Gaisberg)与助理录音师

迪尔努特，曾在香港为胜利公司录制过若干华语录音。1909 年 1 月，迪尔努特在新加坡录制了模版号为 10356o～10407o 的 50 余个粤语录音，今所见存世实物俱为传统曲目。1910 年 3～4 月间，他还在泰国曼谷录制了 42 个华语录音，但未见有唱片传世。[21]

图 3-25：英国留声机公司的粤曲语唱片片，迪尔努特录音，1909

　　迪尔努特在远东的工作结束于 1910 年底，英国留声机公司派出录音师马克斯·汉普（Max Hampe）到印度接替他的工作。1911 年，汉普曾录制了大量粤语、厦门南音和福建戏曲，模版号为 H10000R 系列。[22] 其具体日期和地点尚不清楚，推测录制于香港（或广州）、厦门和福州。其中厦门、福建录音 450 余个，粤语数目不详。这批唱片被编入 G.C-8, 9, 12 系列的目录体系，在印度加尔各答的工厂压制成唱片，销往东南亚；同时由胜利公司编入 42000 目录区，在美国生产，投放北美和中国大陆市场。

图 3-26：汉普（左）在印度孟买，1905 年 2 月

　　汉普这次录音，正值辛亥革命爆发不久，各地起义风起云涌，所以录制有与革命活动相关的唱片。但这批唱片未见目录存世。其中的厦门部分，胜利公司曾全部出版，有目录留存，与辛亥革命相关的唱片，有《革命歌》、《早剪辫迟易服》两种；粤语部分胜利公司未再版，无从得知全貌，传世仅见唱片 4 张，其中《革命成功》、《十八省》两张，都是辛亥革命相关唱片，相信已佚者还有不少关于辛亥革命的粤语作品。

　　英国留声机公司在东南亚市场，曾由荷兰的美国进口公司（The American Import Company）、香港的罗办臣琴行（Robinson Piano Co., Ltd.）和新加坡的罗敏申公司（Robinson & Co.）为代理。

　　1931 年 EMI 成立以后，英国留声机公司成为其旗下公司。随后的 20 年里，英国留声机公司一直延续上述市场格局，持续不断地录制和出版大量以粤语、潮剧、流行歌曲为主的华语唱片，供应东南亚市场。二战期间，上海 EMI 的工厂被日本控制，英国留声机公司在印度的工厂还为上海 EMI、英国哥伦比亚压制百代、丽歌、歌林等品牌的华语唱片，供应东南亚市场。

　　东南亚是孙中山早期活动频繁的地区，许多华侨参加过辛亥革命，在 1930 年前后的孙中山纪念热潮中，英国留声机公司在印度尼西亚的泗水，录制过《总理纪念歌》、《天下为公》等歌曲唱片。

图 3-27：京剧《武昭关》，梅兰芳演唱，美国胜利留声机公司录制，英国留声机公司再版

　　抗战爆发后，1937 年 11 月，国民政府迁都重庆，国民党中央广播事业管理处亦随迁重庆。约自 1940 年起，中央广播事业管理处邀请国民党军事委员会政治部抗敌歌咏团、中央训练团音乐干部训练班等部门，录制了许多以抗战为主题的歌曲、器乐曲。这些录音被送往英国留声机公司在印度的工厂压制成唱片，在极

为艰苦的条件下，经缅甸长途运回中国。第一批唱片于 1942 年初运抵重庆。这批
唱片仅有简陋的白色片芯，标题、演唱者等标识许多为手写。模版号前缀为 OMC，
目录号前缀为 QC。其中包括一面未标演唱者的《总理纪念歌》。[23]

图 3-28：中央广播事业管理处录制的独　　图 3-29：中央广播事业管理处的唱片
唱《卖花词》　　　　　　　　　　　　　封套

2. 德意志留声机公司的华语唱片

1914 年第一次世界大战爆发，英德双方成为交战国，英国留声机公司旗下的
德意志留声机公司被德国政府视为敌产没收，1917 年公开拍卖，莱比锡一家生产
音乐设备的公司——宝利丰音乐制造公司（Polyphon Musikwerke A.G.）购得其全
部资产。1918 年，德意志留声机公司的总部迁至柏林。1919 年，宝利丰公司在各
国的业务代理纷纷接管了德意志留声机公司的业务，诸多海外子公司相继成立。
公司内部的业务也进行了调整，宝利丰在莱比锡的工厂负责生产留声机及配件，
压片设备迁至汉诺威，汉诺威的工厂则负责唱片生产。[24] 1924 年，德意志留声
机公司为出口产品创立了"宝利"（Polydor）商标品牌。

德意志留声机公司出版华语唱片，始于 1920 年代后期。1927 年，德意志留
声机公司在日本东京成立日本宝利留声机公司（日本ポリドール蓄音器商会，
Nippon Polydor Chikuonki Co., Ltd., Tokio, Japan），并建立了制片厂。

日本宝利在 1920 年代末建立亚细亚宝利唱片有限公司（Paoly Asia Ltd.），面
向日本占领下的中国东北出版发行京剧、曲艺和歌曲唱片。随着日本占领区的扩

大，其市场也辐射到中国北方许多省份。1930 年代后期，又在北京建立了国乐唱片公司。

对于华南和东南亚市场，德意志留声机公司则自行运作，1927 ~ 1930 年间，出版了近千张广东、汕头、福建、漳州、厦门、琼州地方戏曲、曲艺唱片。这些唱片以兴登堡（Hindenburg，当时德国总统的名字）、波里蓬（Polyphon，又译宝利锋）等商标发行，具体录音日期和地点均未见记载，但在唱片片芯外，压有模版制作年份。据参与录音的艺人记载，漳州曲是在新加坡录制的。[25]

在 1928 年出版的第三期粤语唱片中，有《中山归天》、《提倡革命记》和《云南起义之得成功》3 套与孙中山及辛亥革命历史相关的唱片，其中《云南起义之得成功》未见传世。

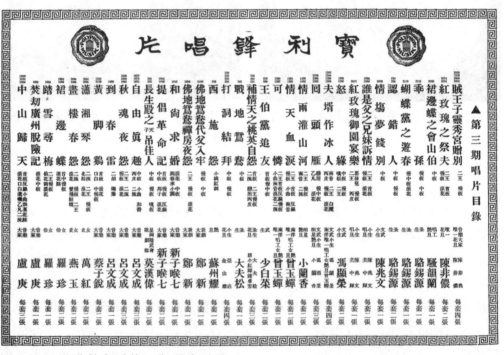

图 3-30：兴登堡粤语第三期唱片目录

1927 年，德意志留声机公司还在德国为其华语唱片注册过一个"中山商标"，图案为孙中山肖像，注册号 377341。这是继中国晚报馆之后，第二个孙中山肖像唱片商标。使用这一商标的唱片录于 1927 年，并于当年 8 月在香港上市，内容包括外江戏、琼剧、福建和厦门地方戏。[26] 这正是孙中山逝世后不久，普遍受到尊崇的时期。但这一商标使用时间不到一年。

图 3-31～32：德意志留声机公司的中山商标唱片和封套

　　1930 年，德意志留声机公司还通过马来亚的茂发公司（Mong Huat & Co.）代理，以宝塔（Pagoda）商标继续录制出版华语唱片，面向华南及东南亚市场销售，新片数量亦不少，尤以潮曲为大宗，一直到 1938 年。

　　1929 年经济危机爆发后，德意志留声机公司经营不断恶化，经过多次重组，1932 年更名为德意志留声机有限公司（Deutsche-Grammophon A.G.），将总部迁至汉诺威。但这仍旧没有改善经营状况。1934 年，德国知名的无线电报与无线广播业公司德律风根公司（Telefunken G.m.b.H.）与德意志银行等再次注资重组德意志留声机公司。此后德律风根不断收购股份，至 1940 年，德意志留声机公司已成为其全资子公司。1950 年代，德意志留声机公司曾以宝塔商标出版过华语流行歌曲。

　　德律风根公司也曾以自己的品牌"Telefunken"出版唱片。1935 年，德律风根由日本图书出版商讲谈社（大日本雄辩会講談社）为代理进入日本市场。1940 年代国乐唱片公司倒闭后，模版被太平唱片股份有限公司收购，太平公司再版的唱片，使用了德律风根及讲谈社的片芯设计，这一公司应该与德律风根及讲谈社存在关联。1954 年前后，德律风根还以"飞马"、"飞机"等商标，为潮声公司（Tao Sia & Co.）出品过传统音乐、潮剧和华语流行歌曲唱片。

五、百代留声机公司

　　1894 年，法国的夏尔·百代（Charles Morand Pathé）在巴黎开设了一家留声机商店，经销爱迪生留声机。1896 年，他的哥哥埃米尔（Émile Pathé）加入，共同组建了百代兄弟公司（Fréres, Charles et Émile Pathé）。兄弟二人都是工程师，经营留声机的同时，进军电影业。1897 年 12 月，百代兄弟募资 100 万法郎，将百代兄弟公司重组为电影放映机、留声机和胶片总公司（Compagnie Générale de Cinématographes, Phonographes et Pellicules）。1900 年 12 月再次重组为留声机、电影放映机和精密仪器总公司（La Compagnie Général de Phonographes, Cinématographes et Appareils de Précision）。

百代进入留声机业，使用了爱迪生直刻音槽技术，机会源于爱迪生专利在法国过期。1898 年，百代在巴黎西郊沙图（Chatou）的工厂投产，生产留声机和唱筒；1905 年开始生产唱片，最早为单面，很快改为双面。百代唱片的录音工艺与众不同，不像一般的公司使用蜡盘录音，而使用大型蜡筒录制，然后在工厂用缩放仪（pantographical transfer）转录到蜡盘上，再电镀成模版。对于远途异地录音来说，这种方式方便高效，但母筒高速旋转的噪音会被录入蜡盘，使唱片带有沙沙声。百代唱片使用蓝宝石唱针播放，避免了钢针唱片频繁更换唱针的问题。早期百代唱片使用刻字片芯（engraved label），俗称刻字版或手刻版，音槽由内向外旋转，直径有 21、24、28、35、50 厘米 5 种，通常为 28 厘米。1916 年唱片声槽改为由外转内，并使用以红公鸡为商标的纸片芯。

百代的业务在最初的几年扩张迅速，不久便在莫斯科、柏林、伦敦、米兰、加尔各答等地建立分支机构。后来又在比利时布鲁塞尔郊区的福雷（Forest-Lez-Bruxelles）开设了另一家生产工厂，1909 年投产。百代的华语唱片，最初由沙图的工厂生产，福雷的工厂投产后，改在这里生产。

1. 百代公司早期在华活动

百代 1898 年的唱筒目录中，就列有一首中国国歌；据说 1903 年百代出版过华语唱筒，但今俱未见有实物传世。[27] 早期上海的一些洋行，曾以百代空白唱筒录制戏曲、曲艺，在市场上发售。今存实物，尚可见泰隆号（Barlow & Co.）录制的京剧、粤剧。此外，还有一些未署商家名号的、录有京剧内容的百代唱筒（参见图 2-3），有可能是个人录制的非商业唱筒。

1905 年，百代在巴黎成立了一个负责远东市场电影业务的百代电影公司，全称 Société Anonyme, pour le exploitation en Chine le monopole de la vente du Cinématographes Pathé，简称 La Société du Cinématographe Pathé 或 Cinématographe Pathé。

图 3-33：泰隆号以百代唱筒录制的京剧
《白良关》，约 1899～1901

随后，约在 1906 年初，百代派出的
商务代表亨利·瓦洛伊（Henri Vallouy）
来到中国开拓业务。在利喊洋行协助下，
瓦洛伊于是年 3 月在上海九江路 10A 号
建立了百代电影公司的分支机构。[28] 利
喊洋行（Sennet Frères，原名 Lévy Hermanos）是法国犹太人利喊创建于菲律宾的
一家公司，以经营珠宝、钟表为业务。上海利喊在天津、香港、汉口、旅顺、哈
尔滨和海参崴都设有分支机构，也曾是高亭唱片的代理。1907 年以前，新加坡的
利喊洋行也是百代产品在新加坡的代理。

图 3-34：亨利·瓦洛伊肖像，源自
Phono-Cien-Gazette, 1906

1907 年 7 月，百代以 110 万法郎资本金在法国成立了百代机器唱盘电片公司（Pathé Phono-Cinéma-Chine, Société Anonyme），中文亦译"柏德洋行"，作为百代电影机、影片和留声机、唱片在远东的总代理。公司总部设在巴黎，并在中国上海、天津、汉口以及印度孟买、加尔各答和新加坡开设了分支机构。上海柏德洋行最早的记载见《中法新汇报》1908 年 2 月 25 日广告，设于江西路 40 号，同年 7 月迁至四川路 99 号；其中文名称 1910 年改为百代公司。新加坡分行设立于 1907 年 12 月，位于莱佛士坊（Raffles Place）43a 号；1908 年 5 月迁至香港，成为香港分行。印度的分支机构成立于 1908 年 4 月，名称为百代风有限公司（The Pathephone Co., Ltd.），其业务在 1912 年从柏德洋行独立出来。[29]

上海柏德洋行是第一家西方留声机公司在华设立的分公司，具有划时代意义。其他公司都是通过代理商在华开展业务的。

约在 1907 年，百代第一次来华录音，具体情况未见史料记载。这次录音包括在北京录制的戏曲曲艺约 560 面，在广州或香港录制的粤剧和粤曲 200 面。百代为华语唱片分配了 32000（北方方言）和 35000（南方方言）目录区。1907 年 9 月，新加坡报纸上已有百代华语唱片上市的广告，有可能是这批录音中的粤语唱片。而在中国大陆，这批华语唱片上市的广告，最早在 1908 年 8 月。[30]

这批唱片中，没有与辛亥革命相关的曲目，但包括了知名京剧艺人谭鑫培等人的经典录音。

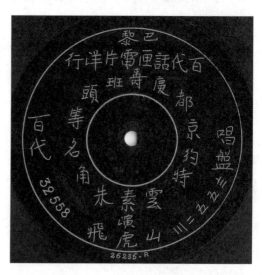

图 3-35：百代第一批华语唱片

1908 年以后，上海柏德洋行在四马路开设了特许专卖店，又在南京路开设总批发所。1909 年 5 月起，柏德洋行展开了大规模的营销宣传，通过在《申报》《万国商业月报》《图画日报》等报刊上刊登广告、宣传文章，参加展览会等，提高了百代唱片的品牌知名度和销量。

1909 年后，百代再次派录音师来中国，在天津、上海、广州（或香港）等地录音。[31] 这批录音中，有粤语的《警醒同胞》一套 7 面，与辛亥革命相关，惜未见流传。此外在上海的录音中，有林步青演唱的苏滩 38 面，包括他的一些时事新赋，如《上海大罢市》、《租界禁烟间》等。

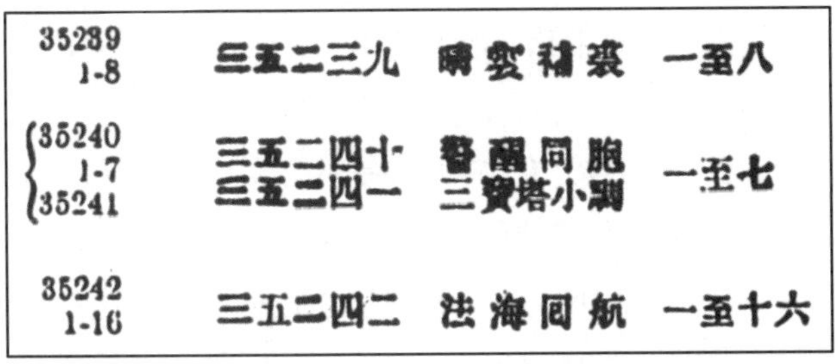

35239 1-8	三五二三九	晴雯補裘	一至八
35240 1-7	三五二四十	警醒同胞	一至七
35241	三五二四一	三寶塔小調	
35242 1-16	三五二四二	法海同航	一至十六

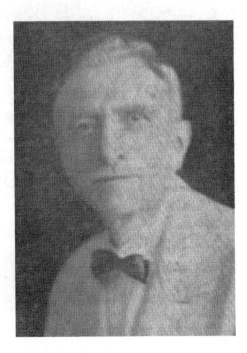

图 3-36：百代粤语唱片目录，1912，香港

虽然百代进入中国的时间较晚，但凭借自身优势，越过代理商而设立分公司独立运作，实行了精明的经营策略，借助几批名家作品，很快占有了相当大的市场份额，在中国市场上形成了与哥伦比亚、胜利公司鼎足而三的局面。

1912 年，法国人乐邦生（M. Edgard Labansat）出任上海百代总裁，负责整个远东地区业务机构，包括中国上海、天津、香港各分行。[32]

乐邦生在上海百代供职 20 年，在任期间，上海百代建立了工厂，出版了至少 4000 面华语唱片。他见证了唱片工业在中国的诞生、兴盛和衰落，是中国唱片史上一位颇具影响的人物。

1913 年 10 月，另一位唱片史上的知名人物张长福，接替李锡堂，成为上海百代的华经理。[33]

图 3-37：乐邦生肖像，源自 *Le Journal de Shanghai,* Mar 14, 1939

2. 东方百代

1918 年，百代公司在上海购地建厂，厂址选在徐家汇路 1099 号（今衡山路）。1919 至 1920 年，工厂的留声机组装线和 16 台压片机陆续投产。这是中国境内的第一家唱片制片厂，它为百代的生产和销售提供了巨大的优势：避免了录音及唱片长途往返运输的时间损失，新品种得以迅速上市；产品亦可以按国产货物纳税，规避了进口关税。

也就在 1920 年，上海百代进行重组，更名为东方百代有限公司（Pathe-Orient Ltd.），它是在百代机器唱盘电片公司的基础上组建的。公司的注册地址在法国巴黎拉斐特路 83 号，上海的办公地址为四川路 99 号。公司的性质是法国百代产品在远东的总代理，乐邦生仍任总裁，格勒莱（M. Grelet）任工厂经理，张长福仍为华经理。[34]

随后的几年，东方百代源源不断推出新片。此时哥伦比亚已没有华语新片，胜利公司因种种原因名声不振，在中国市场上，形成了东方百代一家独大的局面。至 1926 年，百代的业务达到顶峰。

图 3-38：百代在上海徐家汇的工厂

1927 年始，百代业务急转直下，原因是电器录音技术迅猛发展，百代的声学录音及直刻声槽技术，音质已无法与之抗衡。同时大中华崛起，高亭、蓓开重归中国市场，加剧了商业竞争。

尽管如此，百代还是追随大中华留声唱片公司，于 1927 年 12 月推出了黎明晖的流行歌曲和杨耐梅的电影歌曲，开拓了百代唱片的新领域。1929 年，百代还录制了知名电影人郑正秋朗读的《总理遗嘱》以及微微音乐会演唱的《总理纪念歌》。

图 3-39：上海百代的流行歌曲唱片《妹妹我爱你》，黎明晖演唱，1927

1928 年 12 月，英国哥伦比亚留声机公司兼并了法国百代，次年 6 月，通过与法国百代交换新发行的股票，收购东方百代的方案获得通过。英国哥伦比亚以现金购买了 80% 股份，法国百代持 20% 股份。1930 年 12 月，根据乐邦生的建议，东方百代被重组为两个公司，一个是负责留声机和唱片生产的中国唱片有限公司（China Record Company Limited），位于徐家汇路 1099 号；一个是负责品牌经营和销售的公司，沿用东方百代有限公司的原有名称，位于圆明园路 19 号，乐邦生担任两个公司的总裁。[35] 东方百代从此成为英国哥伦比亚控股的公司。此前，百代的非正式名称为"法商东方百代公司"，重组后改称"英商东方百代公司"。1931 年 4 月，英国留声机公司与英国哥伦比亚公司合并成立 EMI 后，东方百代公司和中国唱片公司作为 EMI 旗下的公司继续运行。

东方百代成为英资公司后，英方对它的技术进行了彻底改造。1930 年 11 月，百代开始推出新一批侧刻声槽钢针唱片；1931 年引入电器录音设备，派工程师巴利·怀特（Barry Waite）、阿尔伯特·迪林（Albert Edward Deering）来中国，帮助解决技术问题、培训录音师。新设备还包括重锤式蜡盘刻纹机和 24 台手拉式压片机等。[36]

此时，东方百代经历了在华设厂以来最艰难的时刻。外部市场上，胜利公司新建了工厂，长城唱片公司成立，开明唱片大举进入，竞争日益加剧；内部运营上，设备和技术更新迟迟不能到位。1931年前 10 个月，百代几乎没有新片上市。是年 5 月怀特和迪林的试验产品——马连良、梅兰芳的《宝莲灯》等 12 英寸唱片，成为这一时期唯一的亮点，但却迟迟未能批量生产。

图 3-40：百代的京剧《宝莲灯》，12 英寸，梅兰芳、马连良演唱，1931

乐邦生对此不堪重负，于 1931 年下半年卸任并很快离开中国。随他一起离开的，有他的女婿克雷蒂安（J. Chretien）和部分其他管理人员。新总裁约翰·瑞奇（John Ritchie）于 1932 年抵达上海上任。[37]

采用英制设备的过渡时期，东方百代的唱片由原来以红公鸡为商标的黑色（钻针唱片）、橙色（钢针唱片）片芯，改为带有哥伦比亚 Viva-Tonal 风格的蓝色片芯，最后则定型于黑底金字片芯，并标"最新法电录音"于片芯上。唱片直径由 29 厘米改为 10 英寸为主；直刻声槽改为侧刻声槽，播放亦相应由宝石唱针改为钢针。1932 年 9 月开始批量推出新唱片，标榜钢针和最新法电收音技术。

图 3-41：百代过渡时期出版的带有哥伦比亚 Viva-Tonal 片芯风格的唱片

1932 年，百代开始实行模版号与目录号分离制，模版号前缀为 A。目录号则延续原来的体系。

百代电器录音的新唱片批量问世后，生产得到恢复，并在流行歌曲领域取得了辉煌的业绩。1933 年，百代曾录制了《孙总理伦敦蒙难》、《秋瑾就义》两套描述革命党历史的曲艺唱片，得到国民党中央宣传委员会的重视。[38]

1934 年 6 月，EMI 注销了东方百代有限公司和中国唱片有限公司，在两个公司的基础上成立了上海英商电气音乐实业有限公司（即上海 EMI），接管了两个公司的全部资产和业务。从此，"百代"作为公司不复存在，而仅作为一个唱片品牌，继续保留在上海 EMI 的产品上。[39]

六、早期德国中小唱片公司

1900 年代，欧洲国家特别是德国，雨后春笋般涌现出许多中小唱片公司，诸如国际留声机公司、蓓开唱片公司、安克尔留声机公司等。尽管一些公司规模很小，但颇具开拓精神。它们不仅在欧洲，而且在世界各地活跃一时。许多公司在1900 年代或 1910 年代涉足远东，来华录音。

这正是中国大变革的辛亥革命时期，一些公司录制了与辛亥革命相关的唱片。由于年代久远，这些公司的档案和唱片目录大多已经不存，其华语唱片半数或大部分已佚，故很难知晓全貌，只能从存世的少量实物中略窥一斑。这些唱片公司的产品中，应该还有更多的辛亥革命唱片有待发现或已经失传。

这些公司，大多数在 1910 年代前后被卡尔·林德斯特罗姆公司收购。

1. 蓓开唱片公司

蓓开唱片公司的前身，是 1903 年 11 月海因切·布姆伯（Hienrich Bumb）和马克斯·考尼戈（Max König）创建于柏林的布姆伯与考尼戈有限公司（Bumb & Köenig, G.m.b.H.）。1905 年 12 月，更名为蓓开唱片有限公司（Beka Record G.m.b.H.）。BEKA 由 Bumb 和 Köenig 两人姓氏第一个字母的大写组成，并以此成为该公司留声机和唱片的商标。

BEKA 的汉译，早期为"拔加"，今人亦译为"贝克"。

1910 年 7 月,蓓开唱片公司与弗里茨·普派尔有限公司(Fritz Puppel G.m.b.H.)合并，转变为股份制，更名为蓓开唱片股份公司（Beka Record A.G.）。同年 8 月蓓开被卡尔·林德斯特罗姆公司兼并，成为后者的子公司。[40]

图 3-42：蓓开公司的第一批华语唱片

1905 年 10 月 5 日，布姆伯和他的夫人以及录音师威利·比勒菲尔德（Willy Bielefeld）、威廉·哈德特（Wilhelm Hadert）从柏林启程，开始了第一次远东录音之旅。次年 2 月至 3 月，他们在香港和上海录制了近 600 个华语录音。随后在 4 月 6 日离开上海，转往日本继续录音。[41] 当年 11 月 15 日，蓓开在英文的《留声机世界》杂志上刊登广告，宣布包括粤剧、潮剧、外江戏、京剧、陕西梆子和江南地方戏 6 种不同的华语唱片已经出版。但迄今我们只发现有京剧、梆子、粤剧和潮州曲唱片存世。

图 3-43：海因切·布姆伯（左二）在中国。源自 *Phonographische Zeitschrift*, 7. Jahrg. No. 32, Aug 9, 1906

蓓开为第一批华语唱片设计了带有龙图案的黄色片芯，俗称"黄龙"唱片。总体上说，这批唱片，包括在其他国家的录音，缺少知名艺术家的作品，特别是京剧唱片，不少是业余票友的录音。但粤语唱片中有一些名家，如兰花米、靓卓等。蓓开唱片的模版号与目录号相同，现存唱片的编号，在 1845~2422 之间，有单面，亦有双面。

1908 年 1 月，有报导称蓓开正在进行一次包括北京在内的环球录音。报导未明确表述此时是否已经到过北京。但至少在此年，蓓开有第二次中国录音，其具体过程未见记载。依据现存唱片的内容和演唱者，推测这次录音的地点在北京和天津，录音内容主要为京剧、梆子和曲艺，包括了谭鑫培、吴彩霞、王雨田、白文奎等知名艺人的作品，总数在 150 面以上，目录号在 20801~20955 之间。这批唱片于 1909 年 2 月在中国上市。[42]

图 3-44：蓓开公司的第二批华语唱片

1908 年至 1910 年，蓓开唱片由上海克鲁森洋行（Wilhelm Klose, Shanghai）代理。克鲁森洋行创立于 1905 年，1910 年倒闭清算。克鲁森代理的第一批蓓开唱片，重行印制了片芯，覆盖在原片芯上，其中某些票友演唱的作品，伪造了新的演唱者姓名。第二批唱片，有些印上了克鲁森的公司名称。

在新加坡，此时蓓开的代理商为葛士兄弟公司（Katz Bros., Ltd.）。

被卡尔·林德斯特罗姆公司兼并之后，蓓开于 1912 年左右还录制过一批面向东南亚市场的华语唱片。蓓开为这些马来语和华语唱片启用了一个新商标"Pendabatan Baroe"，并于 1912 年 3 月 13 日在柏林注册。这批唱片由 L. E. 萨洛蒙森公司（L. E. Salomonson）代理。

图 3-45：蓓开公司的 Pendabatan Baroe
潮音唱片

蓓开早期的华语唱片目录已不存，现存唱片实物亦较少，其中未见辛亥革命题材的唱片。

1914 年一战开始后，卡尔·林德斯特罗姆被德国政府征为军用，蓓开亦在此时退出中国市场。战后的 1920 年代，蓓开唱片重返中国，但蓓开公司只是作为唱片的生产者，而业务经营，包括投资、管理等，均由母公司卡尔·林德斯特罗姆直接运作。

2. 国际留声机公司

1901 年，美国商人普莱斯科特（Frederick Marion Prescott）在新泽西组建了国际佐诺风公司（International Zonophone Company），代理环球留声机公司产品在欧洲的销售，但它在 1903 年被留声机与打印机公司兼并。是年 10 月，普莱斯科特又在法国乌利文（Charles & J. Ullmann）资金的支持下，以 40 万马克注册资本在柏林建立了国际留声机有限公司（International Talking Machine Co. m.b.H）。

国际留声机公司以高亭（Odeon）为留声机和唱片的商标，一开始就推出双面唱片，很受市场欢迎。这一商标后来蜚声各地，以至其公司被人们称为"高亭公司"。

1905 年 7 月，国际留声机公司与米兰的弗诺迪匹亚意大利有限公司（Società Italiana di Fonotipia Società Anonima）签订协议，互为对方产品在本国的代理。不久，英国商业银行埃米尔·厄兰格公司（Emile Erlanger & Co.）兼并了弗诺迪匹亚，在此基础上，1906 年 4 月在伦敦成立了弗诺迪匹亚有限公司（Fonotipia Ltd.），随后又收购了普莱斯科特的股份，成为国际留声机公司的控制者，全盘掌控高亭唱片的业务。同年，英国老牌的拉塞尔·亨廷唱片有限公司（Russell Hunting Record Co., Ltd.）获得了高亭和弗诺迪匹亚在英国的代理权，为此成立了新的斯特林·亨廷有限公司（Sterling & Hunting Ltd.），经营并生产面向英国市场的高亭和弗诺迪匹亚唱片。英国制造的高亭唱片由克里斯特拉特制造公司（Crystalate Manufacturing Co., Ltd.）生产，片芯外刻有"Made for the Fonitipia Companies"（为弗诺迪匹亚公司生产）英文标记，不少华语唱片带有这一标记。

1911年，卡尔·林德斯特罗姆公司兼并了弗诺迪匹亚有限公司，国际留声机公司成为前者旗下的公司，高亭也成为其所拥有的品牌。1913年2月，高亭唱片开始在德国压制，同时国际留声机公司开始以"高亭制造厂"（Odeon Werke）的名称运作。[43]

国际留声机公司是较早进入华语市场的欧洲唱片公司之一。早在1906年2月，蓓开的布姆伯抵达香港时，就已听到国际留声机公司在当地开展业务的消息。约1907年起，国际留声机公司开始大量录制华语唱片，但录音过程未见记载。从现存实物看，这些唱片分为6个部分：其一，模版号前缀为xy，目录号为90500系列，总数在600面以上，录于新加坡或爪哇，内容是潮曲和粤曲。其二，模版号前缀为XTA，目录号为103000系列，数量在400面以上，录于上海，系张筱棣、叶菊荪、林步青等人演唱的苏滩和小曲，其中有林步青的时事新赋《禁美货》。其三，模版号前缀为XTI，目录号为104000系列，数量在300面以上，录于天津，内容包括白文奎、元元红等名家演唱的京剧、梆子和曲艺。其四，模版号前缀为XTE，目录号为105000和105900系列，数量在200面以上，录于北京，系名家京剧，其中105900系列为内廷供奉演唱。其五，模版号前缀为XHK，目录号为106000系列，数量在500面以上，录于香港，内容是粤剧和小调。其六，模版号前缀为HKo，目录号为A.146000系列，总数约300余面，推测录于香港和厦门，内容包括粤剧和厦门南音。[44]

高亭唱片在中国北方，由上海的利喊洋行代理。在新加坡，早期由新加坡利喊公司代理，1911年以后由迪特黑尔姆公司（Diethelm & Co., Ltd.）代理。在印尼，由荷兰的M. 施蒂贝公司（M. Stibbe & Co.）代理。

同蓓开公司一样，第一次世界大战爆发后，高亭工厂停产。战后，高亭通过上海的天利洋行（Hugo Stinnes China Co., 1926年重组，更名为 Behn, Meyer China Co., Ltd.），销售早期录音的再版唱片。天利洋行成立于1922年，是德国一家从事钢铁和煤炭贸易的大型公司，在世界各地和中国多个城市设有分公司。1923年1月20日，上海的中德商店在南京路开业，经销天利洋行代理的德国商品，其中包括高亭留声机和早期录音的再版唱片。[45]

此后，1925 年，高亭重新开始在华录音，亦与蓓开一样，商业运作由母公司卡尔·林德斯特罗姆控制，德国的高亭工厂只负责唱片生产。

图 3-46~49：高亭唱片早期不同类型的片芯

3. 法弗利特唱片生产有限公司

法弗利特唱片生产有限公司（Schallplatten-Fabrik Favorite G.m.b.H.）由赫勒·纽曼（Herr. A. M. Newman）1904 年创立于柏林，压片厂设在汉诺威附近的林登（Linden）。1905 年 2 月，以"法弗利特"为商标的唱片开始推向市场。1911

年公司改组，由责任有限公司转为股份公司，名称改为法弗利特唱片股份公司（Favorite Record AG）。1913 年公司倒闭，同年 9 月被德国的格林巴姆和汤姆斯股份公司（Grünbaum & Thomas A.G.）收购。年末，卡尔·林德斯特罗姆公司接管了格林巴姆和汤姆斯公司，并获得了法弗利特公司的主要股份。从此，法弗利特成为卡尔·林德斯特罗姆公司旗下的公司和品牌。[46]

　　1910 年，法弗利特的录音师马克斯·比尔克汉恩（Max Birkhahn）曾经有一次远东录音之旅，他于当年 3 月 18 日抵达香港，5 月 4 日返回欧洲。[47] 其间在香港（或广州）录制了 300 余面粤语唱片。这些唱片以 Favorite 商标和"喜鹊登枝"图标出版，录音日期标注在片芯上。当时正是辛亥革命前夜，今幸存于世者，有《二辰丸》和《梁天来告御状》两种唱片与辛亥革命相关。

图 3-50：马克斯·比尔克汉恩肖像　　图 3-51：法弗利特的粤语唱片

4. 安克尔留声机有限公司

　　安克尔（Anker）最早是阿道夫·里希特（Adolf Richter）的阿道夫·里希特公司（Adolf Richter & Co.）1904 年创立的唱片品牌，注册于 1905 年，由里希特和佐恩公司（F. A. Richter & Sohn）生产。1905 年，里希特加入国家留声机有限公司（National Phonogram G.m.b.H.），成为后者的合伙人。1906 年莱比锡春季博览会上，安克尔唱片开始由国家留声机有限公司销售。同年，阿道夫·里希特公司接管了国家留声机有限公司的业务，9 月，安克尔留声机有限公司（Anker Phonogramm G.m.b.H.）作为阿道夫·里希特公司的子公司宣告成立。[48]

最初的几年，安克尔公司唱片业务发展顺利，取得了良好的业绩，但不久，1910 年 12 月，创始人里希特去世。1913 年，安克尔公司与卡利奥普音乐有限公司（Kalliope Musikwerke A.G.）合并，联合生产唱片，但产品销售不畅，业务受阻，1914 年宣布倒闭。

1916 年，安克尔重新恢复生产，它与卡利奥普一起被转售给同行业的其他公司。在一战的头几年，德国很多唱片公司被征为军用，亦或停产，而安克尔公司却一直维持生产，尽管销售的唱片数量非常有限，但最终支撑下来，直至战争结束。安克尔是极少数未被卡尔公司兼并的德国小唱片公司之一，安克尔品牌的唱片在德国市场持续销售至 1923 年。

早在 1910 年代，安克尔就曾赴远东，录制了一批华语和马来语系的唱片，其详情已不可知。1912 年 6 月 8 日，安克尔公司在德国为其华语唱片申请了专用商标，图案为中国传统道教神祇的福、禄、寿三星，10 月 16 日获准注册。[49] 从现存唱片标注的信息分析，安克尔至少到过上海，录制有京剧唱片。根据其模版号，录音日期应该在 1912 年上半年。[50] 其产品，由荷兰的 B. G. 与 N. J. 施第波联合贸易公司（Handelsvereeniging B. G. & N. J. Stibbe）代理，这一公司在阿姆斯特丹以及印尼的雅加达、三宝垄、泗水设有分支机构。它以前是国际留声机公司高亭唱片在荷属东印度群岛的代理。安克尔华语唱片片芯的设计，明显模仿高亭唱片，原因可能即在于此。

图 3-52：安克尔唱片《三娘教子》

有研究者推断，德国的霍默风公司（Homophon Company G.m.b.H.）1920 年代以 Homocord 商标出版的一些唱片，是这次安克尔远东录音的再版。[51] 今所见 Homocord 华语唱片直径与安克尔相同，片芯中文字体与排列方式也相似。如此，安克尔的远东之行，还录制有潮剧录音。

图 3-53：霍默风公司的 Homocord 华语唱片《七星女》，1923

5. 利乐风公司

利乐风（Lyrophon）最早是柏林的大陆留声机制造厂（Kolkow und Rusk Continental Phonographen Fabrik）1899 年注册的一个商标，用于留声机和唱筒。1904 年 1 月，利乐风有限公司（Lyrophon G.m.b.H.）以 3 万马克的资本在柏林注册成立，当年 4 月推出利来（Lyre）商标的唱片，但公司不久即告倒闭。

1905 年 3 月，德国人阿道夫·利巴恩沿用了原有的名称，创立了一家新公司，名为利乐风·阿道夫·利巴恩有限公司（Lyrophon-Werke, Adolf Lieban & Co. G.m.b.H.）。次年 12 月，这一公司重新申请了利乐风（Lyrophon）商标，用于留声机、唱筒和唱片，并于 1907 年 6 月获得批准。

1910 年 5 月，英国人威廉·巴罗德（William Andrew Barraud）的环球唱机唱片和脚踏车公司（Universal Disc Machine, Record & Cycle Co.）成为利乐风在英国的代理。同年 8 月，他的公司更名为巴罗公司（W. A. Barraud & Co.）。巴罗代理的唱片，片芯"利乐风"的名称由德文 Lyrophon 改为英文 Lyrophone，面向英国及其殖民地市场发行。

1912 年 12 月，利乐风的德国业务已转给了当地一家公司经营，这家公司由此更名为利乐风生产有限公司（Lyrophon-Werke G.m.b.H）。1913 年，利乐风被德国格林巴姆和汤姆斯股份公司兼并。同年，格林巴姆和汤姆斯又被卡尔·林德斯特罗姆兼并，利乐风遂成为其子公司。[52]

　　约 1911 年，利乐风公司曾来远东录音，详情未见记载。据存世实物，利乐风华语唱片的目录号为 73000 系列，内容有京剧、粤剧、潮剧和厦门地方戏，并使用了多种商标图案。北方京剧、梆子目录号在 73035 ~ 73234 之间，似录于上海，由上海茂新洋行（Spunt & Rosenfeld）代理；粤剧目录号在 73453 ~ 73462 之间，片芯未标代理商，标有柏林、巴黎、伦敦、上海四个地名，演唱者不乏知名艺人，如冯志奎、小子和、肖丽湘、兰花米等。潮曲仅见 1 张，目录号 73707；厦门曲目录号在 73782 ~ 73794 之间，新加坡贝尔公司（Behr & Co.）独家进口，专为新加坡华人代理商潮昌公司（Teo Chiang & Co.）录制，应录于新加坡。[53]

图 3-54~57：利乐风公司不同曲种的唱片

1913 年 8 月，利乐风公司曾在英国的留声机杂志上刊发广告，其中列有北方和南方方言华语唱片。[54]

1914 年 8 月，利乐风公司的总裁哈德特（原蓓开的录音师，1905 年曾来华）到过香港，并经上海前往美国，[55] 未详是否在当地有过录音活动。今存世有以"美人"为商标的唱片，目录号在 74001 ~ 74038 之间，广州福利洋行（Hall & Holtz Ltd.）代理，有学者推测可能为哈德特这次来港的录音。

此外，今所见尚有以"Behrophon"为商标的粤语唱片 1 张，目录号 83109，新加坡怡恒公司（E E. Hang & Co.）代理；以"壹号好听"为商标的潮曲唱片 3 张，目录号 83255 ~ 83260，新加坡潮昌公司代理，亦有可能是利乐风公司在新加坡的录音。

七、卡尔·林德斯特罗姆公司

卡尔·林德斯特罗姆（Carl Elof Lindström）是一位居于德国的瑞士发明家，1890 年代就涉足留声机制造领域。1904 年 1 月，他在柏林创建了卡尔·林德斯特罗姆有限公司（Carl Lindström G.m.b.H），并注册了巴乐风（Parlophon，又译"百乐欢"）和"£"两个商标，用于留声机的生产和经营。尽管许多学者认为"£"源于 Lindström 的第一个字母，而不是英镑的标志，但它在华语唱片片芯上仍被译为"金磅"。1907 年，卡尔·林德斯特罗姆将持有的股份出售给了马克斯·施特劳斯（Max Straus）等几位合伙人。次年，公司经过重组，更名为卡尔·林德斯特罗姆股份公司（Carl Lindström AG）。

1910 年起，卡尔·林德斯特罗姆公司开始了一系列的兼并。是年 8 月首先兼并了蓓开公司，随即开始以巴乐风商标生产唱片。1911 年 7 月收购了弗诺迪匹亚公司，其旗下的国际留声机公司随之也成为林德斯特罗姆的资产。1913 年又在伦敦成立了卡尔·林德斯特罗姆（英国）有限公司，同年兼并了格林巴姆和汤姆斯公司及其所拥有的法弗利特、利乐风等唱片公司。通过兼并，卡尔·林德斯特罗姆拥有了高亭、蓓开、法弗利特、利乐风等品牌，众多的签约艺术家、丰富的曲目以及生产工厂和大量海外代理商，成为欧洲唱片工业的巨头之一。

第一次世界大战爆发后，卡尔·林德斯特罗姆遭受重创，许多工厂被德国政府征用，用以军需物资的生产。除英国子公司外，包括中国在内的海外业务几乎陷于停顿。

一战结束，欧洲唱片工业得以恢复。1920 年，卡尔·林德斯特罗姆将其海外资产转移给了荷兰的进出口贸易商越洋贸易公司（Transoceanische Handel Maatschappi），成为后者的控股公司。越洋贸易公司拥有海外庞大的销售体系和丰富的销售经验。1925 年 10 月，卡尔·林德斯特罗姆被英国哥伦比亚兼并，但仍作为独立公司运营。[56]

1925 年前后，卡尔·林德斯特罗姆开始向海外市场扩张，通过代理公司，发展当地业务。在这一过程中，卡尔·林德斯特罗姆采取了被后世经济学者归纳为"多品牌策略"（Multi Brand Strategy）的方式，即以两个以上品牌同时进入一个国家（或地区）的市场。虽然两个品牌之间会有自相竞争，但总体上扩大了市场占有率，并规避了单一品牌失败的风险。

在华语唱片市场上，卡尔·林德斯特罗姆投入了高亭和蓓开两个品牌。

1. 高亭唱片

早在 1923 年，卡尔·林德斯特罗姆的在华代理商天利洋行，就已有重新录制华语唱片的计划，因故未能实现。1925 年 6 月，通过天利洋行华经理刘宝余介绍，卡尔·林德斯特罗姆、天利洋行与上海知名唱片人徐小麟，共同创建了高亭品牌的在华代理公司——高亭华行股份有限公司（Odeon China Co., Ltd.），徐小麟任董事长兼总经理。是年卡尔·林德斯特罗姆派出录音师海因里希·兰普（Heinrich Lampe）来华，先后在广州、上海和北京，录制战后高亭品牌的第一批华语录音。[57]

图 3-58：徐小麟像，源自《心声》第 1 卷第 3 号，1923 年 1 月

这批录音包括：在广州录制的粤剧粤曲，模版号延续 Hko 前缀，目录号为 A29000 系列；在上海录制的江浙沪戏曲曲艺，模版号前缀为 Tab，目录号为 A26000 系列；在上海和北京录制的京剧、北方曲艺，模版号前缀为 Teb，目录号为 A24000 系列。其中包括了马师曾、白驹荣、肖丽章、俞振飞、范少山、丁是娥、梅兰芳、马连良、谭富英等艺术大家的经典作品。录音由德国高亭工厂压制成唱片，1926 年 1 月陆续上市后，取得了巨大的成功，销量一度成为行业第一。为了争取百代钻针留声机的传统用户，高亭还专门生产了直刻音槽的钻针版唱片，并于 1927 年投放市场。

1928 年 4 月，高亭华行重组。中方股东将所持全部股份转让给天利洋行，总经理改由威廉·屈佩尔（Wilhelm Kuepper）担任，徐小麟任经营经理。

天利洋行于 1928 年 3 月在国民政府注册局注册了"高亭"商标，1929 年 3 月又注册了"高亭华行"商标。

对于东南亚市场，1927 年起，卡尔·林德斯特罗姆通过代理公司录制了模版号前缀为 Str 的外江戏、潮剧和厦门南音系列（其中包括一些马来语等东南亚语种录音），以高亭品牌发行，目录号为 A80000 系列（外江）、A80500 系列（潮剧）和 A80700 系列（厦门南音）。其最初的代理公司未详，但至少在 1930 年代初，新加坡的士律有限公司（G. H. Slot & Co., Ltd.）已是其在南洋群岛的总代理。这一公司在槟城、吉隆坡等地都设有分支机构。

对于北美市场，高亭录音则通过奥凯（Okeh）品牌进入。早在 1921 年，卡尔·林德斯特罗姆为发展美国市场，与美国通用留声机制造公司（General Phonograph Manufacturing Corporation）签署过一份相互使用对方录音的协议。此后通用留声机公司开始以自己所拥有的奥凯商标出版高亭公司的录音。1926 年，通用公司将其奥凯和高亭业务出售给了美国哥伦比亚，后者将其重组为奥凯留声机公司（Okeh Phonograph Corporation）。此时，美国哥伦比亚与卡尔·林德斯特罗姆都已成为英国留声机公司的子公司。于是，奥凯公司沿用了以前的模式，继续以奥凯商标出版高亭的录音。1927～1928 年，奥凯公司曾出版了高亭华行的 A29000 系列唱片。

2. 蓓开（璧架）唱片

同样在 1925 年，卡尔·林德斯特罗姆通过香港的天利洋行（粤语译为咪吔洋行），以蓓开品牌进入华语市场。是年卡尔·林德斯特罗姆派出录音师比尔克汉恩（原法弗利特公司的录音师）来华，于广州（或香港）开始录制模版号为 22000

系列（目录号同）的粤语录音，在德国压制成唱片，1926 年 4 月在香港上市。稍后，蓓开还在东南亚录制了 26000 系列的外江曲和潮音。

两个系列录音的模版号分别延续至 23999 和 26999，此后又分别以 112000、104000 系列继续录制，并以 B.14000 系列的目录号再版。其中 1927 年出版的粤曲《蔡锷别凤仙》，与辛亥革命历史相关。

在中国北方，蓓开品牌的进入稍晚于高亭，由上海的德商爱礼司洋行（A. Ehlers & Co.，1928 年更名为美益洋行）代理。1928 年，上海蓓开唱片公司宣告成立，最初设于上海四川路 66 号，经理白雷尔（R. Brill，亦为美益洋行经理），华经理田天放（亦为美益洋行华经理），推测应由卡尔·林德斯特罗姆、美益洋行及田天放等华人共同出资。是年卡尔·林德斯特罗姆派出录音师，田天放聘请上海闻人郑子褒主持，开始了第一批北方语种唱片的录音，这些唱片被配以 91000 和 90000 的模版号系列及 B.34000 的目录号。蓓开的北方唱片，特别是京剧唱片，收录了名角梅兰芳、马连良、荀慧生、谭富英、谭小培等人的作品，销售亦非常成功，曾居高亭唱片之后，位列第二。至 1936 年，上海蓓开共录制了 700 余面北方戏曲曲艺和歌曲唱片。

图 3-59：上海蓓开唱片公司华经理田天放（左）与郑子褒（中）、马连良（右），源自《戏剧月刊》第 3 卷第 7 期，1930 年 7 月

BEKA 的商标，南方语种唱片使用了"璧架"的汉译，北方则使用"蓓开"。卡尔·林德斯特罗姆公司于 1928 年 2 月、8 月和 1929 年 5 月，在国民政府全国注册局注册了这两个商标和图标。

在此之前，由于美国哥伦比亚与卡尔·林德斯特罗姆有姊妹公司的关联关系，因此获得了蓓开的商标使用权。1925 年，美国哥伦比亚在美国重新注册了蓓开商标，并于次年 2 月获准。随后，美国哥伦比亚使用蓓开商标，出版了 22000 和 26000 系列录音。

图 3-60：卡尔·林德斯特罗姆公司的录音师与中国艺人，原载 *25 jahre Lindström*, 1929

3. EMI 时代

1931 年 EMI 成立，高亭和蓓开唱片改由 EMI 旗下的中国唱片有限公司压制。但 1930 年代，高亭和蓓开唱片在大陆的销售下滑。至 1933 年，其在上海工厂的生产几乎停顿。1937年之后，两个品牌再未推出新唱片。

1937年，卡尔·林德斯特罗姆公司与日蓄签署协议，由后者代理高亭、蓓开华语唱片在伪满洲国市场的销售。日蓄选择了高亭、蓓开唱片的部分北方方言录音，重新分配目录号，高亭为 OD 3000 系列，蓓开为 BK 4000 系列，由日蓄在日本川琦的工厂生产。新的高亭唱片于1937年12月16日在大连上市，1938年1月20日在沈阳上市；蓓开唱片于1937年12月16日在大连上市，18日在沈阳上市。

此外，1923年，卡尔·林德斯特罗姆为开拓英国市场，曾通过越洋贸易公司在伦敦建立了巴乐风有限公司（Parlophone Co., Ltd.）。1930年代晚期，巴乐风公司选择上海蓓开的22000系列和少量90000系列录音，分别以 B14000（原蓓开的目录号）和 E 9000（新编目录号）再版，面向东南亚市场销售。

二战以后，卡尔·林德斯特罗姆的公司名称虽然存在，但业务运作并入 EMI，由 EMI 直接操控。中国大陆的高亭华行和上海蓓开几乎绝迹。但东南亚士律公司的业务仍然继续，其代理的高亭华语唱片，由 EMI 旗下的英国留声机公司在印度的工厂压制，一直持续到1950年代。1950年代，EMI 还使用卡尔·林德斯特罗姆的巴乐风商标，出版过一批面向东南亚的华语流行歌曲唱片。

八、EMI 与上海英商电气音乐实业有限公司

1929年全球经济危机爆发后，世界唱片工业几乎陷入瘫痪，大量唱片公司倒闭。唱片业巨头开始以重组应对危机。1931年4月20日，英国留声机公司与英国哥伦比亚留声机公司合并，成立了电气音乐实业有限公司（EMI），成为全球最大的音乐产品制作与发行公司。

这时的世界唱片工业，经过大范围重组，形成了新的格局。此后，在华语唱片领域，真正的竞争对手，只剩下 EMI 和美国的 RCA 胜利公司两大跨国巨头。其他如德国的德律风根公司及其旗下的德意志留声机公司和日本宝利公司，在华语唱片特别是北方语种唱片领域，所占市场份额很少。

1934年6月，EMI 将上海的东方百代公司、中国唱片公司合并，在此基础上成立了上海英商电气音乐实业有限公司［Electric & Musical Industries (China), Ltd., 简称"上海 EMI"］，胡伯特·威尔逊（Hubert Leslis Wilson）被任命为联合经理。上海 EMI 是注册于香港的公司，但总部办公地址注册于东方百代的原址徐家汇路1099号。

图 3-61：上海 EMI，徐家汇，源自《百代月刊》第 1 卷第 1 期，1937 年 7 月

至此，EMI 旗下出品华语唱片的公司，除上海 EMI 之外，还有卡尔·林德斯特罗姆旗下的高亭华行、上海蓓开唱片公司，以及英国留声机公司、英国哥伦比亚公司、日本留声机公司等，品牌包括百代、丽歌、高亭、蓓开、歌林、HMV、巴乐风等。

上海 EMI 的制片厂，也为 EMI 旗下的高亭、蓓开、哥伦比亚，以及东南亚的泰国、婆罗洲、马来亚，荷属东印度群岛和海峡殖民区的一些唱片公司加工生产唱片。

上海 EMI 的华语唱片，开始只有百代和歌林两个品牌。"百代"系延续原东方百代的品牌而来，是上海 EMI 的主打品牌。"歌林"则是哥伦比亚拥有的品牌，在上海 EMI，用于粤语唱片和少量宗教歌曲、教育唱片。约 1936 年，上海 EMI 曾短暂地以"歌林"为低端商标，出版低价唱片，但很快废止，随即在 1936 年 9 月引入"丽歌"（Regal）替代。"丽歌"是英国哥伦比亚 1914 年创立的一个商标。作为百代的辅助品牌和大众品牌，上海 EMI 的丽歌唱片主要发行面向大众的曲目和再版先前流行的曲目，零售价每张 1.1 元，是百代品牌 2.2 元的一半。与辛亥革命相关的《孙中山蒙难记》和《秋瑾就义》两种作品，都分别以百代和丽歌品牌出版过唱片。

图 3-62：上海 EMI 的丽歌唱片广告

图 3-63：上海 EMI 的歌林宗教歌曲唱片，
1935

对于东北市场，1935 年 9 月，上海 EMI 与日蓄签订了一份为期 5 年的协议，指定日蓄为其产品在日本、关东和满洲地区的独家代理。日蓄原本也是 EMI 旗下的公司，由于预感到东亚战争的风险，1935 年 10 月，EMI 将所持股份出售给了日本产业株式会社，从此，日蓄脱离 EMI，成为纯日资公司。根据协议，日蓄开始代理上海 EMI 的百代、丽歌唱片业务，这些唱片由日蓄在川崎的工厂压制，销往中国东北、华北日本占领区。日蓄生产的百代、丽歌唱片，片芯外压有一行日蓄的英文标记；其百代唱片，后来还删去了原片芯上方"上海百代"的"上海"二字。

1937 年"八·一三事变"，日军占领上海，租界进入孤岛时期。威尔逊被派到新加坡，为上海 EMI 设立分支机构。1939 年 8 月，新加坡分支机构接管了上海 EMI 的全部出口业务。EMI 旗下的英国留声机公司在印度的工厂，也为上海 EMI 生产百代、丽歌唱片，面向东南亚市场销售，起始日期未详，似应在 1939 年之后。

随着留声机业的发展，唱片由传统的戏曲、曲艺唱片拓展到川剧、滇剧等内陆省份的剧种。流行歌曲和电影歌曲也逐步成为唱片的主要门类。上海 EMI 在这一时期，出版了大量流行歌曲唱片。

在东方百代的晚期和上海 EMI 初期，留法归国的左翼音乐家任光曾受聘担任音乐部主任，其夫人安娥（早期苏共党员）也在音乐部担任作词；聂耳经田汉提议，由任光介绍，于 1934 年 4 月进入音乐部工作，不久担任副主任；冼星海也在 1935 年由任光介绍进入音乐部。这一时期，在任光主持下，东方百代及上海 EMI 出版了大量抗日救亡歌曲，包括一些电影歌曲，取得了巨大的社会影响和极佳的销售业绩。

与此同时，1934 年，上海 EMI 还录制了一些国民党要员的政治演讲，包括汪精卫的《救亡图存方针》、戴季陶的《戴季陶先生演讲》、邵元冲的《总理遗教中的民族主义》等，以及李秉新朗读的《孙中山演讲》。

1941 年 12 月太平洋战争爆发，日军进入上海租界，上海 EMI 被视为敌产查封，时任公司经理的梅林（George James Manning）被日军逮捕。次年 4 月，日本胜利留声机公司会同东京电气株式会社、日本蓄音器商会，接管了上海 EMI。在日方控制下，上海 EMI 于 5 月 14 日复工。10 月，日方在上海 EMI 和上海胜利的基础上，组建了中华音乐工业株式会社，以所谓"受托经营"的名义，强行占有了上海 EMI 的资产。这一时期百代和丽歌唱片的片芯，被印上了中华音乐工业株式会社的标记。

图 3-64：中华音乐工业株式会社制造的丽歌唱片

　　二战使留声机业在中国受到重创而一蹶不振。战后的 1945 年 10 月，上海 EMI 交还英方后，一度曾准备停业，11 月宣布遣散全部 103 名员工。嗣后复业，重新予以聘任。但公司直到 1946 年 8 月以后，才开始录制新唱片。此时虽然胜利公司停工，大中华公司刚刚重组开业，竞争压力不大，但一方面受无线电广播的影响，唱片销量锐减；另一方面物价飞涨，成本陡增。1947 年，唱片的产量仅为战前的五分之一，销量更不及此。上海 EMI 在此期间，仅出版了少量流行歌曲和越剧唱片支撑门面。其东南亚市场的销售亦不理想。至 1949 年，上海 EMI 亏损已达 1 万英镑。是年 2 月，工厂被迫关闭，遣散半数员工；5 月，梅林指示所有外籍员工撤出上海，与公司相关的一切紧急事项，直接由在新加坡的威尔逊处理。

　　1949 年 5 月 27 日上海解放。英国 EMI 于 1950 年通过董事会决议，上海工厂不再重新开启。1952 年，华东工业部与上海 EMI 签订协议，租用其厂房和设备等资产（不包括品牌等无形资产），成立上海唱片公司。后上海唱片公司并入中国唱片厂，上海 EMI 的资产，继续由中国唱片厂租用。1988 年，根据中英政府签订的《关于解决历史遗留的相互资产要求的协定》，中国唱片厂终止了与 EMI 的租赁协议，将其资产估值入账，划归国有。[58]

　　前此，上海 EMI 的无形资产——百代、丽歌华语唱片品牌及已有录音，则由 EMI 继续运营。具体运作者，应为上海 EMI 在新加坡的分支机构。1952 年底，EMI 在香港设立办事处和录音室，聘请流落香港的上海歌星，继续录制新唱片，由英国留声机公司在印度的工厂生产，以百代和丽歌的品牌，面向香港和东南亚华语市场销售，一直到密纹唱片时代。EMI 拥有的"高亭"品牌，则被用于面向东南亚的潮剧唱片。

九、相关香港唱片公司

除上述唱片公司及第一章已介绍的中国留声机器公司（大中华唱片公司）外，民国年间，还有一些小型的独立唱片公司在中国大陆及香港运作。这些唱片公司，大都采取与具有生产能力的国外唱片公司（或大中华唱片公司）合作的模式，由合作方派出录音师录音并压制唱片，自身则负责投资、艺人和曲目的选择及营销、发行。这种作为投资主体的独立唱片公司，具有更多的主导权，拥有唱片的版权，只是委托具有设备、技术的唱片公司来录音、压制唱片，并支付相应的费用。其与高亭华行那样的大公司在本土的代理商，根本的不同是拥有自主品牌，有自己的注册商标。

这样的唱片公司有上海张啸林、杜月笙等投资的长城唱片公司和香港陈非侬等创办的飞龙唱片公司，由德国克里斯特拉特有限公司（Deutsche Crystalate G.m.b.H.）录音、制造；香港钱广仁创办的新月唱片公司（同时在广州、香港、上海注册），由大中华唱片公司录音、制造等。

但是，这些公司大都规模较小，存在时间不长，唱片目录大多失传，唱片实物存世较少，历史记载非常缺乏。不少公司现仅知道其公司名称。而且，或许是为了突出自己的品牌，他们也往往刻意回避合作方录音、压片公司的名称，不在片芯、封套或歌页上出现，致使我们现在对唱片背后的录音、生产情况无从考知。

多数此类唱片公司未见有与本《文献》相关的唱片出版。出版过相关题材唱片者，有下述两家公司。

1. 远东唱片公司

远东唱片公司（Oriental Record Co.），1926年由旅美华侨、省港人寿年、大罗天戏班与知名粤剧艺人白驹荣、千里驹、马师曾、靓少凤等共同出资创办。[59]注册商标为"金钱"。公司设立于香港德辅道西55号，在美国旧金山都板街1001号设有分公司。新加坡销售代理为广利生号，加拿大销售代理为云哥华五洲大药房。

远东唱片全部为粤剧和粤曲，演唱者大都为省港知名艺人，如千里驹、白驹荣、马师曾、陈非侬、肖丽章等，其中不少是公司股东，故有近水楼台之便，得以占据先机。

根据远东公司代理商在报纸上刊登的广告，远东唱片约每半年推出一期唱片，共出版过 7 期。第一期原计划 1926 年底上市，但推迟到次年 7 月。[60] 第七期约在 1930 年或 1931 年上市。

图 3-65～66：远东唱片公司的唱片

远东唱片的模版号与目录号相同，今所见存片，范围在 5000～5373 之间，总计不超过 400 张。其片芯第一期为金色。第二期开始使用电器录音，片芯改为红色，并且标注有 "Made in USA"（美国制造）字样；所附歌页，则印有 "Made in China"（中国制造），以后一直沿用。由此知其唱片由美国厂商压制，歌页在中国印刷。录音和压片厂商，可能是美国哥伦比亚留声机公司。[61] 虽然远东出版过 7 期唱片，但以各期的模版号判断，似乎只有两次录音，第一次约录于 1926 年，即第一期唱片；第二次约录于 1927 年，即第二期及以后各期唱片。

远东公司录制过《徐锡麟舍身救国》、《云南起义师》、《凤仙祭蔡锷（锷）》等与辛亥革命相关的唱片。

2. 新乐风有限公司

新乐风有限公司（Sinophon Co., Ltd.），1928 年由香港商人李耀祥（1896～1976）、姚得中及粤剧艺人潘贤达（1893～1956）等共同创办。[62] 注册商标为"雀牌"。香港销售代理为华人行 6 楼的华南公司，上海销售代理为虹口东武昌路静宜里的同乐公司。

新乐风唱片的主要内容为粤剧和粤曲，此外还有梅兰芳、姜妙香演唱的京剧和海南琼剧。

图 3-67：新乐风有限公司的创办人之一李耀
祥肖像

粤语和京剧唱片，模版号前缀为 HK，
应为英文"香港"二字的缩写。其唱片存世
较少，所见粤语唱片模版号在 H.K.52197～
H.K.52513 之间，300 余面，目录号三位数，
在 705～804 之间；京剧模版号 H.K.65501～
H.K.65512，计 12 面，目录号四位数，4001～
4006。片芯俱为黑色。从报刊的广告看，京剧唱片 1929 年 6 月上市；粤语至少出
版有两期，第一期 1929 年 6 月上市，第二期 1930 年 1 月上市。

据《香港工商日报》的报导，1928 年 11 月，新乐风聘请英国录音师侯富、
美剌来香港，在黄坭涌成和道为粤曲名伶邱鹤俦等录音。此时梅兰芳在香港高升
戏园访问演出，唱片录制亦应在此月。是为其第一次录音。也有可能仅有这一次
录音，粤语唱片分期推出。

图 3-68：新乐风公司的粤语唱片

　　远东公司海南方言唱片的模版号、目录号体系与京剧、粤语都不相同，片芯为深绿色，而且未使用"雀牌"商标，标有"大陆唱片"、"兴国厂制"字样，似乎是大陆唱片公司（The Embassy Co.）唱片的再版。

　　新乐风各语种唱片的片芯上，都注明为英国制造，但未悉压片厂名称。

　　新乐风公司出版过卢庚演唱的《蔡锷大败曹锟》、《济南惨案之激愤陈情》，以及著名港绅周寿臣诵读的《总理遗嘱》等相关唱片。

注释：

[1] The Edison Paper, D9057AAV; TAEM 130:307.

[2] *Edison Phonograph Monthly: Chinese Moulded Records*, Vol. 1, No. 1, Mar 1903; *A Reporter Hears Our Chinese Records*, Vol.1, No. 5, Jul 1903; *New Chinese Amberols*, Vol. VIII, No. 3, Mar 1910.

[3] 杜军民《朱连魁与最早的中文唱片》，《神州民俗》2009 年第 2 期。

[4] Tim Brooks: *The Columbia Master Book Discography*, Volume I, 1901 - 1934, Greenwood Press, 1999.

[5] 有关这次录音，参见 *Correspondence between Charles W. Carson and Columbia Phonograph Co.*, 1904 - 1907, Jim Walsh Collection, Series VII, 17(RPC 00003), Library of Congress, Washington D.C.; *How Columbia Records Are Made in China and the Men Who Make Them*, The Music Trade Review, Vol. XLII, No. 11, Mar 17, 1906; *Making Columbia Records in Famous Jap Palaces*, The Music Trades, Jan 4, 1908; *Around The World with a "Talker"*, The Talking Machine World, Version 49, Dec 15, 1910; *The Late John Dorian*, The Columbia Records, Vol. XI, No. 8, 1914.

[6]关于英国哥伦比亚公司及 CBS 的历史，参见 Peter Martland: *Since Records Began: EMI: The First 100 Years*, B. T. Batsford Ltd. Press, 1997; Peter Tschmuck: *Creativity and Innovation in the Music Industry*, Springer, 2006.

[7] 参见吴醒濂《中英合璧香港华人名人史略·罗旭和博士》，香港五洲书局，1937；《歌林唱片今日出世》，《香港工商日报》1929 年 8 月 21 日。

[8] 参见 B. L. Aldridge: *The Victor Talking Machine Company*, RCA Sales Corporation, 1964.

[9] 参见 Peter Martland: *Since Records Began: EMI: The First 100 Years*.

[10] 这次录音，*The Music Trade Review* 1905～1906 年有多篇报导。唱片上市日期见《申报》广告。

[11] 参见 Harry O. Sooy: *Memoir of My Career at Victor Talking Machine Company, 1898-1925*, Chapter 2, Manuscript, not dated, David Sarnoff Collection, Rutgers, NJ. http://www.davidsarnoff.org/sooyh.html

[12] 徐乾麟生平，参见《徐乾麟先生言行录》，1941 年铅印本；徐晨阳《近现代爱国慈善家徐乾麟》，上海社会科学院出版社，2014。*Who's Who in China*(The China Weekly Review, June 1925) 记载有他参加上海起义相关活动："During the First Revolution, he organized the Chapei Volunteer Corps along the same lines as the Shanghai Volunteer Corps, of which the Chinese Company was also promoted by Mr. Zeen and his friends." 1907 年，徐氏曾任上海华商义勇队军乐队长（《恭送吕尚书入都志盛》，《申报》1907 年 7 月 16 日），但这一华商义勇队与上海起义时的华商义勇队不是一个组织。上海光复起义后，书业商团司令刘舜卿即召集各商团，组织了商团义勇队，赴南京作战（《欢迎商团义勇队》，《申报》1912 年 2 月 3 日）。文中 Shanghai Volunteer Corps，疑是这一商团义勇队。

[13] 罗亮生《戏曲唱片史话》，《上海戏曲史料荟萃》第一集，中国戏曲志上海卷编辑部，1987。徐小麟主持胜利业务后，即邀郑子褒和罗亮生协助。

[14] 参见《申报》1929 年 9 月 3 日第 9 版胜利公司广告；《上海商业名录》，商务印书馆，1931；《申报》1930 年 7 月 5 日第 7 版胜利公司《紧要启事》；《亚尔西爱胜利公司上海制造厂之史略及概况》，《胜利之声》第 1 卷第 4 期，1937 年 4 月。

[15] 见捷利公司广告，《香港大公报》1939 年 2 月 15 日，《华侨日报》1940 年 12 月 27 日。

[16] *The 60th Anniversary of Victor Company of Japan*, 1987.

[17] EMI Archive, 1945；《日本大使馆拟消除敌性音乐》，《申报》1943 年 2 月 10 日第 6 版；胜利唱机股份有限公司改组广告，《申报》1943 年 8 月 14 日第 2 版。

[18] 上海档案馆档案，B163-2-56，B163-1-80，B128-2-540-137，B44-2-411；《中国的唱片出版事业》，北京广播学院出版社，1989（此书关于日据时期的描述不尽准确）。

[19] 关于英国留声机公司，参见注 [6] *Since Records Began: EMI: The First 100 Years*.

[20] F. W. Gaisberg: *The Music Goes Round*, The Macmillan Company, 1942；《申报》1904 年 1 月 15 日谋得利洋行的广告。

[21] 参见 Michael Kinnear: *The Gramophone Company's First Indian Recordings - 1899*

-1908, Popular Prakashan Pvt. Ltd., 1994; *The Gramophone Company's Indian Recordings - 1908 to 1910*, Bajakhana, 2000.

[22]据存世实物，这批唱片的模版号为 H10000R 系列。据 Michael Kinnear: *Reading Indian Record Labels* (*The Record News, The Journal of the Society of Indian Record Collectors*, Vol. 1, Jan 1991)，汉普此时录音的模版号后缀为 R。

[23]这批唱片中，有陈珂的女声独唱《卖花词》一面，陈珂是音乐干部训练班第一期学员，毕业于 1940 年 9 月（《音干班毕业演奏会志盛》，《中央训练团团刊》第 39 期，1940 年 9 月 11 日）。又《中央训练团团刊》第 106 期（1942 年 1 月 24 日）《音干班杂讯》："该班于去年所灌之歌咏唱片，闻将于元旦同乐会中，作首次播唱云。"所谓"去年"指农历，即 1940 年。《新华日报》1942 年 3 月 19 日报导：政治部抗敌歌咏团应中央广播事业管理处之请，将灌制《抗敌歌》等留声机片。第一次所灌唱片母盘，业已并寄加尔各答。又，唐守荣、杨定抒《国统区抗战音乐史略》载：1942 年 3 月，抗敌歌咏团"应中央广播事业管理处之邀请，灌制录音唱片的有 10 余首歌曲"（西南师范大学出版社，1996）。存世署抗敌歌咏团的唱片有《嘉陵江上》，目录号 QC.452。吴道一《中广四十年》（台湾中央广播公司，1968）一书中，有 1943 年以后从印度往重庆运输唱片的叙述，但未明确为何种唱片。

[24]参见 Franz Schorn: *Alte Schallplatten - Marken in Deutschland,* Florian Noetzel Verlag, 1988; Frank Andrews: *The Zonophone Record and Its Associated Labels in Britian*, Chapter 15, Hillandale, PDF version; Edwin Hein: *65 Jahre Deutsche Grammophon Gesellschaft. 1898 - 1963.* Deutsche Grammophon Gesellschaft, 1963.

[25]《福建省漳州市"锦歌"老艺人林廷（庭）所保存的"锦歌"老唱片目录》（李佺民《福建民间音乐采访报告》，中央音乐学院中国音乐研究所编印，1963）："据林廷（庭）老艺人自署是'1929 年新加坡收音'。"

[26]中山商标在德国的注册，详 Warenzeichenblatt, 1926；香港上市时间，见香港《华侨日报》1927 年 8 月 29 日。

[27]*Répertoire Des Cylinders Enregistrés*, Année 1898; Michael Kinnear: *The Gramophone Company's First Indian Recordings - 1899 - 1908*, 1994.

[28]参见 *Le Cinématographe Pathé EN CHINE, Phono-Cien-Gazette*, Deuxieme Annee, No. 37, Oct 1906；《中法新汇报》（*L'Echo de Chine*）瓦鲁伊发布的广告，Mar 27, 1906. 前者记专卖店地址为九江路 30a 号。

[29]参见《中法新汇报》、《申报》、新加坡《海峡时报》（*Straits Times*）当时的广告，以及《字林西报行名录》、香港 *The Directory & Chronicle for China, Japan, Corea, Indo-China, Straits Settlements*...相关年份的记载。

［30］*Eastern Daily*, Sep 16, 1907;《申报》1908 年 8 月 16 日。

［31］1909 年 10 月 14 日《正宗爱国报》百代广告云："本公司……于今春将天津名角，如李吉瑞、张黑、白文奎诸人，又如名妓孟金子，以及时调万人迷，五音连弹等人，全行贯入。"此次录音后，参与录音的天津知名艺人李吉瑞、白文奎俱曾为百代题辞，署"宣统元年荷月望日"，即 1909 年 7 月 31 日（见《百代留音机器电影公司唱盘目录》第二部）。是为此次录音较为确切的记载。另百代录音师托马斯·诺贝尔（Thomas John Theobald Nobel）1910 年 7 月曾在印度录音，但未见有来中国的记载。参见 Michael Kinnear: *The Gramophone Company's Indian Recordings, 1899-1908*, Popular Prakashan, 1994.

［32］乐邦生，又译拉班萨。中国唱片业长期以来有一个错误的传说，称他清末来中国，靠贩卖百代唱片《洋人大笑》起家，创建了中国百代。此说源自 1980 年代上海唱片分公司老员工的回忆文章，并无原始文献根据。据 1922 年版 *The China Who's Who*（Kelly & Walsh Ltd., 1922）记载，乐邦生来华的日期是 1909 年；1920 年，乐邦生曾至美国，访问百代纽约公司，报道中提及当时他到中国已 12 年（*The Talking Machine World*, Dec 15, 1920），则其来华为 1908 年。另据《字林西报行名录》，乐邦生 1912 年担任上海百代总裁（Managing Director），之前是布里斯（Paul Le Bris）。1909 年至 1912 年，乐邦生行踪未详。他于 1930 年代前期回法国，1939 年去世，见 *Mort de M.E, Labansat ancien directeur de la maison Pathé-Orient à Shanghai, Le Journal de Shanghai*, Mar 14, 1939.

［33］见《申报》1913 年 10 月 2 日百代公司广告及张长福启事。

［34］上海百代（Pathé Phono-Cinéma-Chine）在《字林西报行名录》出现的最后时间是 1920 年，同年 7 月的《行名录》，百代更名为东方百代（Pathe-Orient）。东方百代的注册信息，参见 1925 年《东方百代章程》及 1926 年东方百代股票上的标注。

［35］EMI Archive, *Memorandum on Proposed Increase of Capital of C. G. Pathe Freres and Exchange of Shares of Pathe-Orient*, July 1929. *Columbia Graphophone Co., Ltd. and C. G. Pathe Freres, re China Record Company Limited and Pathe Orient Ltd.*, October 22, 1930.

［36］参见《申报》1930 年 11 月 7 日《百代公司新出钢针唱片》；EMI Archive, May 11, 1931;《中国唱片总公司上海公司史》第四篇《附录》;《申报》1931 年 11 月 4 日增刊第 9 版《上海市场报导》。

［37］EMI Archive, *Staff, EMI (China) Ltd., Shanghai*, Jun 24, 1947.

［38］据中唱上海公司藏东方百代档案，两套唱片于 1933 年 5 月 11 日录音，7 月 12 日发行。

［39］一直到 1950 年代，EMI 的华语唱片仍然沿用东方百代的片芯，上端弧形文字标注"上海百代公司唱片"，但这也仅仅是作为商标的标注，并非还存在一个"上海百代公司"。

［40］Franz Schorn: *Alte Schallplatten – Marken in Deutschland*, Florian Noetzel Verlag, 1988.

［41］布姆伯返回德国后，曾撰写题为《环球之旅——大蓓开远征录音纪略》(*Unsere Reise um die Erde. Skizzen von der großen „Beka" – Aufnahme - Expedition*) 的文章，记述他的旅程，1906 年 5 月起连载于德国的留声机杂志 *Phonographische Zeitschrift*。

［42］英文报导见 *Talking Machine News*, Vol. V, No. 69, Jan 1, 1908. 蓓开的代理商克鲁森公司 1909 年 2 月 3 日在上海《新闻报》上刊登了这批唱片的广告，是为这批唱片的最早信息。又，德国唱片评论员 Max Chop 1909 年 6 月发表的评论文章 *Neue Asiatische Beka-Aufnahmen* (*Phonographische Zeitschrift*, Vol. 10 No. 26, Juni 30, 1909)，也提及这批唱片中的 20945、20948、20923、20924。

［43］国际留声机公司的历史，参见 Frank Andrews: *A Fonotipia Fragmentia, A History of the Societa Italiana di Fonotipia – Milano, 1903 - 1948*, Historic Singers Trust, 2002.

［44］国际留声机公司在新加坡的代理商利喊洋行，自 1907 年 10 月 26 日起在新加坡 *Eastern Daily* 上投放广告，称这批唱片包括马来语、阿拉伯语和华语，超过 2000 个品种，录制于新加坡和爪哇，即将到货；随后自 1907 年 10 月 31 日起在新加坡 *Straits Times* 上刊发相同的广告。华人分销商也在新加坡《叻报》上刊发了相同内容的广告。但华语唱片实际到货时间很晚，1908 年 1 月，利喊在 *Straits Times* 再次预告 1 月 24 日到货。确凿的上市记载，见于 1908 年 6 月 29 日《总汇新报》华人分销商振昌公司的广告，其中提到《红书剑》、《陈三相思》和《齐王泣殿》三张潮音白字曲唱片（此前的《总汇新报》已不存）。按《陈三相思》模版号 xy 218，目录号 90508。《总汇新报》1908 年 7 月 27 日潮昌公司新片广告也首次提到这批唱片，言及其中老一枝香班的作品。今存老一枝香班演唱的唱片有《长亭别》4 面，模版号 xy 213，目录号 90536。103000 系列至迟 1909 年在上海上市，上海利喊洋行 1909 年 7 月 2 日在上海《新闻报》上刊登了这批唱片的广告。

［45］参见《中德商店开幕志》，《申报》1923 年 1 月 21 日；《德国运沪之留声机及打火灯》，《申报》1923 年 3 月 30 日；《中德商店唱片戏考》，1923。

［46］参见 Hugo Strötbaum: *Favorite, The Story of an Independent German Record Company (1894 - 1914)*, *The Lindström Project*, Vol. 2, 2010.

［47］见 *The Hong Kong Telegraph, The China Mail* 等香港报纸当时刊载的旅客到港、离港名单。

［48］E. M. van Oirschot: *Anker and Kalliope, The First Forty Years of the German Gramophone Record Industry*, Vol. 32 Nos. 1 & 2, Jan, 1987.

［49］*Edition of the Kaiserliches Wareneichenblatt*, Oct, 1912.

［50］今存安克尔华语唱片模版号为 05268～05273。其前德语唱片 05131 录于 1911 年 11 或 12 月；其后今所知者，05276～05737 为荷属东印度殖民地录音；05763 为德语录音，约录于 1912 年 7 月。故华语唱片应录于 1912 年初。参见 Philip Bradford Yampolsky: *Music and Media in the Dutch East Indies: Gramophone Records and Radio in the Late Colonial Era, 1903-1942*, Ph.D. Thesis, University of Washington, 2013.

［51］同上 *Music and Media in the Dutch East Indies*.

［52］利乐风的历史，参见 Michael Gunrem, Rainer E. Lotz, Stephon Puille: *Die Lyrophonwerke Adolf Lieban (1899-1915), The Lindström Project*, Vol. 3, 2010.

［53］1911 年，利乐风曾派出录音师，为日本的代理商三光堂录制过一大批唱片，目录号为 70000 系列。其中 70904 等，1912 年 5 月在日本上市。参见能见善久《桃中軒雲右衛門事件と明治・大正の不法行為理論》，《学習院大学法学会雑誌》第 44 卷第 2 号，2009 年 3 月。华语唱片的 73000 系列，年代应与此不远。

［54］*The Talking Machine News*, Aug, 1913.

［55］参见 Hugo Strötbaum: *Recording Pioneer*, www.recordingpioneers.com, 访问日期：2016 年 7 月 5 日。

［56］关于卡尔·林德斯特罗姆的历史，参见 *25 jahre Lindström*, 1904-1929, 1929; Rainer E. Lotz: *Carl Lindström und die Carl Lindström Aktiengesellschaft, The Lindström Project*, Vol. 1, 2008; Du Junmin: *Lindström in China, The Lindström Project*, Vol. 3, 2010; Du Junmin: *Beka Chinese Records, 1906-1949, The Lindström Project*, Vol. 6, 2015.

［57］据 1923～1927 年《申报》的报导及上海档案馆档案 Q275-1-2045。

［58］上海 EMI 的历史，主要依据 EMI Archive, Hayes, 1930~1945；上海档案馆相关档案以及当时《申报》的报导。

［59］张剑豪《留声机与唱片之研究》："组织远东公司的重要份子，除香港一二商人，与戏班巨东（如人寿年、大罗天）之外，则为粤中名伶；如白驹荣、千里驹、马师曾、靓少凤等；其他靓荣、陈非侬等，有无在内，则未得确实消息。查其组织之动机，乃完全因白驹荣新由美国回，得与彼邦制家结识，能以中资而成立一有势力之唱片公司。因股东既为名伶，别家公司欲求其入片，自非巨金不

可，而所有名曲，又为其自创的公司先有；照此情形，则远东公司将来若内部意见如一，则必能成为半专利性质之公司矣。欲不获利安可得耶？更兼主持者又为伶人之本身，加诸历年为外人入片所得到之经验……则他日盛行可预卜也。"（《椰子集》，南洋日报馆，1927）但张文所未及者，旅美华侨亦是主要投资者，远东唱片封套印有公司致辞云："本公司纯粹华侨资本，并与优界当代名伶合作，兹为提倡国货，挽回漏卮起见。"《世界日报》1927 年 10 月 7 日报导亦称："香港远东唱片公司，近来鉴于目下市面所销行的唱片，都是外国人制的，所以权利为外人夺去，故此特发起召集旅美华商，在国内和优界方面合作，组织远东唱片公司，一来振兴土货，二来挽回利权。"

［60］张剑豪文又称："第一期片本定阳历年前上市，惟是至今尚未到手。……但我秋间在香港之时，经友人之介绍，得听此中佳品数种，音乐声线皆堪上选。"刊载此文的《椰子集》，1927 年 9 月付印。香港《华侨日报》1927 年 9 月 5 日刊登有远东唱片公司的广告，署"民国十六年七月"。

［61］张剑豪文又云：远东公司的唱片，"系由美国人承办。其唱片之大小，轻重，厚薄，颜色，概以美国之'哥伦比亚'片为模样"。今所见远东唱片，材质确与美国哥伦比亚同时代的唱片相仿。

［62］《香港工商日报》1928 年 11 月 21 日报导《又多一家唱片公司》："近来唱片公司，风起云涌。最近又有港商李耀、姚得中、潘贤达等，组织一新唱片公司，名曰新乐风，聘有英国著名机师侯富及美剌两人来港，经于昨晚在黄坭涌成和道开始收音。"原文"李耀"，脱"祥"字。李耀祥为知名港商，岑维休《李耀祥先生事略》（香港华联印刷公司印刷，1967）记其名下有新乐风有限公司。

第四章 辛亥革命时期唱片叙录

一、汪笑侬京剧作品

在京剧改良运动中，汪笑侬是一位身体力行的先驱。他虽不是革命党人，但他的作品，开一代风气，产生了巨大的影响，受到革命党人和保皇党人一致称赞，并被革命派的艺人作为保留剧目演出。

汪笑侬（1858～1918），知名京剧艺人。本名德克金，满族。其父曾任直隶督学。光绪十四年（1888年）顺天乡试中举，候选河南某县知县。未几因事被革。光绪二十年（1894年）至上海，投身戏曲，以演剧为生，先后隶籍于丹桂茶园、天仪茶园、春仙茶园等剧院，成为职业演员。1904年，汪笑侬参与陈去病、柳亚子创办的《二十世纪大舞台》杂志，为发起人之一。1912年在天津担任正乐育化会副会长。1918年逝世于上海。[1]

汪笑侬在京剧声腔艺术上虽然并非登峰造极，但他不但能演唱，还具有一般艺人所不具备的文化素养，能编写剧本。他的政治立场不很鲜明，既非革命党人，亦非保皇党人，但他目睹晚清政治腐败，对国家的衰败痛心疾首，因此编演了一系列激烈批判社会黑暗的剧作，并以此开创了京剧改革的先河，受到革命党人的高度评价。

汪笑侬生平编演的剧作有《党人碑》、《瓜种兰因》、《骂阎罗》、《博浪锥》、《哭祖庙》等。

图 4-1：汪笑侬像

1. 京剧《党人碑》

汪笑侬本人演唱的《党人碑》唱片，计有两个版本，一为哥伦比亚留声机公司出品，1 面，模版号 15683-1-A，目录号 15683，约录于 1904 年末，录音师为查尔斯·卡森，今仅见有残片存世。[2] 片芯未标唱腔。

图 4-2：京剧《党人碑》，汪笑侬演唱，哥伦比亚留声机公司初版，1905

另一版为胜利留声机公司出品，1 面，12 英寸，模版号 1093，目录号 9192，录于 1905 年或 1906 年初，录音师为乔治·切尼。[3] 再版时，重编目录号为 48043-B。见于 1907 年胜利唱片目录《役挫轮盘目录价情》及 1913 年目录《役挫公司中国曲调》著录。片芯标唱腔为二簧。

这一版《党人碑》的内容，不在今所存剧本之内，已难辨听唱词。

图 4-3：京剧《党人碑》，汪笑侬演唱，胜利留声机公司初版，1906

　　《党人碑》是汪笑侬的代表作之一，也是他最早的批判现实的作品。该剧以北宋为历史背景，描写宰相蔡京专权，结党营私，诬陷忠良司马光、苏轼等为奸党，立党人碑刻诸贤臣之名。正直书生谢琼仙，借酒醉打碎党人碑，为官府所拘；其友人傅人龙，亦慷慨之士，设计救出谢琼仙。汪笑侬借这一故事，痛悼戊戌变法中遇难的谭嗣同等烈士，控诉清政府对维新变法派的戕害。

　　《党人碑》上演于1901年，此后长演不衰。汪笑侬在舞台上嬉笑怒骂，倾注了强烈的个人情感。吴下健儿《戏考》载：

> 汪在春仙演此剧时，适当事者封禁《苏报》馆及《大舞台报》（此报为汪所组织），罗织党人，侦骑四出。笑侬触景生情，悲不自胜，抚今追昔，慷慨悲歌。剧中至念诗时，声调悲壮苍凉，凄然泪下；现身说法，一若身历其境，几不知为演戏矣。座客知与不知，无不动容。当此天荆地棘、箝制清议之时，独能借往事以刺当世，演悲剧以泄公愤，道人之所不能道，优孟直胜于衣冠也。[4]

此剧甫一上演，即受到维新人士的关注和好评，并引以为戏曲改良的典范。梁启超的《新民丛报》1902年3月10日报导说：

> 上海名优汪笑侬……去岁自串一戏，名曰《党人碑》，借蔡京事以影射时局，激昂慷慨，义愤动人。戏中有演说，绝似泰西大政党首领口吻云。呜呼！
> 若汪优者，可谓名士，可谓豪杰！

立宪派的《大公报》1902年11月11日的论说栏目，刊登来稿《编戏曲以代演说说》亦云：

> 盖听戏一事，上而内廷，下而国人，无不以听戏为消遣之助。去年上海伶隐汪笑侬《党人碑》一出，其登台演说时，具爱国之肺肠，热国民之血性，能使座中看客，为之痛哭，为之流涕，为之长太息。

欧榘甲《观戏记》更称：

> 近年有汪笑侬者，撮《党人碑》以暗射近年党祸，撰康有为演说，以纪维新缘起，为当今剧班革命之一大巨子。意者其法国、日本维新之悲剧，将见于亚洲大陆欤？[5]

　　是时，学术界刚刚开始讨论"悲剧"的概念，欧榘甲已将此剧列为中国的悲剧。稍后，改良派的思想家蒋智由在《中国之演剧界》一文中，亦复称《党人碑》为"切合时事一悲剧也"。[6]《警钟日报》则评曰："伶隐汪笑侬，曾于辛丑编《党人碑》新戏，实为演剧改良之开山。"[7]

　　在广州，革命党人冯自由主办的《中国日报》亦发表文章，给予汪笑侬及《党人碑》等剧以高度评价，云：

> 戏剧司教育权之一大部分，渐为吾国有心人所公认。是故优界改良之运动，颇有其人。而最得风气之先者，为上海一埠。盖志士名优，同萃一方，无怪乎有此思想，便即能见诸实行。如名伶汪笑侬所演之《党人碑》、《瓜种兰因》、《桃花扇》等剧，使阅者惊心动魄，视听为之一变，不徒声伎之工，传诵一时已也。[8]

《党人碑》的故事情节，源于明末清初戏剧家邱园的同名传奇。邱园的《党人碑》共30出，但一直流传甚罕，向未见有刊刻，传世者仅有残钞本。但在舞台上，作为昆曲折子戏，《党人碑》一直在上演。明崇祯间刊刻的《时尚昆腔杂出醉怡情》，收有其《打碑》、《酒楼》、《计赚》、《拜师》4出。清乾隆间钱德苍编选的《缀白裘》第八集，亦收有《打碑》等7出。后来的《六也曲谱》等，也都收有零出。

汪笑侬的《党人碑》，据说是据杭州人连梦惺所藏的一个"秘本"改编的。[9]据哀梨老人《党人碑考》，全剧共有8本，[10]今未见足本流传。所知最早的选本，为民国十一年中华图书馆编辑出版的《戏考》第32册所收本，未署作者；民国十五年凌善清、许志豪编，大东书局出版的《新编戏学汇考》第5册亦收录，内容全同，前有《剧情考略》称："此剧为汪笑侬昔年所排。"此本不分出，内容包括旧曲的《打碑》、《酒楼》、《计赚》3出，相当于原作的第七和第九出。1957年中国戏剧出版社所编《汪笑侬戏曲集》所收全同，厘为4场。

2. 京剧《瓜种兰因》

汪笑侬演唱的《瓜种兰因》唱片，亦有两个版本。一为哥伦比亚留声机公司出版，1面，模版号15767-1-B，目录号15767，录音时间与《党人碑》约略相同。片芯亦未标唱腔，但剧名前标有"文明"二字。

图4-4：京剧《瓜种兰因》，汪笑侬演唱，哥伦比亚留声机公司初版，1905

另一版为胜利留声机公司版，模版号 1097，目录号 9196，再版重编目录号为 48072-B，12 英寸，录音时间亦与《党人碑》同时。见于 1907 年胜利唱片目录《役挫轮盘目录价情》及 1913 年目录《役挫公司中国曲调》著录。片芯标唱腔为西皮。仅见有再版片传世。

《瓜种兰因》是汪笑侬的另一部代表剧作，取材于波兰亡国的历史。18 世纪后半叶，一度极其强盛的大国波兰，三次遭到俄罗斯、普鲁士和奥地利三国的瓜分，剩余领土也成为俄罗斯的傀儡国。本剧即演述波兰亡国的惨痛历史，以激励和警醒国民。《瓜种兰因》是对京剧的一次大胆革新，是第一部以外国故事为题材的洋装京剧。

《瓜种兰因》的创作，与清末"拒俄运动"的革命派人士有密切关系。1900 年沙俄侵占东北后，瓜分中国领土的意图昭然若揭。蔡元培等人在上海创建了对俄同志会（后更名为争存会），并创办《俄事警闻》，揭露沙俄瓜分中国的野心，抨击清政府的卖国政策。1904 年 2 月，《俄事警闻》更名为《警钟日报》；6 月，陈去病担任该报主笔。陈去病及参与该报编撰的陈竞全、孙寰镜等人，都非常注意戏曲的教育功用，是年 10 月，他们共同创办了戏曲杂志《二十世纪大舞台》，汪笑侬亦受邀为该刊的创办者。《瓜种兰因》正是在这一背景下编演的，所以也受到《警钟日报》的格外关注报导。可以说，它是拒俄运动在戏剧领域的体现，也是革命党人戏曲改革理论的一次实践。

《瓜种兰因》是根据《波兰衰亡战史》编写的。此书为日本涩江保编著，明治 28 年（1895 年）东京博文馆出版。当时有两个中译本，一是中国留日学生译本，沿用原书名，1901 年 11 月由东京的译书汇编社出版；一是薛蛰龙（公侠）译本，书名《波兰衰亡史》，前有柳亚子序，1904 年 4 月由上海镜今书局出版。从存本剧词看，汪笑侬对两个译本都有参照。

《瓜种兰因》刚一上演，便迅速在革命派中引起强烈反响。最早的报导，见于革命派秦力山、杨廷栋创办的杂志《大陆》。该刊光绪三十年五月二十日（1904 年 7 月 3 日）出版的第二年第五号《时事批评》栏目介绍说：

> 伶隐汪笑侬，伤吾国剧界之腐败，不足为国民观感，特着手于戏本改良。现排一新剧，名曰《瓜种兰因》，乃演波兰灭亡故事，以唤醒国民独立精神为宗旨，内容甚富，有议院、教会、跳舞、条约、侦探、阴谋、暗杀、爱国会、敢死军等情节。连日于沪春仙部演唱，观者云屯雾涌，拍掌雷动，入人之深如此，其关乎社会之开化岂浅鲜哉！

8 月 6 日，《警钟日报》刊发题为《剧坛之新生面》的文章，为次日在春仙茶园演出的第一本作宣传，云：

> 伶隐汪笑侬……近日新排一戏，共十六本，名曰《瓜种兰因》，乃波兰故事，按《衰亡史》节目删冗组织而成，加以变换，以期观者悦目而警心。此戏以独立为宗旨，倚外人则亡，倚政府亦败，欲使观者知外交之险恶，内政之腐败，非结团体、用铁血主义不足以自存。

8 月 20 日，陈去病亲自为《瓜种兰因》撰写广告，连续刊登在《警钟日报》上，同日开始连载《瓜种兰因》第一本的剧本。

同日，林白水在《中国白话报》第 19 期上发表文章《论开风气的法子》，以《瓜种兰因》为例，把戏曲列为开风气的第一种方式：

> 现在上海春仙戏园汪笑侬先生，他新编一本戏，名叫《瓜种兰因》，是把那波兰国灭亡故事，拿来做底子，中间夹了许多的情节，居然是个中国的影子。前两天唱起这本戏，看的人，也有痛哭的，也有流泪的，也有暗暗叹气伤心的，有时候也很可以惹人发笑的。在戏台下大家把他弄的喜怒无常、七情并发。这种戏本，是狠有力量的了。

9 月 10 日，陈独秀在《安徽俗话报》第 11 期上发表的《论戏曲》一文，谈到相同的观点：

> 听说现在上海丹桂、春仙两个戏园，都排了些时事新戏，春仙茶园里有个出名戏子，名叫汪笑浓（侬）的，新排的《桃花扇》和《瓜种兰因》两本戏曲，看戏的人被他感动的不少。我很盼望内地各处的戏馆，也排些开通民智的新戏唱起来。

与此同时，《安徽俗话报》在第 11、12、13 期上，全文转载了《瓜种兰因》第一本的剧本。编者按称此剧"做得非常悲壮淋漓，看这戏的人无不感动"。

据前《警钟日报》的预告，《瓜种兰因》全部共 16 本。但此后《警钟日报》的报导，仅见前三本分别有 1904 年 8 月 7 日、8 月 15 日和 9 月 4 日上演的报导或预告。其剧本当时曾由大舞台丛报社出版过单行本，但今未见流传。今所存者，仅有《警钟日报》连载的第一本。第一本的剧情，述土耳其入侵波兰，波兰拟割地求和事，仅相当于《波兰亡国战史》第一章前二节（译书汇编社译本第一篇前二章）的内容。其事在公元 1672 年，当时波兰君主为米哈乌·科雷布特·维希尼奥维茨基（Michał Korybut Wiśniowiecki），但剧本改为奥加斯达斯（似应是奥古斯特二世，即 August II，1697～1706 年、1709～1733 年两度为波兰国王，译书汇编社译本作"墺架斯达斯"，薛译本作"奥古斯都"）。剧中长达 500 余字的演说道白，即取自原书第一章第一节《绪言》。《警钟日报》1904 年 8 月 16 日《记续演瓜种兰因新剧》介绍，第二本有解散众议院、三叩波兰宫、创立秘密会、火烧景教寺、惨杀众国民、逃奔瓦尔肖等情节。

二、刘艺舟京剧作品

刘艺舟（1857～1937），辛亥革命时期的革命家，京剧艺人。原名刘必成，湖北鄂城人。清末留学日本，就读于早稻田大学学习法政，其间结识黄兴、宋教仁等，加入同盟会。归国后曾执教于京师大学、保定法政专门学校。后辞职与王钟声一起，编演新剧以倡导文明。辛亥革命爆发后，与李统球等往奉天，图谋建立东北根据地，未果；复往烟台，与徐镜心等组织烟台共和急进会。1912年1月，率500人武装光复登州、黄县，建立军政府，宣布独立。刘艺舟被推举为山东大都督，但推辞未就，出任鲁军总司令、代理都督事宜。

图 4-5：刘艺舟肖像

1912年3月，刘艺舟至上海，抱着废除专制、追求平等、唤醒国民的理想，继续从事演剧，加入革命党人及进步人士沈缦云、潘月樵、夏月珊等创办的新式剧场上海新舞台。当时首演了《波兰亡国惨》（应即汪笑侬的《瓜种兰因》），此后还编演了大量改良新剧，如《黑奴吁天》、《爱国血》、《新茶花》等。是年4月5日，孙中山曾在大舞台观看他们的演出，后为大舞台题写了"警世钟"幕帐。1912年底刘艺舟离开上海，至武汉等地从事演出及革命活动。

宋教仁遇刺后，刘艺舟在政治上激进反袁。1913 年 5 月在武汉组织国民大会，声讨袁世凯。后参加二次革命，负责东北的军事活动。二次革命失败后，逃往日本，与党人张尧卿等筹划再次武装讨袁，并曾付诸实施。

1915 年初，刘艺舟与张尧卿、李统球等投诚袁世凯，得到特赦，留居北京，并公开发表《我之筹安观》，支持筹安会倡导的君主立宪。但 1916 年 2 月，再次无故被袁世凯秘密逮捕。袁世凯死后，是年 6 月底出狱。此后宣布脱离政治活动，组织剧班，在各地演出。曾受聘为南京建业大学教授。其后期剧作，对时政多有抨击。[11]

刘艺舟亦是一位具有传统文化素养、能够编剧的艺人，当时有评论说："沪伶之腹有诗书、深通文墨者，昔有一汪笑侬，今止一刘艺舟。"[12] 他以戏曲为表达政治观念、教育民众的工具，一生身体力行。其在京剧声腔艺术上虽未达一流，但编演的作品在辛亥革命前后，产生过重要社会影响。

1923 年底至 1924 年初，刘艺舟受上海丹桂第一台邀请，编演历史剧《日本大地震》。此间，刚刚创建的中国留声机器公司，为他录制了《新华宫》、《求己图》、《明末遗恨》和《哀江南》4 个曲目的唱片。1924 年 1 月 24 日《申报》报导：

> 中国留声机器公司，近摄制刘艺舟君所唱自编四剧之机片：㈠《新华宫》，系洪宪皇帝之末路；㈡《求己图》，系劳动家李统球之事；㈢《明末遗恨》，系崇祯之事实；㈣《哀江南》，系石达开誓师。不特声调甚佳，且词旨深雅，可以鼓吹民气，奖励劳工，非时俗戏曲之可同日语。现各剧虽仅出品一段，闻者莫不争先购买。刘君愿将《新华宫》全本制片，刻正在收音制造之中，不久又将出现。

其《新华宫》选段等 2 张 4 面唱片，依据中国留声机器公司当时的生产周期，应录于当年 1 月初，今幸存于世；报导所提及的正在"收音制造"中的全本《新华宫》，则未见流传。

1. 京剧《明末遗恨》

《明末遗恨》1 面，刘艺舟演唱，中国留声机器公司录制，模版号、目录号均为 575 A。

《明末遗恨》描写明末李自成起义攻陷北京、崇祯亡国故事。其剧情原出清初无名氏的传奇《铁冠图》，有清以来，一直以昆曲、梆子腔演出。清末民初改编的《明末遗恨》，是上海商办新舞台在辛亥革命前后的政治活动中，重点投入的一部改良新京剧，由《新闻报》主笔、新舞台创始人之一姚伯欣改编，第二本则由刘艺舟改编；1910 年 3 月由革命派的艺人潘月樵、毛韵珂、夏月润等，作为京剧改良的主打作品在上海新舞台首演。然而公演不久，因违反清廷法例被禁，直到辛亥革命后的 1911 年 11 月，方才开禁重演。[13]

图 4-6：京剧《明末遗恨》，刘艺舟演唱，中国留声机器公司录制，大中华留声唱片公司再版，1928

此剧剧本，今未见有足本流传。中华图书馆 1917 年初版的《戏考》(《顾曲指南》) 第 22 册选录有此剧，但非全本。[14] 新舞台在《申报》1910 年 3 月 22～24 日的演出广告中，介绍该剧有以下情节：

> 闯贼遗谍，思宗闻变，君臣愉饷，国戚客财，文臣统兵，杜勋通贼，国戚庆寿，思宗夜访，杜奸迎贼，国桢巷战，周后自尽，手戕公主，哭辞太庙，愆缢煤山，承恩殉主，宫女乔装，闯贼临朝，李岩赐婚，百官受刑，周奎被害，宫人行刺，大臣要降，国桢死节，闯贼惊逃。

《明末遗恨》是新舞台极为重视的一部剧作，认为其社会意义更在已推出的改良京剧《潘烈士投海》、《黑籍冤魂》之上。新舞台在《申报》1910 年 3 月 18 日的演出预告中说：

> 戏剧事与社会关系最大。本舞台有鉴于此，曾演《潘烈士投海》，所以警人心之萎靡不振也。更编《黄勋伯》一剧，所以策团体之涣散不坚也。戒烟则有《黑籍冤魂》，拒赌则有《赌徒造化》。窃谓供献于社会者，不无略有裨益。然此犹其小焉者也。自来世事之悲惨，孰有甚于亡国者？本舞台抚今追昔，有感于怀，特就有明末造李闯入京故事，编《明末遗恨》一剧。其写庸相之误人，奸党之卖国，外戚之营私罔利，勇士之慷慨激昂，烈女之报仇雪恨，莫不绘影绘声，维妙维肖。使观者知明之亡，非亡于闯贼，实自亡之也。

岁月变迁，山河依旧，前明君在九京之下当无限。愿观者追摹当日情景，毋使后之视今，犹今之视昔也。

图4-7：《明末遗恨》介绍，《图画日报》第 247 号，1910 年 4 月 28 日

　　显然，在晚清末造的特殊环境下，此剧对明崇祯帝亡国的追思，一方面意在唤起大众反清的民族意识，暗中宣扬革命党人驱逐鞑虏的目标；另一方面也是在面临列强瓜分中国、再次亡国的危机下，对国民的政治警示。

　　《明末遗恨》解禁后，受到社会的持续关注，并成为新舞台保留剧目，各报好评，不绝于章。[15] 后来，1935 年，周信芳重新编排此剧，在《写于诸君稿末》一文中说道：

曾忆南市新舞台，中国戏剧史上实有其地位。所演《明末遗恨》、《新茶花》、《波兰亡国惨》、《黑奴吁天》等剧，对辛亥政变，无不小补。能在前清时代势力范围之内唤醒民众，足见潘夏诸君，有过人之处。[16]

刘艺舟于 1912 年 3 月加盟新舞台，参与了《明末遗恨》的编写，也应该参与了此剧的演出。

《申报》报导唱片出版时附有唱词，兹据徐慕云《梨园影事》（1928 年大东书局出版）及刘豁公《大中华唱片戏考大全》（1930 年上海文华美术图书印刷公司出版）所收曲词，核校如次：

> （二簧原版）怪不得孤王的江山不稳，沿途上只听得一片哭声。也不是李闯贼兵力太狠，也不是众文武不肯忠君。这都是帝王家作孽太甚，因此上才种下这亡国祸根。想到此不由孤心酸难忍，这报应近在己远在儿孙。君臣们也不知来到了何地？（王承恩白）启奏万岁，来到太师府。（白）噤声，（摇板）孤的爱卿，你必须要轻抬足莫高声，你悄悄的过去看一看，太师府来底何人。

这段唱词，写李自成已兵困居庸关，逼近京师，崇祯帝欲托太子于国丈周奎，黄夜率领时任提督禁城军务的司礼太监王承恩出宫前往周府，而周奎正纵酒狎妓，拒不接见。

2. 京剧《新华宫》

《新华宫》1 面，刘艺舟演唱，中国留声机器公司录制，模版号、目录号俱为 574 A。

图 4-8：京剧《新华宫》，刘艺舟演唱，中国留声机器公司初版，1925

《新华宫》又名《皇帝梦》，是刘艺舟编演的一部讽刺袁世凯复辟的时事京剧。1915 年 12 月，袁世凯宣布实行帝制，改中华民国为中华帝国，确定 1916 年为洪宪元年,并将中华民国总统府改为新华宫,拟在 1916 年 1 月 1 日举行"登极大典"。但由于西南各省相继独立,声势浩大的护国运动彻底粉碎了他的皇帝梦。同年 3 月,袁世凯宣布撤销帝制,6 月,他在忧郁中因病死去。《新华宫》即描写这一历史时期的事件。

梅兰芳称,此剧编写于刘艺舟被袁世凯囚禁出狱之后:"他出狱后就编写了一出京剧《皇帝梦》(又名《新华宫》),到汉口满春戏院演出,他自饰袁世凯。"[17]其剧本今未见。1923 年 12 月 25 日,在上海举办的提倡国货大会上,郑正秋演出《同胞血》,刘艺舟客串演唱《新华宫》,报导称:"将当时六君子捧项城称帝,及上海镇守使郑汝成被刺、成都独立,声色俱到、维妙维肖。"[18]可略知剧情梗概。

梅兰芳描述此剧在汉口的演出时称:

> 上演那天,轰动一时。第一场是高级文武官员站立两厢,袁世凯头戴白缨军帽,身穿蓝呢带金线肩章的陆海军元帅礼服,鹅行鸭步般走出来,(这套陆海军礼服就是登州老百姓送给刘艺舟的。)袁世凯升座后,站立两厢的众文武官员一齐向他劝进,当场决定筹备大典,择日登极。

> 另一场,袁世凯穿着窄袖龙袍出台,刘艺舟模仿刘鸿升的腔调,唱一段西皮:"孤王酒醉新华宫,杨皙子生来好玲珑。宣统退位孤的龙心动,哪怕他革命党的炸弹凶。孙中山革命成何用,黄克强本领也不中。天下的英雄虽然众,哪一个逃出孤的计牢笼。梁士诒理财真有用,虽然是民穷孤的库不空。……"接着下面内侍报:"万岁爷,大事不好了,大太子闻听各省官民纷纷反对帝制,忧愁成病,发起疯来了。"紧跟着内侍挽袁克定上。袁世凯对他说:"克定,你为何这等模样?"克定就举拳打袁世凯,同时唱:"袁世凯休把克定来唤,我是你祖宗袁甲三。"袁世凯立刻跪在地下说:"有何吩咐?"袁克定疯疯颠颠地责备他不该残杀党人、私通外国,做了总统还要做皇帝,众叛亲离,去死不远了。袁世凯再三分辩,说是大家劝进,各人都想升官发财,因而架弄他等等。

> 这场戏把袁世凯的奸相丑态,形容得淋漓尽致,因此触怒了袁世凯的党羽湖北督军王占元,密令夏口县缉捕刘艺舟。幸而有人事先通了消息,他在演戏中途听到这个警讯,来不及卸装就逃离了汉口。[19]

中国留声机器公司录制的《新华宫》唱段,正是梅兰芳引述的一节,片头报幕:"挽前山东都督、现建业大学教授刘艺舟先生唱《新华宫》。"今据《申报》所附唱词,以录音校正如下:

> (西皮二六)孤王酒醉在新华宫,杨皙子生来太玲珑。宣统退位孤的龙

心动，怕的是革命党他的炸弹凶。癸丑年、南北归一统，大地山河在孤的掌握中。孙中山革命成何用？黄克强的英雄也不中。雷震春杀人告奋勇，还有孤的老友江朝宗。梁士诒理财真够用，虽然是民穷，孤的国不空。天下的英雄归孤用，何必多愁叹大风。但愿得民不革命勤耕种，洪宪万年乐无穷。内侍臣摆驾上九重。皇儿发怒又为那宗？

此段唱腔，套用了刘鸿声演唱的《斩黄袍》。

3. 京剧《哀江南》

《哀江南》1面，刘艺舟演唱，中国留声机器公司录制，模版号、目录号俱为575 B。

图 4-9：京剧《哀江南》，刘艺舟演唱，中国留声机器公司初版，1925

《哀江南》又名《石达开》，是刘艺舟出狱后编写的一部新编历史剧。

此剧以太平天国为历史背景。太平军自广西金田村起事后，经过几年奋战，定都于南京（天京）。但在清军大规模围剿下，太平军内部分化，各王之间由于个人恩怨和权力争夺而互不信任，彼此猜忌，最终自相火并。洪秀全的兄弟安王、福王当权，翼王石达开自知不容于朝，遂离开天京，率部西征，辗转入川，与清军作战，最终兵败大渡河而遇难。

梅兰芳说，此剧意在通过太平天国的内讧事件，讽刺民国初年革命党人的争权夺利。从梅兰芳文章的叙事次序，此剧似亦作于1916年刘艺舟出狱后。[20] 他对刘艺舟的演出作了详细描述：

刘艺舟演石达开，第一场众将站门，石达开戴"蓬头"（披发），包红巾，戴面牌，揉红脸，身穿对襟窄袖素红缎长袍，红彩裤，红缎薄底靴，大踏步走出来，站定念诗："闻鸡起舞壮心雄，扫尽胡儿出汉宫。收拾中原干净土，好栽香草遇春风。"接着香案摆上，烧香、焚表、祭旗。石达开念一段誓师文。

当他走出桌子，站到台口，慷慨激昂地念出"请看今日之域中，竟是谁家之天下"这两句戏词的时候，气势十分沉雄磅礴，特别吸引观众的是他那威猛而凝练的眼神，这大概因为刘艺舟做过登黄都督，有亲身的生活经验，所以很能表现一个太平军开国大将的风度。

石达开哭杨秀清一场，他唱："一霎时流热血乾坤遍洒。说什么共生死再造中华。到如今才知道人心阴诈。王兄呀，拿住了韦昌辉定要杀他。"后面怒责韦昌辉不该谋杀杨秀清的大段念白，嗓音微哑而沉着苍凉，非常深刻地表达出石达开的那种悲愤心情和坚持正义的性格。张难先老先生曾谈起，有一年在武昌请一位广东朋友过江看刘艺舟的《石达开》，看完了，这位朋友翘起拇指说："好！真像个石达开。"刘艺舟每次演出这出戏，观众中经常有老同盟会的人，他们看到戏中悲壮动人的情节，抚今思昔，竟至感动得流泪。[21]此唱片《申报》报导时亦录有唱词，兹据徐慕云《梨园影事》、刘豁公《大中华唱片戏考大全》所收曲词，核校如下：

（石）（念）闻鸡起舞壮心雄，扫尽胡儿出汉宫。收拾中原干净土，好栽香草御春风。（卒白）香案摆齐。（白）太平天国，龙飞五年，翼王石达开，谨誓师于明陵之前而言曰：蛮夷猾夏，二百余年，涂毒我生灵，窃据我土地，攘夺我金钱，奸淫我姊妹。神人共怒，天理不容。凡我黄帝之肖子贤孙，孰肯伈伈伣伣屈服于异种之下！故我义旗所至，乃能恢复金陵，还我故物。本帅亲率雄狮，用张挞伐，幽燕直捣，痛饮黄龙。凡我士卒，务宜协力同心，灭此朝食，以慰祖宗在天之灵，以雪出主入奴之耻。倘有闻鼓不进，闻金不退，不遵军法，不守军规者，当以军法从事。予小子才德凉薄，愿执干戈，身先士卒，倘有不与士卒同甘苦者，愿如此誓！正是，请看今日之中国，竟是谁家之天下也。（西皮摇板）一霎时流热血乾坤遍洒，说什么共生死你们再造中华，到如今才知道人心险诈。兄王吓，大丈夫哪顾得败国亡家。

4. 京剧《求己图》

《求己图》1 面，刘艺舟演唱，中国留声机器公司录制，模版号、目录号为574 B。

据《申报》录制此唱片的报导，《求己图》是描写"劳动家李统球之事"，有"鼓吹民气，奖励劳工"的意义；唱词内容也的确是一位海边搬运工人抒发自己的感慨，表达劳工神圣的观念。但在历史上，李统球并非劳工，而是辛亥革命党人、刘艺舟的挚友。

图4-10：京剧《求己图》，刘艺舟演唱，
中国留声机器公司初版，1925

　　李统球原名李斌，山东济宁人。少年时代，虽家中贫困但胸怀大志。光绪末年，肄业于山东武备学堂。辛亥革命后，投奔第六镇统制吴禄贞，联络南北同仁，预备在保定响应起义。吴禄贞被刺身亡后，李统球往汉阳谒见黄兴，被委以重任。二次革命时担任山东总司令兼北五省副司令。革命失败后逃亡日本，在日本加入刘艺舟的中华木铎新剧社，共同演出。1915年刘艺舟投诚袁世凯后，介绍李统球同来，同获赦免，受袁世凯命至山东招集旧部，后任军事谘议。袁世凯与日本签订卖国条约《二十一条》后，李统球曾愤而自戕，被刘艺舟家人等救护而免于死。不久与刘艺舟同时被袁世凯逮捕，并同时出狱。1917年张勋复辟时，曾任山东讨逆军总司令，通电声讨复辟。1919年前后任北洋政府谘议。军阀混战时期，在彰德组织武装，任游击司令。1926年冬加入直系魏益三的部队，后被吴佩孚部下的齐燮元枪杀。[22]

　　《求己图》未见剧本流传，今据《申报》所载唱词，以录音校正如下：

　　　　（西皮原板）每日里在海滩搬运粮米，凭劳力换衣食我不管是非。袁世凯杀同胞为争权利，孙中山讲民权他画饼充饥。从盘古到如今谁讲公理？历史上载的是什么东西。李统球穿破衣只求遮体，比你们大礼服还要整齐。戴一顶破毡帽扬眉吐气，闷来时唱几句二簧西皮。这是我劳动家神圣无比，猛抬头又只见白云南飞。

　　据唱词，《求己图》或是虚构了一个戏曲人物李统球，或是描写了李统球的某一段生活经历，今已不可知。剧词表现出对政治斗争的厌倦，不仅对袁世凯有所批判，而且对孙中山也颇有微词，但毕竟对自食其力的劳动者表达了赞美之情，反映了一个有着曲折经历的辛亥革命党人的复杂心理。

三、林步青与时事新赋

林步青（1864～1916），知名苏滩艺人。名肇灿，字月波，号步青，江苏丹阳人。早年曾在上海珠宝店做店员，1895年以前转行演唱苏滩、京剧。先后在丹桂茶园、大舞台等知名剧场职业演出。因其为人聪颖，机敏诙谐，赢得了观众的欢迎。[23]

图 4-11：林步青肖像

　　戏曲改良时期，林步青率先对滩簧进行了改革，加入新的内容，寓教于乐，于滑稽风趣中针砭时事，取得了很高的艺术成就，受到普遍好评。

　　在滩簧发展的历史上，林步青有着重要的地位。滩簧原本是不登大雅之堂的民间曲艺，充斥了不少格调低下甚至淫泆猥亵的内容，因而常常受到禁止。经过林步青的改造，滩簧最终走进主流艺术市场，成为雅俗共赏的艺术形式，被社会各阶层广泛接受。

　　1910年9月29日，《图画日报》第401号曾评论林步青说：

　　　其人有口才，工谑浪，而文理殊为清顺，故善编各种新曲滩黄，无不平仄调和，诙谐入妙。昆腔戏工《说亲回话》、《借靴》、《落驿》等剧；乱弹戏工《大嫖院》之贾至诚、《大名府》之李固、《查潘门胜》之江宛峰、《捉拿鸦片烟鬼》之济颠僧等，颇能刻画入微，淋漓尽致。而近在新舞台与花旦夜来香串《卖橄榄》、《卖草囤》等，以滩黄改为戏剧，唱各种时新改良滩簧，梨园中实为有一无二。宜乎其每一演唱，座为之满，而名誉因之日噪也。

　　1913年12月30日《申报》署名远生的文章《上海之新艺术》，则给予了更高的赞誉：

> 林步青之滩簧，殆为绝技。贯串俗语，自然成章，如出天籁。其配置语句，实得文法上开合起伏之妙，而声音笑貌，变化自由，同为绝矣。乃其风旨，尤在劝厉薄俗，诋斥时弊。风趣随口中珠转而出，妇孺能为汗下，斯乃绝中之绝也。具此粲花之妙舌，救世之天才，若能散身亿万，说种种法，随方言土俗之所宜，而一一为之普及，则胜过开无数之通俗学校。古有畸人，若林者，吾不能不许为畸人中之奇人也。

林步青与革命党人和进步人士有着密切关系。1904 年在丹桂茶园，他即曾与冯子和、夏月润等同台演出过具有进步意义的京剧《玫瑰花》；1911 年，曾在新舞台参与新编历史剧《明末遗恨》的演出，饰司礼太监王承恩；1912 年，又在大舞台参与演出描写武昌起义的京剧《鄂州血》，饰老庆。革命党人亦往往借助于林步青的艺术影响力，为他提供素材，请他编写新滩簧唱段，"自是步青出而奏技，愈受社会欢迎，而改良滩簧之名，遂以大噪，风气亦为之转移"。[24]

1. 滩簧《禁美货》

林步青关于抵制美货的苏滩今存世有两个版本，其一为胜利留声机公司录制，题《抵制美货》，1 面，模版号 646，目录号 7948，录于 1905 年或 1906 年初，录音师乔治·切尼。

图 4-12：滩簧《抵制美货》，林步青演唱，
胜利留声机公司初版，1906

另一种题《禁美货》，2 面，国际留声机器公司录制，模版号 XTA 94a、XTA 95b，目录号 103093a、103093b，约 1907 年录音，1908 年发行。

图 4-13：滩簧《禁美货》，林步青演唱，国际留声机公司出版，1908

此唱片所演唱的，是 1905 年以上海为中心、波及全国的抵制美货运动。

1860 年代，美国劳动力匮乏，为修建横跨美国大陆的太平洋铁路，从中国招募了大量劳工。太平洋铁路建成后，1873 年经济危机爆发，美国国内开始排斥华工，1882 年颁布了《排华法案》（*Chinese Exclusion Act*），规定在 10 年内限制华工入美。这是美国第一部针对特定族群的移民法案，具有明显的种族歧视，完全违背了 1868 年中美《蒲安臣条约》关于自由移民及相互给予最惠国待遇的约定。1892 年，美国又通过《基瑞法案》（*Geary Act*），将限制华工入境的期限延长 10 年。1894 年，清政府与美国签订《中美华工条约》，对华工入美进行了为期 10 年的限制。

《中美华工条约》1904 年底期满之前，华人世界废约呼声高涨。美国国会则强硬地通过法案，威胁如果中国废约，将取消《排华法案》的期限限制，并禁止华工及其他一切华裔入境。是年 8 月以后，驻美公使梁诚与美国进行了多次谈判，始终未能达成一致。1905 年 5 月 5 月，上海《申报》、《时报》等报纸报道了美国向中国外务部施压、强迫谈判代表梁诚在新条约上签字的消息。5 月 10 日，上海商务总会率先召开各业商董特别大会，商讨抵制办法。会议议定，以两月为期限，届时如果"美国不允将苛例删改而强我续约，则我华人当合全国誓不运销美货以为抵制"，并致电外务部、商部，坚拒签约，电请南北洋大臣合力抗阻；同时通电汉口、天津、重庆、南京、九江、广州、福州、厦门、长沙、香港、杭州、苏州等 21 个重要商埠的商会，请求通力合作。因上海商务总会总理严信厚、协理徐润等对此强硬态度面露难色，议董曾铸挺身而出，愿为领衔，于是通电以"沪商曾铸等公禀"的名义发出。是日，上海《时报》、《申报》同时刊出了《筹拒美国华工禁约公启》。

美国方面，驻上海总领事与商务总会进行了多次接触，但仍坚持原有立场。美国总统罗斯福一度认为事出有因，从而寻求更妥善的解决方案。但美国国内的排华势力促使他采取强硬态度，通过驻华公使柔克义向清政府施压，甚至作了与中国开战的准备。

在美国的压力下，清政府外务部向各地发出电令，声称美方并未强迫中国签字，为预防"匪徒借以煽惑愚民，致兹他变"，要求各地"实力劝导"，"晓谕各商"，但并没有明确提出"禁止"。

7月20日，曾铸最后一次拜会美驻沪总领事，依然无果。当天下午，商务总会召集各业商董大会，商讨抵制美货具体办法，并一致通过决议，由上海商务总会通电全国35个商埠，宣布抵制美货行动正式开始。铁业、洋布业、洋货五金业、面粉业、机器业、火油业、木业等7个行业的商董当场签名，承诺不订美货。

抵制美货运动得到工商、文化、学生等各界的广泛响应，各行业团体纷纷发表通电，组织集会、演讲，散发各种宣传品，报刊上也刊登了大量文章，声援这一行动，迅速在全国形成了浩大的声势。许多行业相继宣布不购、不售、不代办美货，广州等城市也纷纷不同程度地加入抵制美货的行列。

图 4-14：上海民任社编印的《抵制禁约记》，1905 年 10 月

8 月，美国公使柔克义连续向清政府外务部发出照会，要求政府禁止抵制美货运动，查办上海商务总会会董曾铸。不得已，外务部遂于 21 日向各省总督、巡抚发出电令，要求各地设法禁止抵制美货。31 日，清政府发布"上谕"，明令各地认真劝谕，"倘有无知之徒，从中煽惑，滋生事端，即行从严查究，以弥隐患"。这给了抵制美货运动极大的打击，加之抵制者内部也发生一定程度的分化，一场声势浩大的运动，逐渐偃旗息鼓，就此消沉。但民间抵制美货的余热，一直持续到 1906 年初。

1905 年的抵制美货运动，虽然没有取得实质的结果，美国依然坚持其《排华法案》，但中国政府也未再与美国签订新约。直到 1943 年，美国通过《马格努森法案》，才推翻了《排华法案》。2012 年 6 月 18 日，美国国会众议院通过第 683 号决议案，为当年国会制定的《排华法案》道歉。[25]

2. 滩簧《上海闹公堂》

《上海闹公堂》1 面，林步青演唱，哥伦比亚留声机公司录制，模版号 60148-1-2，目录号 60148，约录于 1907 年 1 月，录音师查尔斯·卡森。[26]

图 4-15：滩簧《上海闹公堂》，林步青演唱，哥伦比亚留声机公司再版，1920～1923 年

《上海闹公堂》演述 1905 年发生在上海的大闹会审公堂案，此案亦称"大闹会审公廨案"、"黎黄氏案"。

公堂即上海公共租界会审公廨（The Mixed Court of International Settlement of Shanghai），是经清政府总理衙门和外国使团批准，根据上海道与英、美驻上海领事签订的《洋泾浜设官会审章程》，在上海公共租界内设立的一个特殊的中国司法机构，管辖租界内以华人及无约国侨民为被告的民事、刑事案件。会审公廨设会审官（谳员），由上海道任命。凡纯粹华人案件，由会审官审理；涉及洋人的案件，由领事或领事指派的陪审官共同审理。但在实际运作中，洋人往往强势越权干涉案件的审理。

1905 年 12 月，已故四川府经历黎廷钰的妻子黎黄氏，携女孩 15 名，乘太古轮船公司客轮鄱阳号，自重庆送其丈夫灵柩回原籍广东。途中，鄱阳号水手因嫌黎黄氏所付小费过少，遂托人于镇江打电报向上海工部局巡捕房报案，声称黎黄氏拐骗人口。巡捕房于 16 日在上海金利源码头将黎黄氏一行逮捕，送往公审会廨审讯。

图 4-16：关絅之（正中坐者）在上海会审公廨

18 日，会审公廨开庭审理，当时关絅之为会审官、金绍城为副会审官，英国驻上海副领事德为门（Bertie Dwyman）为陪审官。关絅之以证据不足，需进一步调查为由，判将被告解押公廨女押所候审。德为门则坚持被告须带回工部局警务处监狱（西牢）收押。关絅之认为，《洋泾浜设官会审章程》中没有女犯押入西牢的规定，并且没有上海道台的批准，予以拒绝。德为门强硬声称："吾惟遵领事之嘱，令捕房带回人犯而已，不知有上海道也。"关絧之亦针锋相对："贵翻译既不知有上海道，本委亦不知有贵领事。"德为门命令巡捕抢夺被告，遂发生冲突，两名公廨差役受伤，被告也被巡捕带回西牢，15 名女孩被送往济良所。当天，关絧之、金绍城愤而向上海道提出辞职，以示抗议。

此时正是抵制美货运动的末期，中外关系十分敏感。次日，《时报》《申报》等上海各大报纸都详细报导了这一案件。上海绅商在商务总会举行集会，曾铸等发表演说，谴责德为门的行为，并由商界名人徐润、虞洽卿等联名向外务部、商部及两江总督、江苏巡抚发电请求干预。上海的广东同乡组织广肇公所也召集会议，致电外务部及商部。10 日，商会总会代表拜见上海道台袁树勋，袁表示："此事由本道一人任之，如有一分之力，即当尽一分之心，去留利害，在所不计。"遂至英国领事馆提出抗议，要求撤换德为门，并将涉事巡捕革职。其要求遭到英方拒绝。在此期间，10 日至 12 日，上海民间组织如公忠演说会、商学补习会、商学会、四明同乡会、文明拒约社、沪学会等，举行了多次集会抗议。

驻京外国公使团在接到外务部的抗议交涉后，致电驻沪领事团，要求将黎黄氏交会审公廨释放。但工部局却将她送往广肇公所释放，故意绕开公审公廨，以视轻侮。

此举引发上海市民的愤怒。18 日，租界华人开始罢市、罢工，聚集于南京路老闸捕房和工部局市政厅前示威。愤怒的群众纵火焚烧老闸捕房，并试图冲击市政厅。巡捕开枪镇压，致使平民 18 人遇难，数十人受伤。

流血事件发生后，英国驻沪海军陆战队奉命从外滩登陆，驻扎各领事署、巡捕房及外国银行等要地，万国商团的骑兵队、炮兵队、步兵队也开始荷枪实弹在上海主要街道巡逻。

为避免事态扩大，袁树勋劝谕上海市民恢复秩序，下令开市复业，严惩暴动。次日，工部局总董安徒生（F. Anderson）前往上海道台拜见袁树勋，谈判处理办法，达成口头协议：由工部局巡捕房派队，随同会审公堂谳员搜捕煽动闹事者；以后会审公廨女犯由会廨监狱收押；处置德为门事，不在工部局权限之内，由中英政府外交解决；肇事巡捕，将由工部局成立专门调查委员会调查处理。随后，中方应允恢复会审公廨审案。

12 月 23 日，会审公廨恢复审案，英方仍然指派德为门为陪审官，遭到关絧之当庭拒绝，英国领事署不得已将德为门撤换。

在此之前，英国方面向清政府提出索赔八万两白银，以赔偿事件中老闸巡捕房和英国商户的损失，被中方拒绝；僵持至第二年底，最终商定妥协方案，以袁树勋个人的名义，向英方赔偿白银五万两了结。

这一事件，被视为在西方列强强权政治的背景下，华人不屈的抗争。[27]

3. 滩簧《立宪赋》、《预备立宪》

《立宪赋》、《预备立宪》各 1 面，林步青演唱，哥伦比亚留声机公司录制，模版号 60151-1-2、60152-1-2，目录号 60151、60152。录音时间及录音师同前。

图 4-17：滩簧《立宪赋》，林步青演唱，哥伦比亚留声机公司再版，1909～1911，老晋隆洋行代理

图 4-18：滩簧《预备立宪》，林步青演唱，哥伦比亚留声机公司再版，1909～1911，老晋隆洋行代理

1900 年代前期，中国近代史上发生了一系列重要事件，庚子事变、日俄战争、革命党人的多次起义等。迫于国内外局势压力，满清政府为维护其皇权，不得不

重新进行政治审视。1905 年，派出载泽等五大臣出国考察政治。五大臣归国后，1906 年 8 月 26 日上奏《奏请以五年为期改行立宪政体折》，提出君主立宪政体；9 月 1 日，慈禧太后下诏《宣示预备立宪谕》，宣布预备立宪。但所谓立宪，只是"大权统于朝廷，庶政公诸舆论"。而且，《宣示预备立宪谕》还以"目前规制未备，民智未开"为由，确定只进行行政、法律、教育、财政、军事上的改进："先将官制分别议定，次第更张，并将各项法律详慎厘订，而又广兴教育，清理财政，整顿武备，普设巡警。"至于立宪，"俟数年后，规模粗具，查看情形，参用各国成法，妥议立宪实行期限，再行宣布天下"。

　　尽管慈禧太后在立宪问题上具有明显的不情愿和拖延的意图，但在社会上立宪派的积极推动下，预备立宪很快成为全国各地的重要政治活动，而上海则领风气之先。1906 年 12 月 16 日，由江苏、浙江、福建的立宪派发起，以"奉戴上谕立宪之旨趣，开发地方绅民之政治知识"为目的的预备立宪公会在上海成立，开始各种政治宣传。[28]

　　《立宪赋》和《预备立宪》，正是这一背景下产生的时事新赋。

　　4. 滩簧《天足会》

　　《天足会》1 面，林步青演唱，哥伦比亚留声机公司录制，为时与《上海闹公堂》约略相同，模版号 60153-1-2，目录号 60153。

图 4-19：滩簧《天足会》，林步青演唱，哥伦比亚留声机公司再版，1920～1923

天足会是清末天足运动中的一个民间组织。

自宋代以来，妇女缠足就成为汉民族的一个陋习，给妇女带来了一生的痛苦。

所以，自清末始，反对缠足，提倡妇女放足，就是革命派和维新派改良社会、移风移俗的共识。康有为、梁启超都曾发表过反对缠足的言论，发起过不缠足组织。戊戌变法期间，康有为还专门上奏过《请禁妇女缠足折》。革命派的金一、秋瑾等，都是鼓吹放足的先行者。西方的教会组织也曾积极发起过规模不同的天足活动。在此背景下，慈禧太后1901年也颁布了劝禁缠足的懿旨，各省也开始厉行劝诫。在社会各界推动下，放足成为一次持久的改良运动。上海的天足会在此过程中起到了重要的积极作用，并产生了非常广泛的社会影响。

上海的天足会是1895年4月由10位外籍女士创建的，会长是知名的立德夫人（Archibald Little）。天足会成立后做了大量工作，组织各种集会，进行演讲宣传，在报刊上发表文章，并出版《天足会报》，编写多种通俗读物、印刷宣传品，在舆论上大张旗鼓地抨击缠足对妇女的戕害，号召放足；同时在中国主要城市创办分会，为放足妇女提供各种帮助。据天足会1903年度的报告，天足会编印的通俗宣传册已有《莫包脚歌》、《缠脚两说演义》等20余种。立德夫人为此先后到过福州、厦门、汕头、杭州、苏州、武汉、重庆、成都、昆明等许多城市，开展宣传活动。她在1901年出版的《穿蓝色长袍的国度》（*The Land of the Blue Gown*）一书中，专门用了两章的篇幅，记述她的反对缠足之行。

图4-20：立德夫人与她的丈夫，上海耀光照相馆（Sze-Yung-Ming & Co.）摄，1894年11月

1906 年 11 月，立德夫人将返回英国，天足会交由华人接办，由沈敦和任会长，周万鹏任副会长，会董包括萨镇冰、关絅之等官方、商界知名人士。此后，其经费也开始由华人捐助。[29]

5. 林慰青的滩簧《打制造局》

林步青的时事新赋流行之后，其后辈继承这一传统，编演了许多改良滩簧作品，如其弟子范少山的《国民赋》，外甥郑少庚的《教育歌》等，并且都录制过唱片。其中与辛亥革命关系密切者，是林慰青的《打制造局》。

《打制造局》1 面，林慰青演唱，美国胜利留声机公司 1915 年录制，录音师未详，模版号、目录号俱为 42837-A，见于胜利公司 1916 年目录著。[30] 片芯标"滩簧"、"江苏"。

图 4-21：滩簧《打制造局》，林慰青演唱，胜利留声机公司再版，1919～1923

林慰青生平不详，仅知胜利留声机公司还为他录制过苏滩《劝戒鸦片烟》（42837-B，即《打制造局》背面）1 面、"江苏滑稽"《大放焰口》（43038-B）1 面，俱存世。根据其姓名及其上海苏滩艺人的身份，推测他与林步青有亲属或师徒关系。"放焰口"为佛教仪式，《大放焰口》唱片上，演唱者标"和尚林慰青"，或林慰青后曾出家为僧。

制造局，即江南制造局，全称江南机器制造总局，创建于 1865 年，为洋务运动时期清政府设立的全国规模最大的兵工厂，曾得到历任两江总督的扶持和重视，晚清重臣李鸿章、曾国藩、左宗棠、张之洞等俱曾担任过该局督办。

攻打制造局是上海光复起义中的主要事件。1911 年武昌起义爆发后，同盟会中部总会负责人陈其美、江南制造局提调李平书、上海商团公会会长沈缦云和上海商团临时总司令李英石等策划了夺取江南制造局的武装行动，借以支援武昌革命军。11 月 3 日，起义者以上海自治公所武装商团的名义，组织了多达 5000 人的武装力量，向江南制造局进军。为避免伤亡，陈其美徒手步入制造局，冀望说服总办张士珩缴械，和平交出制造局，但遭到扣押。4 日凌晨，商团和敢死队向制造局发起进攻，黎明前占领了制造局。6 日，沪军都督府成立，陈其美被推选为沪军都督，上海宣告光复。[31]

图 4-22：江南机器制造总局

攻打江南制造局一役，为结束帝制，建立民国，发挥了重要作用。受其影响，不久，江南多地相继宣布独立。孙中山评价说：

> 武昌既稍能久支，则所欲救武汉而促革命之成功者，不在武汉之一着，而在各省之响应也。吾党之士皆能见及此，故不约而同，各自为战，不数月而十五省皆光复矣。时响应之最有力而影响于全国最大者，厥为上海。[32]

此外，1915 年 12 月，革命党人在上海举行的"肇和舰起义"，亦有炮击江南制造局事，[33] 但为时已在唱片录制之后。

四、厦门南音二种

1. 厦门南音《革命歌》

《革命歌》2张4面，李嘉瑞、陈文通演唱，英国留声机公司录音师马克斯·汉普录音，约录于1912年初。[34] 模版号 H10588R～H10591R，英国留声机公司初版目录号 G.C.-12-12154～G.C.-12-12157，再版目录号 P.3112～P.3113；胜利留声机公司目录号 42638-A-1～42639-B-4，见于胜利公司1913年目录《役挫公司中国曲调》著录。

图 4-23：厦门南音《革命歌》，英国留声机公司初版，1912

图 4-24：厦门南音《革命歌》，英国留声机公司再版

图 4-25：厦门南音《革命歌》，胜利留声机公司再版，1924～1926

四面唱片片芯标唱腔俱为倍思调。第一面起首有报幕词，经厦门唱片收藏家郭明木先生听审如下：

> 列位同胞要听，这时是中华民国成立，是辛亥年八月一十九日起义，这句话要常常谨记。我走来这里说几句，给我们乡亲永记住，敢要（要不要）请他唱革命歌给你们听。

李嘉瑞（1887~1940），后改名李维修，号梅林，福建海澄人，生于厦门，毕业于鼓浪屿澄碧书院。1904年至新加坡谋生，1911年参加广州起义，担任广九军运处干员。起义失败后返回厦门，参与厦门光复起义。1911年8月至10月，担任厦门军政府讲演队主任，11月至12月担任北伐队宣传部部员。1913年任闽南通讯员阅报社主任。1919年当选厦门公民大会主席。此后曾在国民党福建临时省党部、厦门市党部担任过职务。1921年，参与创办厦门通俗教育社，宣传新文化。生平著作有《寸寸集》、《悲秋剧话集》等4种。

图 4-26：李嘉瑞像，原载《寸寸集》卷首，1935

李嘉瑞自幼爱好戏曲，在学校期间即曾参加演出。通俗教育社时期，他编写了许多新剧剧本，并亲自参加演出。[35]

陈文通系厦门南音艺人，生平未详。英国留声机公司这批录音中还有他演唱的厦门南音《共君走到》、《身做手车》、《山伯回家》、《五娘赏花》、《送寒衣》、《十二步》、《促命新来》、《一位姿娘》等多种。

2. 厦门南音《早剪辫迟易服》

《早剪辫迟易服》2 张 4 面，陈文锦演唱，英国留声机公司录音师马克斯·汉普录音，约录于 1912 年初。模版号 H10592R ~ H10595R，英国留声机公司初版目录号 G.C.-12-12158 ~ G.C.-12-12161，未见有再版；胜利留声机公司目录号 42640-A-1 ~ 42641-B-4，亦见《役挫公司中国曲调》著录。唱腔前二面标四空调，后二面为倍思调。

图 4-27：厦门南音《早剪辫迟易服》，英国留声机公司初版，1912

图 4-28：厦门南音《早剪辫迟易服》，胜利留声机公司出版，1912～1913

陈文锦，厦门南音艺人，生平未详。英国留声机公司这批唱片中，还有他演唱的《望远》、《不良心意》、《思想情人》、《看我君》、《听门楼》、《轻轻行》、《鼓返三更》、《春今卜返》、《启公婆》、《雪梅教子》等南音作品多种。

《早剪辫迟易服》亦是辛亥革命的宣传作品。

"剪辫易服"，是指清末兴起的改易发式和服式运动。清兵入关后，厉行满人男性发辫习俗，强令汉人剃发蓄辫；同时参照明代规制，加入满洲样式，确立了一套从官到民的服饰制度，用以在礼俗上加强满清政府的统治。

晚清时代，革命党人将辫、服视为满清的标志而剪辫、易西服。早在 1879 年，孙中山就认为蓄辫是满人强加于汉人的习俗，是汉人的耻辱。1895 年"乙未广州之役"失败后，孙中山逃往日本，为表示与满清的决绝，率先剪辫易服，作出了表率。此后，革命党人一直从排满的意义上鼓吹并实践剪辫易服，邹容的《革命军》言辞尤为激烈。

另一方面，立宪派的康有为也在 1898 年上《请断发易服改元折》，吁请光绪皇帝断发易服。奏折得到光绪帝的赞成并准备实施。但此事遭到慈禧太后的断然否定，并成为戊戌政变的导火索。此后，1900 年代，改良派也在不断呼吁断发易服的改良。出于军事需要，清政府在 1905 年改易了新军的制服，制订了仿德式服制，同时，在预备立宪时期前后，清廷内部也开始争论剪发易服。载沣摄政后，将军服、警服和学堂制服改易西式。虽然清政府担忧改变祖制而依然禁止剪发，但 1910 年前后，民间剪发易服在京津及东南沿海城市已形成不同程度的风潮。

图 4-29：孙中山剪辫易服照，横滨，1896

但是，随着易服日益增多，洋布使用量大增，传统丝绸业和典当业，以及相关联的蚕农、缫丝工人都受到冲击。同时，进口的增加也会导致贸易逆差。于是，舆论开始将易服与维护国货联系起来，提出剪发而不易服的呼吁并得到广泛响应，上海、广东、天津、香港、北京等地，相继成立了以剪发不易服为宗旨的民间社团组织。[36]

辛亥革命爆发后，发式和服制也被作为与国体外在形式相关的重要问题提上议事日程。1911 年 11 月，军政府总稽查处以"当今急务"呈请通电各省，一律剪发不易服。25 日，内务部核议认为："剪发关系种族兴替，复影响于卫生者不少，既于商民无碍，而限期在本年之内，尤非操切可比。揆诸情理，应既准行。至民间服装，暂时听其自便，与前次钧示晓谕体恤民情大相吻合，可无置议。"[37]于是，1912 年 1 月 1 日，军政府内务部颁布了《关于一律剪发暂不易服的告示》：

为出示晓谕事：照得发辫长垂，原为满清旧俗，既于卫生有碍，又于国体攸关，种种弊害，尽人皆知。近数年来，士大夫多欲剪去，恒苦满清压制，束缚自由，致不果行。今民国成立，大总统业已举定。凡我国民理应亟行剪发，免贻豚尾之羞。日前义师初起，大都督既有剪发命令，凡军民人等遵令剪去者固多，意存观望者亦所在多有。兹复奉饬核议各部稽查呈请全国剪发不易服各节，已由本部议准呈复奉批"如呈办理"在案，合亟出示晓谕。为此，示仰各属军民人等，限文到十日，一律剪尽，以除虏习。如阴历年内仍有观望不剪者，本部准以违制论。至国民服制，除满清官服应行禁止穿戴外，一切便服悉暂照旧，以节经费而便商民。其各懔遵勿违。特示。[38]

南音《早剪辫迟易服》，应是《布告》发布之后，响应号召而创作的作品。

五、粤曲五种

1.《什调二辰丸》

《什调二辰丸》1 张 2 面，未题演唱者姓名，法弗利特唱片公司录制，录音师马克斯·比尔克汉恩，1910 年 4 月 23 日录音，模版号 9026-o、9027-o，目录号 1-215045-1-、1-215045-2-。

图 4-30：粤曲《什调二辰丸》，无名氏演唱，法弗利特唱片公司出版，1910

二辰丸（Tatsu Maru No. 2）是一艘日本商船，因贩运军火，1908 年 2 月 6 日（光绪三十四年正月初五）在九洲洋被广东水师查扣，计来复枪 1500 支，子弹 40000 发（各档案记载数字不同），由此引发中日之间的外交危机，史称"二辰丸案"。

澳门当局照会外务部，称二辰丸停泊澳门海界，清政府无权管辖。日本政府认定军火有出口许可及澳门进口许可，并非走私，向清政府施压。3 月 13 日，日本公使林权助向外务部提出 5 项要求：释放二辰丸，释放时中国兵舰鸣炮示歉，扣留的军火由中国政府购买，严惩扣压二辰丸的中国官员，赔偿二辰丸所有损失。两广总督张人俊坚持日船停泊处为中国海域，并以现场测量经纬坐标及涉事日船船主认罪记录为证；但清政府屈辱退让，答应了日方的全部要求。

于是舆论哗然，民情悲愤。在粤商自治会的发起下，广州和香港爆发了近代史上第一次大规模的抵制日货运动，并迅速波及上海等中国沿海城市及南洋各地。后经日本向清政府施压，这一运动历时近 10 个月最终平息。世界各地报刊给予了大量报道评论。

图 4-31：波吕斐摩斯号（Polyphemus），1890 年建于苏格兰，1904 年出售给日本辰马商会，更名二辰丸

这次抵制日货运动被认为是中国近代史上一次民间反帝爱国运动，但背后的内幕比较复杂。二辰丸运送的军火，据两广总督张人俊的调查，是革命党人走私。粤商自治会抵制日货的动因之一，即是"政府纵令外人私运军火，资助乱党"。时任香港《德臣西报》出版人的端纳（William Henry Donald）甚至说，是孙中山潜入澳门，操作了这次交易。但时在香港主持军务的革命党人冯自由则矢口否认是革命党的行动，并说当时曾有劫取二辰丸的动议，但因"此项军械所配弹药太少，不足供作战之用"等原因而放弃。在舆论上，保皇党人支持抵制运动，而革命党人则明确表示反对。[39]

《什调二辰丸》所歌咏的，即是这一历史事件。类似题材的粤曲，所知有南音《国民叹五更》一种，刊于1908年第6期香港出版的《中外小说林》（同盟会员黄世仲兄弟创办），题注"伤辰丸案也"，表达了对清政府在二辰丸案处置中屈辱退让的失望，并号召团结以争取民权。

唱片录音，经钟哲平女士延请粤曲老艺人共同审听，辨识出大部分唱词，录如次：

　　头段

　　提起日本鬼，真正个愤填胸。累得我哋华人得咁贫穷。乜你四千万穷种，一扬支旗咁呈威风。打横曲直不及我哋广东来去动，多使你海绝兼夹山穷。你唔好认我中国穷种。佢生个日本女，将来把嗰哋人客去碰，做老举，三年长，嗰个老窦做龟公。吩咐嗰哋日货□□□同佢带埋来□□□，抵佢发财建国得咁浑雄。都话我哋中华不运委实阿个心摸下痛。十场交接英美日，百场空。李鸿章，错把兵机佢来去用。失咗嗰个就台湾省，仲要我来进贡。几百条嘅钱虫，我低头扒去就将佢来进贡。地皮咁厚铲到薄，仆入去挖穿窿。修平驳直要我嗰哋华人来去整，我同胞来去弄，你睇嗰哋耕田种禾以及耕种，赌过番摊大小埋翻，以及打工。揾埋个哋银，将来去进贡。畀佢嗰哋日本鬼，来去用。辛苦咁劳碌，你话阴功唔阴功。唱出嗰哋板眼当时心血涌，长歌灌醒下众愚蒙。从今以后，□□□。振兴□□就要开工。唔好睇得嗰哋洋人得咁重。想落混过一条虫。

　　二段

　　你睇嗰哋外洋鬼，嚟到我广东，做乜我哋唐人好招呼迎接啊？将佢好来奉。尚有我哋华人共佢嗰哋的外洋股东东，仲要影相□□□□□，□□□，你话佢公道嘅唔公。好似个热火棒，烧得火咁红。调转揸，□□见肉痛。曾记得嗰年正月初畀佢来作弄。嗰只二辰丸，的确系狼凶。你估佢□□□，□□

□□□，□□□□□□□□，车得就重沓穷，水我哋中华领海九幽河，来运动。你话佢做乜嘢东东。实系□□□□□□□，里应外合来输通，作反□□我来作弄。借意咁就去把□□，□□□，□□□□□□□□，□□咽的花旗鬼，……

2. 打琴小调《十八省》、《革命成功》

《十八省》1 张 2 面，女伶顺意演唱，模版号 H10096R、H10097R，目录号 G.C.-9-13628、G.C.-9-13629。

《革命成功》1 张 2 面，女伶碧玉演唱，模版号 H10098R、H10099R，目录号 G.C.-9-13630、G.C.-9-13631，再版目录号 P.3029。

两片俱为英国留声机公司录制，录音师马克斯·汉普，约录于 1911 年 10 月至 12 月之间。[40] 片芯标有"广东省城"字样。

图 4-32：打琴小调《十八省》，女伶顺意演唱，英国留声机公司初版，1912

图 4-33：打琴小调《革命成功》，女伶碧玉演唱，英国留声机公司初版，1912

图 4-34：打琴小调《革命成功》，女伶碧玉演唱，英国留声机公司再版，约 1915

两片的演唱者顺意、碧玉，生平俱不详。[41]

十八省，是辛亥革命初期，革命党人对"中华"国土及政权地理范围的认识，有明显的历史局限性。

革命党人早期的口号"驱逐鞑虏，恢复中华"中，中华即指汉民族主要聚居的 18 个省份：江苏、浙江、安徽、江西、湖北、湖南、四川、福建、广东、广西、云南、贵州、直隶、河南、山东、山西、陕西、甘肃，不包括蒙、藏、回、满主要聚居的新疆、西藏及东三省等地区。孙中山及其他许多革命党人的早期论述中，都可以见到"十八省"的概念。

武昌起义时，军政府即以象征十八省铁血团结的"十八星旗"为旗帜。最初发布的一系列公告，都使用了"十八省"的概念。如 10 月 12 日发布的《中华民国军政府布告全国文》，以"我十八行省父老兄弟其共勉之"作结；同日《黎都督布告海内人士电》称："元洪今日之举，是合十八行省诸英雄倡此义举。"[42]

但这一概念很快得到纠正。1912 年 1 月 1 日，孙中山《临时大总统就职宣言书》中，已开始提出五族共和的概念，并特别强调："国家之本，在于人民。合汉、满、蒙、回、藏诸地为一国，即合汉、满、蒙、回、藏诸族为一人。是曰民族之统一。武汉首义，十数行省先后独立。所谓独立，对于清廷为脱离，对于各省为联合，蒙古、西藏意亦同此。行动既一，决无歧趋，机枢成于中央，斯经纬周于四至。是曰领土之统一。"[43]

打琴小调《十八省》，是在这个短暂的特殊历史时期留下的痕迹。

《革命成功》，则应是庆祝武昌起义胜利的作品。

图 4-35：武昌起义后，官兵在军政府十八星旗前留影，1911

3. 龙舟歌《革命党焚都署》

龙舟歌《革命党焚都署》2 张 4 面，龙舟朝演唱，胜利留声机公司录制，约 1915 年录音。模版号、目录号 42788-A-1 ~ 42789-B-4。英国留声机公司可能有再版，但未见流传。[44]

演唱者龙舟朝，生平不详，龙舟歌艺人。龙舟艺人以"龙舟某"为艺名，是当时的惯例。

图 4-36：龙舟歌《革命党焚都署》，龙舟朝演唱，胜利留声机公司再版，1923～1924

"革命党焚都署"是"三·二九"广州起义（黄花岗起义）的主要事件。

同盟会在日本成立之后，发动了一系列推翻满清的武装起义，但相继失败。1910 年末，孙中山与黄兴等决定再次在广州起义，选拔最优秀的骨干，倾全党之力，与清廷决一死战。不久，党员陆续从海内外云集香港，在香港成立了起义统筹部，黄兴为部长，定于次年农历三月在广州起义。由于起义筹备未能周密，加之泄密事件发生，起义时间一再推迟。1911 年 4 月 23 日，黄兴率先由香港进入广州，成立起义指挥部。27 日（农历三月二十九日）下午，黄兴率百余人直扑两广总督衙门，击败警察和总督卫队，进入督府大堂。总督张鸣岐提前得密报逃匿。黄兴等搜寻未果，纵火焚烧了府衙，出衙门后遭遇李准亲兵大队，双方激战。革命党人损失惨重，最终大都在巷斗混战中牺牲。后同盟会会员潘达微冒险奔走收殓遇难者遗体，集葬于黄花岗者 72 人，是为黄花岗七十二烈士墓。

孙中山对此次起义的失败痛心疾首，同时给予起义极高的评价：

> 满清末造，革命党人历艰难险巇，以坚毅不挠之精神，与民贼相搏，踬踣者屡。死事之惨，以辛亥三月二十九日，围攻两广督署之役为最。吾党菁华，付之一炬。其损失可谓大矣！然是役也，碧血横飞，浩气四塞，草木为之含悲，风云因而变色。全国久蛰之人心，乃大兴奋。怨愤所积，如怒涛排壑，不可遏抑，不半载而武昌之大革命以成。则斯役之价值，直可惊天地、泣鬼神，与武昌革命之役并寿。[45]

广州起义失败之后，革命党人黄鲁逸主办的志士班优天影班的主要演员郑君可、姜云侠等前往上海演出。武昌起义后，广东相继宣布独立。很快，优天影班在上海编演了《火焚都署》一剧，内容一直写到 10 月 25 日新任广州将军凤山被炸、11 月 9 日的广东独立。[46] 随后，职业艺人梁三垣（蛇王苏）、公爷创等发起的戏班模范班，也在广州演出此剧，受到人们的广泛欢迎。优天影班老艺人林叔香回忆模范班说：

> 该班在辛亥革命后二年，夏季演出《三月廿九围攻督署》一剧，内容以三月廿九日黄花岗起义为题材。从革命党人温生才刺杀将军孚琦开场，演出三月廿九日起义的始末，由策划、发难、撤退至黄兴负伤等主要情节；结尾以辛亥革命成功，赶走总督张鸣岐，广东宣布独立，黄花岗七十二烈士墓碑揭幕煞科。[47]

这一剧目直到 1920 年代还在舞台上演出（参见图 2-27），但其剧本今未见存世，故龙舟歌《革命党焚都署》是否由粤剧改编，或是否即此剧中穿插演出的一部分，已难考知。

4. 班本《提倡革命记》

《提倡革命记》2 张 4 面，新子喉七演唱，德意志留声机公司 1928 年录制，以兴登堡商标出版，模版号 3395 at ～ 3398 at，片芯外压有 "1928" 字样，目录号 V1906 ～ V1909。见于《宝利锋第三期唱片目录》著录。片芯第一面标 "首板慢板士工反线中板"，第二、三面标 "梆子反线"，第四面标 "梆子反线滚花"。

图 4-37：班本《提倡革命记》，新子喉七演唱，德意志留声机公司出品，1928

《提倡革命记》曲词今存，并非叙事作品，又使用梆簧腔，故今断为班本。

此曲作者不详，从曲词推断，应是辛亥革命之后不久，革命党人为筹措军饷而编写的宣传性作品。曲文述及孙中山组织革命二十余年，黎元洪、黄兴武昌起义等，当创作于辛亥革命之后。曲文排满意识很重，称 "北京内地好多汉奸满奴"，不是北伐时期的语境，故应作于民国成立后不久。

演唱者新子喉七，生平未详。当时出版粤语唱片的公司，出于多种原因，往往将一些艺人冠以 "新某某" 的艺名，如哥伦比亚公司因签约的知名艺人张月儿在胜利公司录制了唱片，便与之终止合同，另以黄佩英唱段冠以 "新月儿" 之名出版；哥伦比亚还曾以冼干持的唱段，冠以 "新白驹荣" 的名义，借名艺人白驹荣的影响力谋求唱片发行量。"新子喉七" 似亦属此类。[48] 子喉七为粤剧艺人刘海东（1891 ～ 1965）的艺名，以演女丑、丑生知名，录制过不少唱片。[49] 署新子喉七的唱片，还有德意志留声机公司的《夺夫纲》、《和尚求婚》等。

德意志留声机公司的粤语唱片，出版时附有唱词，但此片原唱词未见。民国间永乐唱片公司印刷的《兴登堡唱片对照曲本》收有曲词，但较为粗糙，多有讹误，经钟哲平女士听审录音，校录唱词如下：

头段

（首板）众同胞必须要，尽心来把国救。待鄙人来演说，把嗰啲汉奸满奴剖白情由。四万万众同胞，彼人专制二百六十多年，垂涎到口。

二段

这苦境不堪言，越思越想，真果血泪两流。多感了这个孙文，组织革命二十多年之久。辛喜得嗰个黎元洪与共黄兴，大起义师吊民伐罪，好比拨开云雾，方见日头。（士工乙凡中板）众同胞莫恃争权，动起野蛮之手，必须要谨守文明，方是高算一筹。倘若是来暴动，与共西人相斗，又恐怕犯了众怒，瓜分我中国，那时贱过马牛。

三段

团匪乱联军入寇，问一声同胞知否？则车可鉴，事非轻浮。况且北京内地，好的汉奸满奴走狗。北京未破，汉奸未诛，总系日夜担愁。料到北京，非同轻小，这场战斗。那军费，必须要早日运筹。常言道三军未动，粮草先行，真个是此言非谬。我哋汉人须知道，国破家亡，必须要未雨绸缪。凡我哋汉人，尽心来报效把国救。无拘多少，莫学守财奴，不拔一毛。又恐怕军饷不敷，彼人战胜，任你是黄金万两，终须落在他人之手。

四段

我不才把言词直陈奉告。（滚花）众同胞，维持大局，集腋成裘。到此时兵精粮足，杀得满奴弃甲曳兵而走，又何难把汉奸，一个个杀得寸草不留。但只愿早日功成，就把太平歌奏，我哋汉人福享自由。同胞猛醒齐倡，向革命路走。众志成城，话不虚浮。有志事竟成，齐心奋斗，铁血来挥，破釜沉舟。我哋黄种之人系圣裔后，有日出人投地，雄霸环球。

六、粤剧六种附一种

今所存辛亥革命相关的粤剧唱片，大都与"优天影"剧社有某种关联。

优天影初名优天社，1906年由省港报界革命党人黄鲁逸、李尚武等人创办于澳门，未几因经费不支解散。次年重建于广州，更名优天影社，仍由黄鲁逸主持，演员有著名花旦郑君可、丑生姜云侠，以及陈铁军、梁侠侬等。优天影是纯正的志士班，编演了一大批抨击旧世界、鼓吹革命的改良新剧，在开启民智、宣传革命思想方面，起到了非常积极的作用，也受到各界广泛欢迎。冯自由评之为"新学志士献身舞台之嚆矢"。但至晚期，形势出现变化，不少主要演员转入旧式粤剧班演出。[50]

1911 年 8 月，他们曾赴上海演出，虽未用优天影的班名，但戏班的主要演员都参加了演出。《申报》专栏作家光磊室主追忆称：

> 所演各剧，均异流俗，却又富于爱国思想，满腔热血，痛诋时弊，鼓吹革命，不遗余力……[51]

优天影的主持人、剧作家黄鲁逸（1869～1926），字复生，广东佛山人。青年时期即与郑士良、陈少白等追随孙中山从事革命活动，曾任兴中会机关报《中国日报》主笔、《中国旬报》主编。后又担任过《世界公益报》、《广东报》、《华侨报》的编辑、记者。黄鲁逸长于粤曲，撰写过许多鼓吹革命的作品。他还致力以粤剧宣传革命，是优天影的创始人之一，并辞去报馆职务，主持优天影的工作。其粤曲作品，身后结集有《鲁逸遗著》印行。[52]

图 4-38：优天影班的唱本《改良优天影时事碎锦最新出一声雷》，约 1911

1.《梁天来告御状》

《梁天来告御状》2 张 4 面，金山炳、新靓卓、公脚孝、英雄贵演唱，法弗利特唱片公司录制，录音师马克斯·比尔克汉恩，1910 年 4 月 17 日录音，模版号 8766-o ～ 8769-o，目录号 1-215009-1- ～ 1-215009-4-。

图 4-39：粤剧《梁天来告御状》，金山炳
等演唱，法弗利特唱片公司出版，1910

　　金山炳、新靓卓、公脚孝，俱为当时知名粤剧艺人，见于麦啸霞《广东戏剧史略》记载。英雄贵未详。

　　金山炳早年曾在旧金山演出，30 余岁回国，以嗜烟坏嗓，改用平喉，遂开创了粤剧平喉唱法的先河。麦啸霞称之为现代平喉的先声，并列入名优榜。[53] 今人评价他为粤剧演唱改革的先驱。金山炳录制过许多唱片，如哥伦比亚的《河调》、《四季莲花》、《瓦鬼还魂》等，胜利公司的《玉箫琴》、《辕门罪子》、《唐明皇长恨》等，法弗利特公司的《晋公主游国》等。

图 4-40：金山炳肖像，源自《中国戏曲志·广东
卷》，中国 ISBN 中心出版，1993

新靓卓是粤剧泰斗邝新华的弟子，以演花旦知名，首本戏有《卖胭脂》等，唱片有哥伦比亚的《月娇诉情》、《杏元分别》、《张真人释妖》、《锦上添花》，胜利公司的《王允献貂婵》，法弗利特公司的《三合明珠宝剑》、《唐三藏出世》，高亭的《梅开二度》等。公脚孝首本戏有《辨才识妖》、《琵琶行》等，唱片有哥伦比亚的《金丝蚨蝶》、《范蠡进西施》、《祭岳王坟》，胜利公司的《辨才收妖》、《黉夜归宁》、《苏武别猩猩》、《醉斩郑恩》、《阴魂雪恨》等。英雄贵的唱片还有法弗利特公司的《花果山大战》。

梁天来的故事发生在清朝雍正年间。广东番禺县财主凌贵兴，仗势欺压小业主梁天来，结盗纵火，烧死梁家八口。梁天来向县、府、臬司、抚院告状，俱因凌贵兴行贿而败诉，仗义作证的乞丐张凤也被活活打死，造成九命奇冤。梁天来历经艰辛，上京告御状，终使沉冤昭雪。

这一故事最早见东莞人欧苏所著《霭楼逸志》卷五《云开雪恨》。嘉庆间，番禺人钟狮托名安和先生，著为小说《警富新书》四卷四十回。晚清又有南音《八命伸冤》、《梁天来告御状》等粤曲讲唱曲艺出现。而影响最大者，为佛山作家吴研人的小说《九命奇冤》，1904年至1906年连载于梁启超主办的《新小说》第12号至第24号。1907年，革命党人陈少白创建的志士班"琳琅幻境"成立后，编剧林介仁编写过白话剧《梁天来告御状》，以伸张正义、揭发恶霸勾结贪官污吏为主旨，上演后深受欢迎。[54]

粤剧《梁天来告御状》，冯自由的回忆文章中没有提到。林叔香在记述琳琅幻境剧社的白话剧《梁天来》时，提及"后来粤剧戏班将此剧改编为粤剧演出"。而据《申报》广告，1911年9月14日至16日（农历七月二十二日至二十四日），优天影班的演员在上海鸣盛梨园演出过这部粤剧，由郑君可、姜云侠、梁侠侬、郑锦图、貔豼苏等担纲主演。可知它与志士班的革命党人有密切关系。其故事的本身，有强烈的批判现实意义。

图4-41：《梁天来告御状全传》演出广告，《申报》，1911年9月16日

此剧剧本今未见存世。据《申报》广告，粤剧《梁天来告御状》正本三卷，《结局》一卷。卷一：梁天来投花盆，马半仙看风水；卷二：火烧石室，七尸八命；卷三：孔大鹏海幢寺拜佛，梁天来双门底受辱，南雄岭得渡赖天助；结局：梁天来告准御状，孔大鹏粤东办案。

1928 年和 1935 年，梁天来告御状的故事还曾被上海友联影片公司和香港南粤影片公司拍摄成电影。

2. 《火烧大沙头·祭金娇》

《火烧大沙头·祭金娇》2 张 4 面，香港女伶桂琼演唱，哥伦比亚留声机公司 1910 年录于香港，录音师亨利·马克，助理录音师弗兰克·多利安。目录号57866-A～57866-D；模版号第一张未详，第二张 57866-C 1-2、57866-D 1-1。各面片芯所标唱腔依次为：梆子首板慢板、梆子慢板中板、梆子网花、梆子中板收板。[55]

图 4-42：粤剧《火烧大沙头·祭金娇》，桂琼演唱，哥伦比亚留声机公司初版，1910

图 4-43：粤剧《火烧大沙头·祭金娇》，桂琼演唱，哥伦比亚留声机公司再版，1920～1923

演唱者桂琼，生平未详。1904 年英国留声机公司盖茨伯格在香港的录音中，有香港艺人桂花琼演唱的传统粤剧《三娘问米》、《狡妇疴鞋》各一种，未悉与此桂琼是同一人否。

大沙头是广州的地名，今仍存在。当时在广州城外，属番禺县，是一片沙田，风景秀丽。1905 年，珠江艇妓迁至这一带谋生，大沙头便成为风月游冶场所。

"火烧大沙头"是一个真实的历史事件，即宣统元年正月初九日（1909 年 1 月 30 日）大沙头火灾。这次大火导致 60 余艘妓艇遭焚，妓女、嫖客伤亡无数。

《火烧大沙头》是革命党人优天影班最受欢迎的一部名著，创作演出于大沙头火灾发生后不久。冯自由记优天影云：

> 所排演剧本，最得人欣赏者为《火烧大沙头》一剧，剧中首引清吏杀女侠秋瑾一事为导线，颇足发人深省。[56]

林叔香说：

> 《火烧大沙头》一剧，完全打破了旧剧的巢臼。全剧内容，以秋瑾一生革命事迹作背景，写她在绍兴办学进行革命组织，及响应徐锡麟安庆发难，以至失败被捕，壮烈牺牲的整个过程。最后一段，复补上会同绍兴知府贵福围捕秋瑾之新军标统李益智，因捕杀秋瑾"立功"，为清廷赏识，调来广东营务处任职，于升官发财、得意忘形之际，元宵节夜，与幕友同赴东堤大沙头花艇宴饮，尽情欢乐，不料忽遇火警，花艇被焚。以李益智葬身火坑结束全剧。此剧桥段始末，悉本当年事实。大沙头火警一场，虽与主题不大相联，但仍系以秋瑾党案余波过脉，在广州人看来，都是地道的真人真事（大沙头火灾，死伤数十人，是广州一场浩劫），故此并不觉其牵强。剧中人秋瑾由旦角郑君可扮演。郑扮相貌美，身段匀称合度，歌喉婉转，唱做俱佳。[57]

当时优天影班由名花旦郑君可饰秋瑾，名丑姜云侠饰李益智。

麦啸霞《广东戏剧史略》记此剧为黄鲁逸编。而据林叔香回忆，优天影的剧本，"以记者黄鲁逸、黄轩胄等所编撰的居多"，并列举有"与姜魂侠合编"的《火烧大沙头》。故今或认为，此剧为黄鲁逸、黄轩胄、姜魂侠合编。

此剧剧本今未见。[58] 约 1911 年刊印的唱本《改良优天影时事碎锦最新出一声雷》中有《火烧大沙头》唱词一段。

"祭金娇"故事，后来曾被改编成龙舟歌三卷，今存有五桂堂本。谭正璧《木鱼歌潮州歌叙录》提要称："叙大沙头艇妓李金娇，与沈君交好。某夜，有人在艇宴请新任观察道台，夜中失火，金娇被烧死。沈君收殓残骸为之下葬，并在墓前祭奠。"由此可略知其梗概。《一声雷》中另有《息鞭亭鬼魂相会》唱词一段，亦写此故事，则当时优天影的《火烧大沙头》剧本中，应已有“祭金娇”情节。

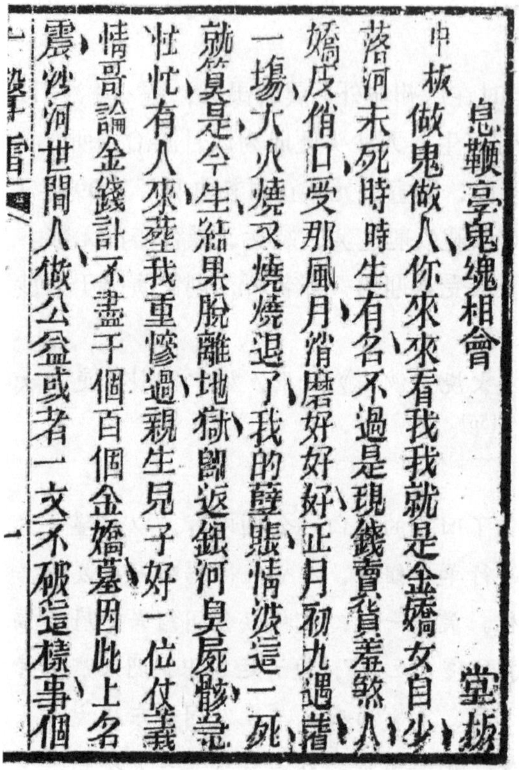
息鞭亭鬼魂相會　堂板
中板　做鬼做人、你來來看我我就是金嬌女自少、
落河未死時時生有名、不過是現錢賣貨羞煞人、
嬌皮俏口、受那風月、消磨好好好、正月初九遇着、
一場大火燒又燒燒退了、我的孽賬、情波這一死、
就算是今生、結果脫離地獄、歸返銀河臭屍骸
壯忙有人來、葬我重慘過、親生兒子好一位仗義
情哥論金錢計不盡千個百個金嬌墓、因此上名
震沙河世間人、做公益或者一文不破這樣事、個

图 4-44：《息鞭亭鬼魂相会》，《改良优天影时事碎锦最新出一声雷》，约 1911

依据唱片唱腔，可以断定是梆簧体系的粤剧，但并非粤剧艺人演唱，而是由女伶演唱。当时粤剧很少女艺人，旦角一般由男性扮演。即便女演员，亦同男艺人一样使用艺名，不会使用“女伶”标注。“女伶”是当时的特定名称，指在茶楼、烟馆、赌场等场所演唱戏曲、曲艺、小曲的歌女。女伶演唱的粤剧，多为折子出头，虽有伴奏，但一般没有角色化妆与表演。[59]

3. 《沙河祭金娇坟》

《沙河祭金娇坟》3 张 6 面，小生亚沾演唱，胜利留声机公司约 1915 年录音，模版号、目录号 43171-A1 ~ 43173-B6。见于 1923 年胜利留声机公司唱片目录著录。片芯所标唱腔，第一、二面为笛仔二簧，第三至五面为横笛反指，第六面为二流。

亚沾为清末民初著名小生，生平未详。当时《实业报》曾有评论云：“小生亚沾，实为小生中最老之角。其声价之起，尚在亚听之先，文武兼资，声技并美，诚小生界内不可多得之角也。”[60] 唱片评论家张剑豪 1927 年在《留声机与唱片

之研究》一文中，称他为"卅年前名小生"，并云："小生沾在当时小生中，以能
演武戏见重一时，《别窑》、《误卯三打》之平贵，披挂唱左撇喉，自应推其独步。"
各公司为他录制的唱片甚多，如哥伦比亚公司的《雪中送炭》、《管鲍分金》、《祭
罗成》等，胜利公司的《玉环记》、《错倒鸳鸯》、《金童推雪》等，德意志留声机
公司的《夜困曹府》、《夜送京娘》、《赵
匡胤游玩》等。

图 4-45：粤剧《沙河祭金娇坟》，亚沾演
唱，胜利留声机公司再版，约 1923～
1924

4.《虐婢报》

《虐婢报》2 张 4 面，香港女伶玉乡演唱，哥伦比亚留声机公司 1910 年录于
香港，录音师亨利·马克，助理录音师弗兰克·多利安。目录号 57868-A～57868-D。
第一张未见，第二张模版号 57868-C 1-1、57868-D 1-2，片芯所标唱腔依次为：梆
子中板、梆子中板收板。

图 4-46：粤剧《虐婢报》，玉乡演唱，哥
伦比亚留声机公司再版，约 1913～1917

　　《虐婢报》是优天影班的另一部作品，黄鲁逸编剧，林叔香称之为"揭露封建的残酷迫害"之作。邓警亚的回忆文章《清末党人利用粤剧宣传革命点滴》也称"其主旨在反清反封建"。其剧本今未见。[61] 谢彬筹的一篇文章介绍过该剧的情节：

> 　　该团（优天影）演出的《虐婢报》，也是当时在群众中颇有影响的一出改良粤剧。这个戏描写了一个凶狠残忍的女财主，以各种不可卒睹的刑罚虐待婢女。后来因为房屋失火，女财主倾家荡产，行乞街头。婢女逃出主家，嫁了一个好丈夫。后来，婢女偶然在街上遇见昔日的女主人，心生恻隐，意欲把她收养，但女财主已因贫病交迫而死于街边。这个戏虽然没有触及产生虐待婢女这种罪恶现象的社会根源，中段情节流露出阶级调和的思想，但对女财主的嘲讽和鞭挞，在当时是很得人心的。[62]

此文还引用了一段挞伐女财主的唱词，称曾长期在坊间传唱。

　　优天影班的演出之外，另一个志士班振南天社也演出过此剧。振南天社是在南洋创立的志士班，回香港演出时，被保皇党人告发，指该团在南洋鼓动革命，因而无法生存，宣布解散。不久与另一志士班"现身说法社"合并，更名振南天。1910 年 5 月，振南天应邀在上海的重庆合记戏园演出过《虐婢有报》。[63]

　　同前《火烧大沙头》一样，唱片《虐婢报》亦由香港女伶演唱。演唱者玉乡的生平亦不详。

图 4-47：立体镜照片《香港女伶》（*Singsong Girls, Hong Kong, China*），Keystone View Co. 出版，1900 年代

5. 《闺谏洋烟》

《闺谏洋烟》3 张 6 面，第一张玉乡演唱，第二、三张桂琼、玉乡演唱。哥伦比亚留声机公司 1910 年录于香港，录音师亨利·马克，助理录音师弗兰克·多利安。模版号 57870-A 1-1 ~ 57870-F 1-1，目录号 57870-A ~ 57870-F。唱腔标注，第一面为梆子中板慢板，第二、三面为梆子中板，第四、五面为梆子慢板，第六面为梆子急板收板。

图 4-48：粤剧《闺谏洋烟》，玉乡演唱，哥伦比亚留声机公司初版，1910

《闺谏洋烟》一剧未见文献记载，此唱片与《火烧大沙头》、《虐婢报》同时录制，演唱者亦相同，且当时优天影班确有劝戒鸦片的剧作，故推断此片与改良粤剧相关。

洋烟即鸦片，长期以来，毒害国人甚深，所以劝戒鸦片也成为社会改良的重要任务之一。优天影班因此与广东戒烟总会关系密切，经常应戒烟总会邀请演出。其所编演的剧作，亦不乏这一主题的作品。如 1909 年 2 月 22 日在广州乐善戏园的一次演出，报导称："是晚演《虐婢报》诸剧，情景逼真，写出洋烟害人之深，座客均为之鼓掌，各等座位挤拥异常。"[64] 冯自由《广东戏剧家与革命运动》记述优天影班的经历时，亦曾这样描述：

所排演剧本……如《黑狱红莲》、《梦后钟》等剧，均寓戒除烟赌之深意，于移风易俗，至有裨益。

徐珂《清稗类钞》的《广州戏园》条云：

更有将戏本改良，如优天影之扮演戒烟，及关于家庭教育各戏者，无不穷形尽相，乃大为都人士所欢迎矣。

1911 年 9 月 1 日优天影演员在上海鸣盛梨园的夜场演出中，有号称"改良警世时事出头"、"绝妙首本"的《自由女劝夫戒烟》一剧，由郑君可担纲，姜云侠、梁侠侬、郑锦图等参演，[65] 疑即《闺谏洋烟》。

6.《温生财炸孚琦》

《温生财炸孚琦》2 张 4 面，公爷忠演唱，1915 年胜利留声机公司录制，录音师未详，模版号、目录号为 42938-A1～42939-B4，见于 1916 年胜利公司唱片目录著录。[66] 片芯所标唱腔，前三面为笛仔二簧，后一面为二流。

图 4-49：《温生财炸孚琦》，胜利留声机公司再版，1919～1923

公爷忠，知名粤剧艺人，邝新华弟子，以演武生著称。民国初任琼山玉班班主。麦啸霞《广东戏剧史略》列入名优武生之列。其所演唱的唱片，仅知有《温生财炸孚琦》一种。[67]

《温生财炸孚琦》是发生在 1911 年的真实事件。温生财，即温生才（1870～1911），著名革命党烈士，字练生，广东嘉应（今梅县）人。他出身贫苦，性格刚烈。曾在广东、浙江、安徽、台湾及南洋各地，以充当苦力、步卒为生。在南洋接触到革命思想，加入同盟会。

图 4-50：《温生财炸孚琦》，胜利留声机（加拿大）公司再版，1930 年代

图 4-51：温生财肖像

　　1911 年春，黄兴等奉孙中山命策划广州起义。温生财得知后，自南洋返粤，欲通过其弟陆军排长某，策反军队。其间得知水师提督李准拥兵狡狠，革命党人屡次起义均败于其手，于是改变主意，准备先行行刺李准，以排除起义障碍。

　　4 月 8 日，比利时飞行家范登堡（Charles Van Den Born，旧译"云甸邦"）在广州燕塘进行飞机飞行表演，安利洋行邀请广州将军、副都统孚琦前往观看。温生财以为李准会参加这次活动，提前埋伏在东城门外咨议局前茶馆。傍晚飞行表演结束，官员及卫兵返回途中经过咨议局时，温生财持枪击毙了孚琦，随后在撤离途中，被尾随的巡警逮捕。

　　温生财被捕后，李准亲自对其审讯。温生财大义凛然，慷慨以对。在狱中，他一直被枷锁铐牢，受尽酷刑。4 月 15 日，在数百兵勇以及文武官员的押解下，温生财在咨议局前被枪决。

图 4-52：广东将军孚琦

冯自由《革命逸史·温生财事略》记载：刑前，他从容自若，"乃大声笑曰，今日我代同胞复仇，各同胞务须发奋做人方好，既而曰，许多事归我一身担任，快死快生，再来击贼"。此案震动海内外，各大报章都给予连续报导。事后，清政府在广东大肆搜捕革命党人，广州起义因而推迟。

图 4-53：临刑前的温生财

粤剧《温生财炸孚琦》，又作《温生财刺孚琦》、《温生财打孚琦》，是优天影班的又一部作品。[68] 其见于记载者，优天影班有两次演出，俱在事件发生当年的 11 月。一为 17 日在上海鸣盛梨园，优天影班的郑君可、姜云侠等夜场剧目为《温生财刺孚琦》，当日广告称为"改良最新出头"。另一次为 26 日在广州东关戏院，《申报》28 日《孚琦死后之枪声》报导称：

> 前日，优天影在东关戏院演《温生才行刺孚琦》一出，淋漓尽致，观者无不叹赏。演至行刺孚琦时，场内有一民军，热血喷涌，不可自制，猛将身旁手枪向天轰发，以助舞台上行刺时之声势。满座不知其故，纷纷逃避，女棚尤为惊扰。后知因感触而发，始各相安无事。观此，亦可觇满人受怨之深，而演剧感人之易矣。

该唱片在 1920～1930 年代流传甚广，当时经售商、书商出版的"唱片对照曲本"多有收录。所见有上海永安公司的《物克多公司唱片曲本》、先施公司的《先施名曲大全》和未标出版者的《物克多公司唱片曲本》3 种。兹由钟哲平女士听审录音，校录唱词于此：

头段

（武生二王首板）恨满奴，寇中原有数百余载。（重句）别妻子转唐山，要报祖国仇来。（白）鄙人温生财，乃广东嘉应州人氏，自幼在营中，效力多年，才得五品军功，后来只见，官场腐败，逃出外洋，开工来创业。

二段

偶遇着孙先生，四围宣布，讲起扬州十日，血流成河，才知到（道）满奴将我们这等，如此凌辱，生为汉族男儿，不与中国来报仇，枉居人世，买舟转回唐山，见传单报道，三月初九，大放飞船，在此来参观，身怀枪械，趱到燕塘，乘个机会则可，（武唱）想呀呀当年，在营中，效力，数载，不顾生，不顾死，不顾生死。不辞劳苦，才得个五品军牌。蒙呀大爷。

三段

把一个，小丫环，许配我，就共结和谐。到后来，眼见得佢官场腐败。杀人头，来染顶，杀人染顶残害同胞，只顾升官发财。对此景却令人，真个是难以忍耐。弃广东，过南洋，把业创开。偶遇着，孙先生来到，南洋地界。讲起了，扬州十日，真是令人伤怀。温生财，本是汉族男儿，不报祖仇，未遂心怀。俺要学，徐锡麟先生，智慧惊人，也就留名万代。因此上，买舟回国，等待时来。

四段

放飞船在于燕塘所在。（二流）又只见飞船放起，好不妙哉。惊动游人，如山海。又只见前呼后拥，乃是满奴孚琦来。我忙把洋枪，把他对待。又恐怕连累同胞，一命哀哉，我一步转回，议院等待。（收板）大丈夫，留名誉，温氏，生财！

1920 年代，胜利公司的唱片往往被指为赝品。而 1927 年张剑豪的《留声机与唱片之研究》称，此片经胜利公司证实为真品，并非伪托名家。他从唱腔唱法的角度，对此片评价不高，说："忠伶更不能平喉，是为过时货也。"但从历史文献的角度，此片却因保持早期的唱法而显得更为珍贵。[69]

此外，今存世有崇德书局石印本粤剧《温生才打孚其》四卷。一般认为即革命党人的这部作品。1962 年中国戏剧家协会广东分会、广东省文化局戏曲研究室编辑的《粤剧传统剧目汇编》第 11 册曾据以收录，未公开发行。1995 年张庚、黄菊盛主编的《中国近代文学大系·戏剧集二》亦据以收录，上海书店出版。谢彬筹推测，"这个本子可能是一些知识分子在当时看戏以后笔记下来的"。但此本《温生才打孚其》政治态度暧昧；本唱片的唱词，亦不见于此本。故它不应是优天影班的原作。

优天影班的唱本《改良优天影时事碎锦最新出一声雷》中，有滚花《血染红顶》唱词一段：

> 终日官场来钻弄，人人笑我叩头虫。你有你笑时，我荷包重，呀呀，杀得人多顶正红。

这段唱词与唱片中温生财的"杀人头，来染顶，杀人染顶"照应，疑是此剧中反派人物的唱词。

7. 附：《警醒同胞》

《警醒同胞》7面，演唱者未详，百代公司录制，录音师未详，约1910年录音。模版号未详，目录号35240-1～35240-7。此片未见传世，仅见1912年百代公司唱片目录著录（图3-36）。百代同期的粤曲、粤剧唱片，均不标演唱者姓名，而标"广东名班大集会"。[70]

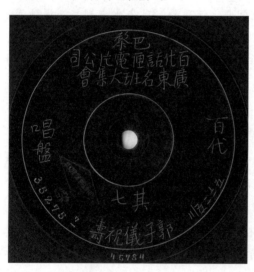

这套唱片按张数推测应属粤剧。根据曲目名称，是以唤醒民众为主旨的作品。唯未见唱片，内容无从考知。至1912年，百代公司已出版了近千面粤语唱片，此为唯一一套带有政治性的作品。其北方语种唱片也很少与时事、政治相关的内容。

图4-54：百代公司的同期唱片

注释：

[1] 孙宝瑄《忘山庐日记》光绪二十七年七月二日（1901年8月15日）："晡，至江南春，李伯渊招饮。刘永春、汪笑秾（侬）先在。与笑秾谈，知其人旗籍，

于乙酉年入庠，出先人门下。先人时督学直隶也。戊子，应试北闱，中式，遂以候选县官河南。未几犯奸案，发觉褫革，自是无聊赖。甲午，南游海上，遂入菊部，奏技以糊口。又屡至姑苏，博利甚微，落落不为人知。年来在天仙部排《党人碑》一剧，隐射时事，为新党所推重。与之谈，亦略闻新理，颇能读书者。"（上海古籍出版社，1983）是为汪笑侬生平较可靠的最早记载。另参见孙家振《退醒庐笔记》中汪笑侬小传等。

[2] 查尔斯·卡森录制的第一批唱片母版，于1904年12初从上海寄往美国，1905年3月13日工厂给出模版检测报告。检测报告所列最大的模版号为15738-1，《党人碑》模版号15683小于此，理应同为一批，亦即其录音应完成于1904年12月以前。但检测报告中未列15683，同时这批模版有不少出现质量问题，是否以后又曾重新录制，没有文献记载。

[3] 切尼于1905年6月前往中国，在中国的录音完成后，还途经日本录制唱片，并于1906年3月8日抵达旧金山。故其在中国的录音，不会晚于1906年初。

[4]《申报》1911年9月25日。

[5] 同第二章注[1]。

[6]《新民丛报》第65号，1905年3月20日。

[7]《剧坛之新生面》，《警钟日报》1904年8月6日。

[8] 见《二十世界大舞台》第2期引，1904年11月。

[9] 关于《党人碑》剧本作者，署名"漱"的《汪笑侬之马嵬坡》一文载："汪笑侬……庚子后重复抵申，隶天仙部，得武林连梦惺君所撰之《党人碑》全部脚本。汪与同班，尽心排演。时适康梁党狱大作，汪串谢琼仙《酒楼》、《碎碑》等场，慷慨激昂，观者罔不击节。"（《图画日报》第319号，1910年6月30日）但哀梨老人《党人碑考》则云："杭人小宋者，为江西赣州太守连文仲幼弟，名文澂，号孟清，藏有《党人碑》秘本，前由某报馆商诸丹桂排唱，丹桂允尚未排，小宋不及待，乃赠汪笑侬，即在天仙改为二簧，先演四本。其情节适与时世吻合，又经各报推许，居沪有志之士，金来寓目，有声有色，座无余位。小宋寒士也，见可卖钱，想此中稍润色，亦分所应得。奈天仙既吝且笨，不知才人之苦况，又不肯破格酬劳，乃伪作痴聋，不闻不问。小宋见不是路，后四本即悭不交汪，戛然中止。嗣汪进春仙续排后本，非原人之作，为汪之杜撰，所串皆陈腐旧套，不脱文章窠臼，有头无尾。"（《小说新报》第2卷第8号，1916年8月）谓连氏为早期剧本收藏者。

[10] 同前《小说新报》第2卷第8号。近人有文章称汪本《党人碑》共计10本，但未见原始依据。

[11] 关于刘艺舟生平，过去主要有周剑云《菊部丛刊》中的《刘艺舟传》、梅兰芳

《戏剧界参加辛亥革命的几件事》、刘木铎《回忆我的父亲刘艺舟》等，但多失之笼统、模糊。近年始有依据《申报》及档案文献研究论述者，如王凤霞《刘艺舟民国元年行迹新考》（《广州大学学报》第 10 卷 6 期，2011 年 6 月）。本文主要依据《申报》、《顺天时报》、《北洋政府公报》等报导，以及王建中《洪宪惨史》之《刘艺舟狱》（京兆商会联合会，1925），并参考张功巨《秋风咽大波——湖南哥老会首领张尧卿的革命生涯》（载《英雄泪满襟——清末民初的革命党》，青岛出版社，2014）所引档案文献等。其在日本的活动，参见吉田登志子《「中華木鐸新劇」の来日公演について——近代における日中演劇交流の一断面》（《日本演劇学会紀要》29 号，1991）等。其受聘建业大学，仅见于《新华宫》唱片报幕介绍。建业大学在南京汉西门，1921 年底至 1924 年间，同盟会老会员张曙时担任校长。1924 年 1 月 25 日国民党"一大"上，张曙时曾动议将建业大学改为党立大学。参见乔毅民、阚孔璧《张曙时》，《睢宁文史资料》第五辑，1990；中国第二历史档案馆编《中国国民党第一、二次全国代表大会会议史料》，江苏古籍出版社，1986。

[12] 玄郎《论梨园子弟之急宜就学》，《申报》，1912 年 11 月 18 日。

[13] 姚伯欣故世于 1910 年 7 月 23 日，次年上海同仁举办追思会，朱少屏发言称："《明末遗恨》一剧，为姚君手编，能使昏昧者明，熟睡者醒，为社会所欢迎，于吾国有绝大之关系焉。"（《姚伯欣追思会记事》，《申报》1911 年 7 月 19 日）。又，玄郎《论梨园子弟之急宜就学》（《申报》1912 年 11 月 18 日）："刘所编之《新茶花》、二本《明末遗恨》等，科白词句，已落俗本窠臼。"其首演日期，见《申报》1910 年 3 月 18 日及以后新舞台的广告。又，吴下健儿《戏考》（《申报》，1911 年 11 月 13 日）："《明末遗恨》，《铁冠图》中之一段也。新舞台所编之新戏，以此剧最为聚精会神，有声有色。前年第一夜排演，鄙人即往观焉。忆当场有杨公赠以联云：'国犹忍卖何论友，金不能捐况在躯。'亦可见此剧之悲愤动人，名重一时矣。后格于清廷例禁，忽焉辍演。顾曲者引为深憾。今胡虏式微，汉族重兴，故函请新舞台重演是剧，激励汉民以作当头棒喝。愿吾同胞人人效齐襄公复九世之仇也。"

[14]《戏考》此册由钝根编次。钝根对此剧评价甚高，曾在《申报》1912 年 5 月 21 日发表戏评文章说："《明末遗恨》一剧为新舞台最著名之好戏，余观听数四，未尝厌倦，且极意称扬于友人前。"

[15] 关于《明末遗恨》在清末民初的演出，可参阅姜燕春《清末民初的晚明想象》第六章中《〈明末遗恨〉演出前后》一节，北京大学出版社，2008。

[16]《申报》，1935 年 5 月 20 日。

[17] 梅兰芳《戏剧界参加辛亥革命的几件事》，《戏剧报》1961 年第 17 ~ 18 期。案

刘艺舟出狱，在 1916 年 6 月，见《顺天时报》1916 年 6 月 24 日的报导《党人先后出狱》。

[18] 振远《纪国货会之新〈同胞血〉》，《申报》，1923 年 12 月 26 日。

[19] 同注［17］。

[20] 以今所见，此剧演出最早的记载为 1916 年 8 月 23 日。陈义敏《京剧史系年辑要（三）》（《戏曲研究》第 48 辑，文化艺术出版社，1994）记此日："今应天津大舞台之邀请，于本日起在津演出《波兰亡国惨》、《石达开》、《墨西哥》等三出得意之作。"稍后，1917 年 1 月 14 日《申报》报导安庆赈灾新闻，称邀请刘艺舟来皖演出，前日抵省，预定演出三日，"第一夜新剧《哀江南》，系刘君新编"。

[21] 同注［17］。

[22] 李统球生平，参见王建中《洪宪惨史》之《李统球狱》，京兆商会联合会，1925；许指严《新华秘记》，清华书局，1918；李大同《魏益三部投冯投吴投蒋的经过》，《文史资料存稿选编》（晚清·北洋卷下册），中国文史出版社，2002；以及当时《申报》等报刊的报导。

[23] 林步青生卒年及名号，见《云阳松卜林氏续修族谱》卷十，1950 年木活字印本。

[24] 陈伯熙《老上海》下册，泰东图书局，1919。

[25] 关于 1905 年抵制美货运动，可参阅张存武《光绪卅一年中美工约风潮》，台北中央研究院近代史研究所，1966 年初版，1982 年再版。

[26] 据卡森与哥伦比亚公司的通信，卡森于 1906 年 12 月自日本返回上海，1907 年 1 月 4 日开始在上海再次录音，2 月 4 日发回美国 240 个录音母版。3 月开始在天津录音。对照现存唱片，这批上海录音模版应为 60000～60199，天津录音应为 60200 系列。

[27] 关于大闹会审公堂案，当时中外报刊报导很多，参见关絅之《会廨补阙记》，《档案与历史》，1988 年第 4 期；马长林《1905 年大闹会审公堂案始末》，《档案春秋》，2007 年第 4 期；石子政《对〈1905 年大闹会审公堂案始末〉的补正》，《档案春秋》，2007 年第 9 期。

[28] 关于清末立宪运动，参见侯宜杰《清末立宪运动史》，人民出版社，1993；张朋园《立宪派与辛亥革命》，吉林出版集团，2007。

[29] 天足会活动，当时报章报导甚多，参见李又宁、张玉法《近代中国女权运动史料》下册，龙文出版社，1995；高洪兴《缠足史》，上海文艺出版社，2007。

[30] 此唱片见胜利公司 1916 年 7 月的目录《役挫公司中国曲调》（编号 3141 7-6-16 roa）著录。这批唱片是胜利公司 1915 年中期的一次录音，模版号、目录号范围在 42790～42967 之间（其中 42895～42913 系再版早期录音），其中录音时间可

以确定者，42942 录于 1915 年 6 月 18 日，42881 录于 1915 年 6 月 2 日。42837
《打制造局》应录于此前不久。

[31] 关于攻打制造局一役，参见邹鲁《中国国民党史稿》(下)，排印本，1929；金
　　　冲及、胡绳武《辛亥革命史稿》，上海辞书出版社，2011。

[32] 孙中山《孙文学说》第八章《有志竟成》，《孙中山全集》第六卷，中华书局，
　　　2011。

[33] 肇和舰起义事件，参见落款陈其美、居正的《中华革命党本部通告肇和起义失
　　　败经过》，1915 年 12 月 15 日，云南省社会科学院、贵州省社会科学院编《护国
　　　文献》(上)，贵州人民出版社，1985；邵元冲《肇和战役实纪》，黄季陆主编《革
　　　命人物志》第 4 集，中国国民党党史史料编纂委员会出版，1970。

[34] 此唱片录音日期没有确切记载，但报幕词中有“中华民国成立”一语，案武昌
　　　起义后，1911 年 10 月 11 日，由蔡济民等人组成的谋略处，议定“以谘议局为
　　　军政府”、“称中国为中华民国”(见曹亚伯《武昌革命真史》，上海书店影印本，
　　　1982)。当天即以“中华民国军政府”名义发布公告，16 日并发刊《中华民国公
　　　报》。但这一阶段，始终未称“中华民国成立”。直至 1912 年 1 月 1 日，孙中山
　　　在南京就任大总统，才宣告中华民国成立。又，EMI 档案馆档案中有零星资料
　　　记载，显示马克斯·汉普 1911 年 11 月至 1912 年 1 月在新加坡、香港和澳门
　　　录制过华语唱片，虽未见有在厦门录音的记载，但从时间推断，这套唱片应是
　　　此行的录音之一。

[35] 李嘉瑞生平，参见李秉文等《李维修传略》，《厦门文史资料 (选辑)》第 23 辑，
　　　2002；《李维修文集》，香港国际学术文化资讯出版公司，2010。《李维修文集》
　　　中影印有福建省档案馆所藏李维修本人填写的履历表两种，记载了他在 1911 年
　　　任职的详细年月。

[36] 关于剪发易服的历史，参阅樊学庆《辫服风云：剪发易服与清季社会变革》，
　　　三联书店，2014。

[37]《内务部关于剪发不易服等奉批议复事申复黎都督文》，辛亥革命武昌起义纪念
　　　馆、政协湖北省委员会文史资料研究委员会编《湖北军政府文献资料汇编》，武
　　　汉大学出版社，1986。

[38]《武汉临时军政府内务部关于一律剪发暂不易服的告示》，出处同注 [37]。

[39] 二辰丸事件及由此引发的抵制日货运动，中国大陆、澳门和日本保存了许多档
　　　案，当时新闻报导亦连篇累牍。本文主要参考舜后编《二辰丸》，香港奇雅中西
　　　印务局印刷，1908。据当时日本驻香港领事称，此书为《中国日报》编；Earl Albert
　　　Selle: *Donald of China*, Harper & Brothers Publishers, 1948；并参考了部分当时的
　　　报导和档案。

［40］此二片应录于香港，参见注［34］。从曲目推测，应录于 1910 年 10 月 10 日武昌起义后不久。其模版号小于厦门南音《革命歌》，故录音时间应在其前。

［41］蓓开公司 1912 年左右录制、以 Pendabatan Baroe 商标发行的唱片《昭君和番》（目录号 25635），片芯标有"碧玉首本"字样。但未能确定"碧玉"是演唱者还是此唱片唱词脚本为碧玉首演之剧本，亦无法断定此碧玉即《革命成功》的演唱者。

［42］见《湖北军政府文献资料汇编》，武汉大学出版社，1986。

［43］见《中华民国史档案资料汇编》第二辑，江苏古籍出版社，1991。又，关于辛亥革命的"十八省"，参见张永《从"十八星旗"到"五色旗"——辛亥革命时期从汉族国家到五族共和国家的建国模式转变》，《北京大学学报（哲学社会科学版）》，2002 年第 2 期。

［44］《革命党焚都署》的同一批唱片（目录号 42765～42789），既不见于胜利公司 1913 年唱片目录，又不见于 1916 年唱片目录。依据模版号顺序，其录音时间应早于 1916 年目录所载的 1915 年录音。这批唱片中《苏武牧羊》、《六国封相》，都有英国留声机公司的再版片存世。其中 42781-B-6《六国封相》第六面，再版片上刻有录音日期，勉强可辨有"15"字样。故推断这批唱片与胜利公司 1916 年目录所载的唱片，是同一批录音。

［45］孙中山《黄花冈七十二烈士事略序》，载邹鲁编《黄花冈七十二烈士事略》卷首，铅印本，1923。

［46］见上海戏院鸣盛梨园的广告，《申报》，1911 年 11 月 24 日。

［47］林叔香口述、黄德深笔记《辛亥革命前后的几个剧社》，政协广州市委员会文史资料研究委员会编《纪念辛亥革命七十周年史料专辑》（下），广东人民出版社，1981。

［48］参见陈卓莹《解放前唱片公司概述》，《广东文史资料》第 18 辑，1965。

［49］参见《杂谈子喉七的一生》，香港《工商晚报》，1965 年 3 月 27 日。又，"香港影库"网站（http://hkmdb.com）收录有醒图影片公司 1937 年初出品的电影《摩登貂蝉》，记载其演员有新子喉七。但当时报刊刊登的报导及广告，如《南华早报》、《工商晚报》等，列举了主要演员的名字，未见新子喉七之名。

［50］关于优天影班，参见冯自由《广东戏剧家与革命运动》，林香叔《辛亥革命前后的几个剧社》，以及陈公博《新剧底探讨》（《新青年》第 9 卷第 2 期，1921 年 6 月）。但其创建时间，冯自由、林叔香文章所述不尽准确。兹据《香港华字日报》1906 年 9 月 7 日、1908 年 1 月 1 日的报导。

［51］光磊室主《谈沪上之广东新剧（一）》，《申报》，1925 年 3 月 5 日。

［52］黄鲁逸生平，参见陈铭音《讴歌之王黄鲁逸》，《佛山历史人物录》第一卷，花

城出版社，2004。

[53] 张剑豪《留声机与唱片之研究》："在卅年前后，有小生金山炳者，新从美国回粤；因嗜烟而坏其粤班半左嗓之生喉，已失尽尖细娇嫩之声；遂只得用本喉歌唱，运以小腔便觉颖味弥厚，此为生角用平喉歌唱之嚆矢。"（《椰子集》，南洋日报馆，1927）麦啸霞《广东戏剧史略》："名小生金山炳演《季札挂剑》曾试唱平腔，是为现代平喉之先声。"（广东文物展览会编《广东文物》下册，中国文化协会出版，1941）

[54] 林香叔《辛亥革命前后的几个剧社》："此剧以伸张正义，揭发恶霸勾结贪官污吏，演来令人十分感动的。"邓警亚《清末党人利用粤剧宣传革命点滴》："随振天声之后，则有琳琅幻境，以'梁天来告御状'一出最卖座。"（《广东文史资料》第 18 辑，1965）参加过演出的陈非侬，对此亦有回忆，见《粤剧六十年》，香港中文大学出版社，2007。

[55] 据 *Around the World with a "Talker"*（*The Talking Machine World*，Version 49, Dec 15, 1910）一文，马克于 1910 年 12 月回到美国。根据模版号，《火烧大沙头·祭金娇》及后边的《虐婢报》、《闺谏洋烟》，是他们此行较晚的一批录音，应录于 1910 年下半年。

[56] 冯自由《广东戏剧家与革命运动》，《革命逸史》第二集，商务印书馆，1943。

[57] 同注［48］。

[58] 1988 年张庚主持编纂《中国近代文学大系·戏剧集》时，原拟选入《火烧大沙头》、《虐婢报》，见《中国近代文学大系编辑工作信息》第 28 号、37 号，1988 年 11 月 27 日，1989 年 5 月 29 日。正式出版时未收此二剧，似有剧本存世。

[59] 关于粤剧女性演员，参见刘国兴《戏班和戏院》，《广东文史资料》第 11 辑，广东人民出版社，1963。关于女伶，参见温丽容《广州"师娘"》、熊飞影等《广州"女伶"》，《广州文史资料》第 9 辑，1963。又，一些回忆录多称清末女伶俱为盲女。但据今所见当时的照片，女伶以非盲者为多；盖茨伯格的日记也曾描绘过录音的香港女伶（tea-house girls），也未提及是盲女。

[60] 从陈公博《批评广州的评剧者》一文转引，此文原载《广东群报》1921 年 2 月 12 日，收入中共一大会址纪念馆编《中共一大代表早期文稿选编　1917.11～1923.7》下册，上海人民出版社，2011。

[61] 参见注［58］。另，此剧编者，老艺人刘国兴记为黄鲁逸作，见《戏班与戏院》，《广东文史资料》第 11 辑。

[62] 谢彬筹《近代中国戏曲的民主革命色彩和广东粤剧的改良活动》，《戏剧艺术资料》1979 年第 2 期。文章作于 1960 年代。

[63] 见重庆合记戏园的广告，《申报》，1910 年 5 月 14 日。

［64］《优天影开幕纪事》,《香港华字日报》, 1909 年 2 月 24 日。另优天影与广东戒烟总会的来往, 参见《香港华字日报》的报导《戒烟总会欢迎优天影纪事》(1909 年 1 月 30 日)、《优天影开幕纪事》(1909 年 2 月 23 日)、《优天影拟助戒烟会经费》((1909 年 3 月 6 日) 等。

［65］见鸣盛梨园的广告,《申报》, 1911 年 9 月 1 日。

［66］录音日期, 参见注［30］。

［67］庆霖《岭南梨影》:"公爷忠为琼山玉班主, 所饰以武须生为多, 而装束与南北方均异。"(《民权素》第八集, 1915 年 5 月) 另, 谢彬筹《广东戏曲传播海外的途径和特点》(《艺术论坛》1996 年 3 期) 一文称, 公爷忠曾在南洋演出过《温生才打孚琦》, 未详所据。

［68］关于此剧的作者, 陈卓莹《红船时代的粤班情况》云:"'采南歌'、'优天影'的志士班, 他们编演了如《温生才炸孚琦》、《火烧大沙头》。"采南歌班停办在 1910 年之前, 故编演者应为优天影, 后来优天影常演此剧。但另有一说此剧为粤剧艺人冯公平、豆皮元编写。谢彬筹《近代中国戏曲的民主革命色彩和广东粤剧的改良活动》称:"一九一一年在广州发生了爱国义士温生才刺杀清朝将军孚其的事情, 事后数天, 志士班出身的粤剧演员冯公平和另一演员豆皮元就在香港编演了《温生才打孚其》一剧, 该剧以其反映现实之迅速及思想之革命, 曾经一度哄动香港社会。但是戏只演出两场, 便遭港英政府禁止, 参加编演这个戏的艺人还被港英当局驱逐出境。直到辛亥革命以后, 这个戏才比较普遍的在国内上演。"未详所据。豆皮元是刘国兴的艺名, 他在回忆文章《戏班和戏院》中并未提及此事。张庚主编的《中国近代文学大系·戏剧集二》收录此剧时, 提要采用了事后数天此剧编成并在香港上演的说法, 但在编者问题上并未采信谢说, 标"佚名"。

［69］张剑豪《留声机与唱片之研究》。此文又说道:"'物克多'的粤曲, 若论赝品, 则与京剧片有同等的数量。……公爷创之《举狮观图》, 公爷忠之《炸孚琦》, 物克多都承认系真的。"

［70］百代同期唱片, 今所见者初版模版号均在 45000 区域, 此区域录音时间大都在 1910 年。

第五章　纪念孙中山及辛亥革命史题材唱片叙录

一、孙中山遗嘱及演讲诵读片

1．《恭读总理遗嘱》

《恭读总理遗嘱》1面，孔祥熙读，1928年11月大中华留声唱片公司为中华国货展览会录制。模版号、目录号未详，亦未见传世。1929年大中华唱片目录著录。此系大中华为孔祥熙录制的2张4面录音之1面，另3面为《祝中华国货展览会开会词》。

孔祥熙（1880～1967），民国要人。长期主理国民政府财政，历任国民政府工商部、实业部、财政部部长和行政院副院长、院长等职。时任国民政府工商部部长，并担任上海中华慈幼协济会会长。

图 5-1：孔祥熙像

《申报》1928年12月3日《中华国货展览会之留声纪念唱片》报导：

今国民政府工商部，鉴于提倡国货为强国之根本，创办中华国货展览会，以为国货发展之新纪元，并设名人讲演收音部，由大中华留声唱片公司担任收音事宜，于上月二十六日，经该公司总理许冀公准备就绪，即邀请孔祥熙部长、赵晋卿主席、寿景伟总干事，以及张槃荪、王汉强、沈卓吾诸君，随带孤儿院音乐队，至倍开尔路该公司收音部，实行收音。初奏开会音乐，次奏《天下为公》之国乐，次孔部长恭读总理遗嘱、报告开会词。先行试演收音，孔部长至为满意。当用最新式电气正式收入话盘，共六面、计三张。

所谓三张六面，应包括奏乐及国乐，今俱未见存世。

此片为今所知录制时间最早的《总理遗嘱》诵读片。

2.《恭读总理遗嘱》

《恭读总理遗嘱》1面，郑正秋读，东方百代公司 1929 年 9 月 3 日录音，同年 12 月上市，模版号、目录号俱为 33939。[1]

图 5-2：《恭读总理遗嘱》，郑正秋读，东方百代公司出版，1929～1930

郑正秋（1889～1935），知名电影人。1913 年拍摄了中国电影史上第一部故事片《难夫难妻》，被认为是中国电影事业的重要奠基人。录制《恭读总理遗嘱》时，郑正秋为上海明星影片公司导演。

图 5-3：郑正秋像

此片开篇有郑正秋口述的孙中山生平介绍：

> 百代公司，请我郑正秋来恭读总理遗嘱，未播之前，先说几句话：中国国民党总理孙中山先生，广东香山县人，生在前清同治五年十月初六，死在民国十四年三月十二，从二十岁到六十岁，一直努力救国，有兴中会、同盟会，许多次的大革命，才造成了中华民国。当时有许多人不照总理的所定军政、训政、宪政三个时期一步步去做，后来才有讨袁、共伐，多年的战争。最后，总理为提倡国民会议，从广东到北方去宣传，希望就此造成三民、五权的政府，想不到还没有达到目的，结果是总理病势沉重，自谓革命尚未成功，就在病床上签了一张遗嘱，叫同志们继续努力。咳，总理死了，我们可不能忘记总理临死还大叫"和平"、"奋斗"、"救中国"！现在把总理的遗嘱，恭恭敬敬地读起来……

3.《总理遗嘱》

《总理遗嘱》1面，周寿臣读，粤语。新乐风公司出版，模版号 H.K.52513，目录号 804，1928 或 1929 年录于香港。[2]

图 5-4：《总理遗嘱》，周寿臣读，新乐风公司出品，1929

周寿臣（1861～1959），香港知名士绅。名长龄，字寿臣，以字行，香港人。早年被选为留美幼童赴美国留学，归国后历任天津招商局副帮办、京奉铁路总办、外务部参议。民国成立后隐退，在香港从事社会活动。1917 年当选香港太平绅士，1921 年被委任为香港定例局第一位华人议员，1926 年被英王乔治五世册封为爵士。周寿臣在香港商界有很大影响力，是东亚银行的创办人之一，还担任过多家知名公司的董事局成员。[3]

图 5-5：周寿臣像

4．《恭读总理遗嘱》

《恭读总理遗嘱》，王肖坡读，上海英商电气音乐实业有限公司录制，1934年10月22日录音，模版号 A1935，同年12 月以百代品牌出版发行，目录号34696A。此片未见存世，但模版存于中国唱片上海公司。

《恭读总理遗嘱》是本唱片的一部分，全片题《开会仪式》，内容包括宣布会议开始、奏乐、唱国民党党歌等，是供会议、集会使用的唱片，反映了当时通行的会议仪程。

开會儀式

上海孤兒院

（一）開會

（二）奏樂

（三）全體肅立

（四）唱黨歌　　江蘇省立上海中學生

三民主義　吾黨所宗　以建民國　以進大同　咨爾多士　爲民前鋒　夙夜匪懈　主義是從　矢勤矢勇　必信必忠　一心一德　貫徹始終　向黨國族及　遠理遺使行最敬禮。一鞠躬。二鞠躬。三鞠躬。

（五）向黨國族及遺理遺使行最敬禮。一鞠躬。二鞠躬。三鞠躬。

（六）主席恭讀　　江蘇省立上海中學校　遺理遺嘱　　教務主任王肖波先生

（七）静默三分鐘

余致力國民革命凡四十年其目的在求中國之自由平等積四十年之經驗深知欲達到此目的必須喚起民衆及聯合世界上以平等待我之民族共同奮鬥。現在革命尚未成功凡我同志務須依照余所著建國方略建國大綱三民主義及第一次全國代表大會宣言繼續努力以求貫徹。最近主張開國民會議及廢除不平等條約尤須於最短期間促其實現是所至囑。

34696-A

图 5-6：《百代唱词》，上海 EMI 出版，约1936

王肖坡，名宗轼，字肖坡，江苏高邮人。国立政治大学毕业，后曾在大夏中学、务本女中等校任教。1927 年起任教于江苏省立上海中学，历任教员、教导副主任等。江苏省立上海中学是位于上海的一座名校，1927 年在江苏省立第二师范学校、第三中学、第四中学等校的基础上合并而成，一度曾更名为中央大学区立上海中学等，即今上海市上海中学的前身。1935 年王肖坡任教务主任，校长为郑通和。[4]

5.《总理遗嘱》

《总理遗嘱》，赵元任读，上海英商电气音乐实业有限公司录制，1934 年录音，模版号 A2514，次年 2 月以哥林唱片商标出版，上海商务印书馆发行，未编目录号。唱片模版今存中国唱片上海公司。

此《总理遗嘱》为赵元任所编汉语教材《新国语留声片》第八面中的一部分，即第八课《听写练习（下）》的朗读选文。《新国语留声片》全套共唱片 8 张 16 面，课本 1 册（分甲种"注音符号本"和乙种"国语罗马字本"两种），商务印书馆出版。

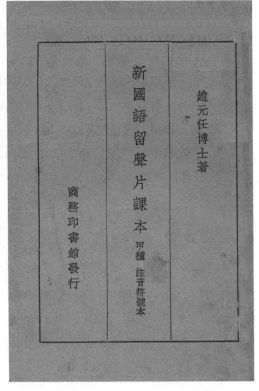

图 5-7：《新国语留声片》，上海 EMI 录制，商务印书馆发行，1935

图 5-8：《新国语留声片课本》（甲种），商务印书馆发行，1935

赵元任（1892～1982），著名语言学家。江苏武进人，生于天津。1920年代任教于清华大学，与梁启超、陈寅恪、王国维并称四大导师。后任教于耶鲁大学、哈佛大学、加州大学伯克利分校等，加入美国籍。1921年，赵元任应商务印书馆之约，编写《国语留声片课本》，在美国哥伦比亚留声机公司录制了唱片，次年由商务印书馆出版。十余年后，汉语研究及法规都有了新进展，商务印书馆再次约赵元任编写、录制了这套《新国语留声片》。

图5-9：赵元任像，1934

6. 《恭读总理留声演讲》

《恭读总理留声演讲》1张2面，李秉新读，上海英商电气音乐实业有限公司录制，1934年7月10日录音，模版号A1855、A1856，同年12月以百代商标出版，目录号34692a/b。

此片内容为中国晚报馆所录《孙中山演讲》的普通话部分。

李秉新，生卒年不详，时为南京国民党中央广播电台播音员。1936年任中央广播事业管理处传音股股长。"西安事变"后，曾奉命至西安，接管、整顿西安广播电台。[5]

图5-10：《恭读总理留声演讲》，李秉新读，上海EMI出品，1930年代

二、《总理纪念歌》与《天下为公歌》

1. 大中华留声唱片公司的《总理纪念歌》

《总理纪念歌》1 面，齐唱，黎明晖及中华歌舞学校学生演唱，大中华留声唱片公司录制，约 1927 年 10 月或 11 月录音，同年 11 月发行，模版号、目录号2517-A。[6]

图 5-11：《总理纪念歌》，大中华唱片公司出版，约 1928

中华歌舞学校全称中华歌舞专门学校，是黎锦晖创办的一所训练歌舞人才的学校，也是中国第一所此类学校。1927 年 2 月成立于上海爱多亚路（今延安东路）966 号，1927 年底解散。学生有黎小晖、刘小我、王人美、张静、白虹、邹润清、郭敏智、严醒华等，其中不少人后来成为成功的流行歌星。

黎明晖（1909~2003），歌星、电影明星。湖南湘潭人，作曲家黎锦晖之女。1920 年代前期，以主演黎锦晖编写的歌舞剧《葡萄仙子》等而知名，1926 年在大中华留声唱片公司录制了多张唱片。中华歌舞学校举办时期，她在校学习，并担任助教。1927 年，百代公司为她录制了《妹妹我爱你》、《毛毛雨》等歌曲，是为中国歌曲史上最早的流行歌曲唱片。

《总理纪念歌》的同一批唱片中，中华歌舞学校学生演唱而署名者，有刘小我、严醒华的《告同胞歌》、《平等歌》。

黎明晖和中华歌舞学校学生是《总理纪念歌》的原唱，报刊对他们演唱，有"悲状宛转"、"娇音宛转，音乐洋洋，引人入胜"之评。[7] 这张唱片也是《总理纪念歌》的第一张唱片。唱片片芯虽然标"合唱"，但演唱并未分声部。

图 5-12：中华少年歌舞团在南洋，1928，源自《良友》第 30 期，1928 年 9 月。中华少年歌舞团主要成员，多为中华歌舞学校学生

图 5-13：黎明晖像

2. 东方百代公司的《总理纪念歌》

《总理纪念歌》1 张 2 面，齐唱，微微音乐会演唱，东方百代公司录制，1929 年 9 月 7 日录音，12 月发行。模版号、目录号 33942-1/2。模版今存中国唱片上海公司。[8]

图 5-14：《总理纪念歌》，微微音乐会演
唱，东方百代公司出品，1929

　　微微音乐会是民国间上海的民间音乐团体，主要活动于 1929 年，在沪上颇有
名声，会员有 30 余人，会长张清生。

　　3. 英国留声机公司的《总理纪念歌》

　　《总理纪念歌》1 面，独唱，荷属印度尼西亚泗水励志中学学生演唱，英国
留声机公司录制，约 1930 年录音。[9] 模版号 OE 787，目录号 P. 16164。唱片另
一面，为励志中学学生演唱的歌曲《天下为公》。

　　唱片片芯标有 "特别为泗水和顺号制造"（Specially manufactured for Messrs.
Hoo Soen Hoo, Soerabaia）字样。泗水（Soerabaia）为今印度尼西亚东爪哇省省会，
是华人较多的城市。和顺号（Messrs. Hoo Soen Hoo）是泗水的一家百货公司，经
理黄超龙（Oei Tjhiaw-liong）是知名华
侨，福建安溪人，出生于爪哇。曾留学
荷兰、英国、上海，长期任泗水中华总
商会会长。[10]

图 5-15：《总理纪念歌》，泗水励志中
学生演唱，英国留声机公司出品，约 1930

励志中学是泗水最早的华人中学，据后人回忆，1931 年创立于泗水根芝兰街（Kenjeran），其前身为励志学社，首任校长俞民新，黄超龙为校董。1934 年与泗水华侨中学合并，更名新华中学，1960 年代停办。[11]

4. 亚尔西爱胜利公司的《总理纪念歌》

《总理纪念歌》1 面，合唱，中央电台歌咏团演唱、音乐组伴奏，亚尔西爱胜利公司录制，模版号 C42039A，目录号 42039-A。约录于 1937 年上半年，1937 年 5 月发行。

中央电台是国民党中央广播事业管理处所属的机构。此片与《国民革命歌》、《中国的战士》等歌曲，以及体操音乐唱片，是中央广播事业管理处当时组织的一批曲目。1937 年 5 月 10 日，国民党曾发函号召各地党部、电台、学校等机构购买。[12]

图 5-16：《总理纪念歌》，中央电台歌咏团演唱，亚尔西爱胜利公司出品

图 5-17：《总理纪念歌》，中央电台歌咏团演唱，亚尔西爱胜利公司再版

图 5-18：中央电台歌咏团，1937。源自《胜利之声》第 1 卷第 6 期

5. 国民党中央广播事业管理处的《总理纪念歌》

《总理纪念歌》1 面，合唱，未署演唱者，约 1940 年国民党中央广播事业管理处录于重庆，英国留声机公司压制。模版号 OMC.17607-TI，目录号 QC.448。参见本书第三章。

这批唱片，多为国民党军事委员会政治部抗敌歌咏团、中央训练团音乐干部训练班演唱，指挥大多是知名男高音、音乐教育家胡然（1911～1971）。

图 5-19：《总理纪念歌》，中央广播事业管理处录制，英国留声机公司压制

6. 歌曲《天下为公》

《天下为公》1 面，齐唱，易韦斋、萧友梅作曲，荷属印度尼西亚泗水励志中学学生演唱，英国留声机公司出版，约 1930 年录音。模版号 OE 786，目录号 P. 16164。[13]

图 5-20：歌曲《天下为公》，泗水励志中学学生演唱，英国留声机公司出品，约 1930

《天下为公》的歌词，出自儒家经典《礼记·礼运篇》：

> 大道之行也，天下为公。选贤与能，讲信修睦。故人不独亲其亲，不独子其子。使老有所终，壮有所用，幼有所长，矜、寡、孤、独、废疾者皆有所养。男有分，女有归。货恶其弃于地也，不必藏于己；力恶其不出于身也，不必为己。是故谋闭而不兴，盗窃乱贼而不作，故外户而不闭，是谓大同。

这段文字，是传统儒家"大同"思想的精粹。民主革命时期，孙中山以此为信条，常常书写"天下为公"以赠同志。国民党及孙文学说研究者认为，孙中山思想与此有密切渊源关系。

1928 年 3 月 15 日，于右任在国民党中央常务委员会第 122 次会议上提议，将这段文字谱成歌曲，以为"公乐歌"。议案交大学院（教育部）研究。不久，由时在上海国立音乐院任职的易韦斋"拟调"、萧友梅"和声正拍"，谱成《天下为公歌》。5 月 15 日，在南京召开的全国教育会议开幕式上，金陵大学女学生首次演唱了这首歌曲。会议期间，于右任专门向代表讲解了此歌的意义。[14] 同年 7 月，良友图书公司出版了歌谱单行本，并以孙中山像和孙中山手书《礼记·礼运篇》为封面。

易韦斋（1874～1941），知名学者、艺术家。原名廷熹，号大厂等，广东鹤山人。肄业于广雅书院，早年与革命党人陈少白、胡汉民、冯自由等相友。中年游学日本，就读师范。回国后任教于广州暨南大学、北京高等师范学校、上海国立音乐院等校。易韦斋博学多艺，诗文、书法、金石、词曲等俱有成就，尤以篆刻知名。曾与萧友梅合作，创作歌曲多种，影响甚大。

萧友梅（1884～1940），知名音乐教育家、作曲家。广东中山人。17 岁赴日本，学习音乐等科，并在日本加入同盟会。民国建立后，任临时总统府秘书。后赴德国莱比锡攻读音乐。归国后在北京多所学校从事音乐教育。1927 年在蔡元培支持下，于上海创办国立音乐院。一生歌曲创作甚丰，其中由易韦斋作词的《问》，影响甚著。

《天下为公歌》问世后，因"曲调慷庄"，受到人们欢迎，广为流传，一些偏远的山区小学校，以至东南亚一带，也都教唱此歌。它一度成为纪念孙中山仪式上的歌曲。

1934 年 10 月 18 日，国民党中央执行委员会发布明令，将此歌改为《孔子纪念歌》，称"其伟大纪念含义，实为三民主义之基础"。随后，11 月 15 日，国民政府亦发布训令，转发了这一文件。[15]

此外，1928 年 11 月，大中华留声唱片公司曾为中华国货展览会录制过器乐曲《天下为公》，由孤儿院音乐队演奏，今未见存世。详前引《申报》1928 年 12 月 3 日的报导《中华国货展览会之留声纪念唱片》。

图 5-21：《天下为公歌》封面，良友图书公司出版，1928

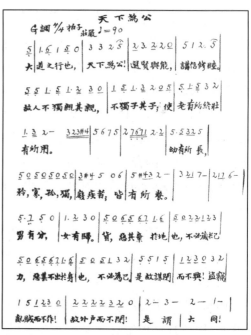

图 5-22～23：《天下为公歌》五线谱及简谱，良友图书公司出版，1928

三、北方曲艺作品二种

1. 大鼓书《孙总理伦敦蒙难》

大鼓书《孙总理伦敦蒙难》2 张 4 面，山药旦演唱，东方百代公司录制，1933 年 5 月 11 日录音，模版号 A1169～A1172。1933 年 7 月 12 日以百代商标出版，目录号 34413a～34413d；后以丽歌商标再版，目录号 41112a～41112d。模版今存中国唱片上海公司。

山药旦（1895～1952），知名大鼓书艺人。本名富少舫，艺名山药旦，北京人，满族。早年师从大鼓名家张云舫，因名少舫。后活跃于济南、南京、武汉等地，以唱滑稽大鼓闻名。在南京时期，他曾加入国民党的社团机构励志社，任励志社康乐司曲艺队队长，演出过不少新编大鼓书，如《新生活运动》、《东北痛史》、《三民主义》、《中国革命化》等。抗战爆发后率班至重庆，在此成为老舍友人，加入中华全国文艺界抗敌协会，老舍的小说《鼓书艺人》和话剧《方珍珠》即以他一家为原型。[16]

1895 年乙未广州起义失败后，孙中山被清政府通缉，流亡英国。1896 年 10 月在伦敦被中国驻英公使羁押，拟秘密遣送回国。经孙中山在香港时的老师康德

图 5-24：英文版《伦敦被难记》，1897

黎（James Contile）、孟生（Patrick Manson）多方营救，透露消息给新闻媒体，此事遂演变成为外交事件，引起英国舆论哗然。迫于压力，清政府不得不在 10 月 23 日释放了孙中山。这一事件，史称"伦敦蒙难"。孙中山脱险后，用英文撰写了《伦敦被难记》（*Kidnapped in London*），1897 年在伦敦出版；1912 年上海商务印书馆出版了甘作霖的中译本。[17]

国民党认为"伦敦蒙难"是重要的革命史事件，编写过许多文字材料，广为宣传；还将 10 月 11 日确定为"总理蒙难纪念日"。1930 年代，"伦敦蒙难"还被编入小学课本。

民间以此为题材的戏曲曲艺等形式的作品为数不少，大鼓书还有庄文编写的《总理伦敦蒙难记》（"国民常识通俗小丛书"的一种，重庆国民图书出版社出版，1943）。

图 5-25：山药旦（富少舫）像

大鼓书《孙总理伦敦蒙难》为郑恨厂作词,已详本书第二章,当时有单行排印本出版(见图 2-24)。唱片因时间长度限制,删改了一些句子,显得比较局促。百代出版的《百代唱词》录有此片唱词,今据单行本及录音校正如下:

头段

创造艰辛自古同,人从忧患见心胸。一身生死寻常事,民族兴衰系心中。大智大仁兼大勇,脱离虎口出樊笼。革命志士那怕什么折挫,从今后再接再厉必定要贯彻初衷。我表的是首造民国的孙总理,在伦敦蒙难全欧震动,一个个表同情那位领导革命的孙先生,啊(过板)。都只为孙总理奔走革命漫游海外,来至在伦敦把政治学攻。有一日出门访友缓步行走,那晓得有清使馆的密探暗地里跟踪。出其不意蓦然答话,推推挽挽架入公使馆中。孙总理沉着应变不慌不惧,我此身许国何问吉凶。我愁只愁祖国沉沦何人挽救,叹只叹民族衰弱何日再兴隆(过板)。

二段

今日我身遭大难误入罗网,好一似平阳之虎沙滩之龙。捕我来无非是升官的迷梦,岂不知我们中国危弱已极灭亡在顷刻中。似这等官僚化的思想实在的真可恨,连个心肝全无只想着贪功他那管国衰兴。现如今革命的种子我努力撒下,同志们必定继起层出不穷。我今朝虽然身死精神不死,碧血丹心与那烈日争红。咳,我心怀大志身担重任,如此的死法未免的平庸。我一息尚存必须奋斗,有一线的生路也不放松。再者说他们捕我违反了国际公法,只要把这秘密传出我立刻脱牢笼。话虽如此非易事,苦的是哪一个给我把信通?按下了孙总理踌躇宛转,我就再表那清公使龚照瑗贪功的老奸雄把谋陷的巧计生。(过板)

三段

当时下参议机密有个英顾问,哈利德马加脱是他的姓名。他们二人巧施诡计要把总理送,送回了清廷去邀功。龚贼说哈先生想法子把孙文解了回中国去,你我二人升官发财买卖一宗。哈利德带笑答言说是好办的很,我略施小术必定成功。咱雇一只汽船在那海边等,把孙文装在货箱中,暗暗的送上咱们汽船去,千万万严守秘密不可走漏风声。龚贼说哈先生妙计真可钦佩,就让他肋生双翅也难凌空。龚哈二贼计划已定,单等着机会好送上朦胧。一日一日复又一日,想运出公使馆机会实在难逢。这也是天不绝我们中华应该有救,来了个英仆他的名唤哥罗进屋打扫榥拢——是总理他的救星(过板)。总理他暗用言语将他试探,你能否将我救出使馆中。哥罗说先生您是什等的身份，为什么将您拘禁在使馆中？总理说我本是救国救民遭清廷的嫉恨，正和那土耳其国事情相同。清皇帝也和那土耳其皇帝一般样，想杀尽仁人义士才大快他的心胸。

四段

总理说救人的生命是对上帝应尽的义务，希望你给我送出求救信一封。哥罗听罢非常感动，连忙说先生啊不要失望，我可以冒险给您把信通。要当心伏在床上速速的把信写，免得败漏垂成之功。总理说谢谢哥罗你高情美意，急忙忙伏在床上把书信写了一封。交给哥罗请你赶紧的送，果然应验事到绝处又逢生。第二天报纸已上大字登载，揭破了清使馆黑幕重重。英政府与清使大起交涉，龚照瑗无言答复只说摸不清。无奈何才得释放孙总理，低着头恭恭敬敬送出使馆中。孙总理脱难之后去访两位朋友，就是那总理的恩人国父的救星，名字叫康德尼跟康德尼太太，还有位博士名叫孟生。彼此见面如同隔世，又惊又喜又伤情。总理说感念大恩如同再造，康孟说这乃是天不绝你我们顺天行。总理说为革命愿榨尽心头热血，为革命必须要尽瘁鞠躬，为革命我只知努力奋斗，为革命全不管祸福凶吉。今日我尚非是可死之日，只皆因我革命尚未成功，今日未死继续努力，求中国自由平等世界大同。这一回孙总理身遭万险逢生在绝处，到而今留下了千秋不朽名。

2. 牌子曲《秋瑾就义》

牌子曲《秋瑾就义》2张4面，何质臣演唱，东方百代公司录制，1933年5月11日录音，模版号 A1173 ~ A1176。1933年7月12日以百代商标出版，目录号 34417a ~ 34417d；后以丽歌商标再版，未见，目录号应为 41113a ~ 41113d。模版今存中国唱片上海公司。

图 5-26：《秋瑾就义》，何质臣演唱，东方百代公司出品，1930 年代

牌子曲是鼓书的一种，以不同曲牌的南北小曲连缀演唱，伴奏有八角鼓、单弦、大鼓等。此曲伴奏为八角鼓。

《秋瑾就义》作者郑恨厂，已详第二章。其内容是描述著名革命党人秋瑾女士的生平。

演唱者何质臣（？～1945），知名鼓书艺人。满族镶黄旗人。初为北京茶楼票友，享誉京城。庚子事变后下海，在北京、天津、上海、南京、济南和江南等地演出。胡士莹《宛春杂著》称，其所演唱的鼓书，大半为牌子曲。周剑臣评曰："八角鼓男以何质臣为优，女以李云仙不弱。何之佳点，在口齿清晰，弱在韵味不足。"他录制过许多唱片，如百代公司的《秋声赋》、《春景》，高亭华行的《翠屏山》、《八花八典》，胜利公司的《风雨归舟》、《蝴蝶梦》等。[18]

1934年10月10日"双十节"，何质臣曾应邀在南京中央广播电台演唱《秋瑾就义》，当时的《广播周报》第4期作了节目预告。

图 5-27：何质臣在中央电台演唱《秋瑾就义》，1934 年 10 月10 日。源自《广播周报》第 5 期，1934 年10 月 13 日

秋瑾（1875～1907），著名辛亥革命烈士。别号鉴湖女侠，浙江会稽人，少读私塾，有才女之称。1904 年冲破封建家庭束缚，自筹经费东渡日本，以求新学。1905 年由徐锡麟介绍加入光复会；复经冯自由介绍，在黄兴家中加入同盟会。1906年回国投身革命。1907 年与徐锡麟等组织光复军，筹划在浙江和安徽武装起义。徐锡麟刺杀安徽巡抚恩铭后，秋瑾亦被告密，7 月 14 日被逮捕。审训中，秋瑾视死如归，坚不吐实，唯留下一句"秋雨秋风愁煞人"的诗句。次日凌晨在绍兴城内的轩亭口被处决，年仅 32 岁。身后遗骸多次迁葬，辛亥革命胜利后，回迁杭州西泠桥畔。

图 5-28：西湖秋瑾墓。图中女士为秋瑾殓葬者吴芝瑛

　　鼓词《秋瑾就义》的曲词，以民国间排印的《新大鼓书词》较为完善。此外百代公司的《百代唱词》和《广播周报》1934 年第 4 期都录有完整的唱词。唱片唱词因录音时长限制，作了不少删改。今据录音校订如下：

　　头段

　　（曲头）秋雨秋风愁杀人，杜鹃啼血梦难成。可叹我们三百年的中华民族隐情，出了个侠肝烈胆女英雄。（数唱）表的是西子湖边，现有这烈士的坟冢，此女士名叫秋瑾，真乃是万古留名。原籍是浙江山阴县，生长在名门的闺中，自幼儿读书，诗词也颇通。十七岁出嫁湖南——湘潭王姓，他丈夫是纨绔之子，财富又年轻。纳粟为官很得意，带家眷上了北京，今改的北平。（太平年）光阴似箭，春夏秋冬，他夫妻已生下了子女二名。秋氏女终日忧愁闷闷不乐，在他的丈夫身上也没有爱情。暂度光阴，耐等云风，不乐做傀儡的妇女专制的家庭。暗典质钗环行止已定，他从此留学到了东瀛。终日饮酒舞剑结交男女宾朋，集会演说他议论风生。满怀壮志要主张革命，落一个女子爱国的第一名。

　　二段

　　（云苏调）不料想好事多魔又出了不正，那时节小鬼取缔了留学生。因此回国归了故里，正赶上他母亲病故守孝在绍兴。彼处有个明道女学校，聘他为教授慕其才名。从此他创办大通学校暗用意，组织光复军以这办学为名。联络了海内海外的多少同志，大家努力要推倒满清。这一粒的弹丸惊醒了睡狮迷梦，出了个徐锡麟是烈胆的英雄，刺死恩铭是安庆巡抚，因此被捕在军械局中。绑出辕门毫无惧色的徐烈士，被害时剖腹剜心甚惨情。秋氏女他在绍兴得此凶信，反倒鼓掌满赞成。徐烈士求仁得仁他出人头地，这本是第一个英雄头一名。我本是十分敬重我也十分的敬爱，后死者比你的责任更不轻。从此后大家努力推倒帝制，各处联络预备成功。选定了三十二名敢死烈士，与那满贼敢拼一死备牺牲。大不幸金华军情可是微有泄漏，防范严密我的大事未成。（南城调）最可恨胡道南他是徐门的食客，恩将仇报他密告了公庭。告的是秋徐二人是中表兄妹，密谋革命要推倒了满清，知府贵福闻听魂飞胆破，最可怕妇人这女子要革命的牺牲。

三段

知府乘轿够奔钱塘江口，换坐了官船过江见中丞。禀的是徐锡麟的同党秘藏在府境，请示速拿办明正问典刑。当时委派练军的标统，刻不容缓领兵奔绍兴。练军围住大通学校，如临大敌喊杀连声。秋氏女正在教室整理书卷，出其不意未免吃了一惊。虽是大祸临头并不躲闪，挺身而出安然问分明，我们这是学堂教育的重地，带兵的来惊扰所为何情。标统闻听并不理会，吩咐着拿党匪回去见中丞。拿住了秋瑾回去交令，才把这爱国的女子带到了公庭。（弦子腔）秋氏女机关不密失了凭证，被获遭擒才到了公庭。知府贵福问口供，上堂来毫无畏惧面色不更。知府大叫女匪好大胆，擅敢在本府的境内乱胡行，你与徐锡麟聚集党匪有多少，今天要你据实应。秋瑾说你问党匪有多少，就是你贵福人一名。知府闻听冲冲怒，惊堂拍的响连声。拿出折扇为凭证，大叫女匪看分明，这是你亲笔上面题诗句，一派的邪说你思想不明。

四段

现如今真凭实据全在此，你就有百口抵赖难逃生，纸笔墨砚全在此，你能写能做自把供誊。秋氏女接笔在手前思后想，我誓将自己项血洗羶腥。刚写秋字停笔思想，知府说你再要迟疑我立刻动刑。（快书）表的是侠肝烈胆的女英雄，只皆因密谋革命机关不密被获遭擒才到了公庭。来到公堂上严加审讯，知府贵福逼要口供。秋瑾说什么叫口供我一概不懂，我就知张文祥刺马、朝鲜的好男儿刺过伊藤，我还知雪艳刺汤、桂贞刺杀过一只虎，那都是先烈侠胆留下美名。我这是求仁得仁何怨何惧，从此我管种一粒革命的籽种定有收成。我精神不死要千秋万世，但只愿我们民族的革命要不约而同。这才写秋雨秋风愁杀人、三字含冤的岳少保，他又写七字含冤又有一个我秋璇卿。可怜我千方百计搜索枯肠过班独立志道，于今我大事未定，杀剐枪毙你速令动刑。最可叹六月六日的黎明候，天愁地惨古轩亭，秋氏女从容就义神色不变，见那刽子手手起刀落、鲜血淋漓、头滚埃尘、玉陨香沉染钢锋。这就是秋瑾就义为国粉身，这一死犹如那泰山般重，真乃是万人景仰，争说这西冷留下万古的英名。

图 5-29：秋瑾像

四、北伐时期粤语唱片

1.《中山归天》

粤曲班本《中山归天》3 张 6 面，卢庚演唱，德意志留声机公司录制，1928年以兴登堡商标出版，模版号 3439 at～3444 at，目录号 V1950～V1955。各面片芯标唱腔依次为：首板转反线四季相断、反线浪里花腔、浪花腔转正线滚花口白遗嘱、乙凡首板慢板、乙凡慢板转二流、二流转滚花。

《中山归天》描写的是孙中山临终前的情形，作者不详。

孙中山逝世前后，媒体进行了大量报导。1926 年 1 月，汪精卫在国民党第二次全国代表大会上作了《接受总理遗嘱经过》报告，详细说明了孙中山临终前的情形，给出了正式的官方陈述。此后，在孙中山逝世纪念日活动中，国民党制订的宣传要点，也包括讲述中执委接受总理遗嘱的经过。因此孙中山临终前的经过，广为民众熟知。《中山归天》即是在此基础上演绎而成。

图 5-30：《中山归天》，卢庚演唱，德意志留声机公司出品，1928

演唱者卢庚，生平记载很少。张剑豪《留声机与唱片之研究》云：

卢氏之历史，据识者言，谓其家中甚贫，曾为厨夫，佣于某店，嗜戏好唱，常于工作时，劈大喉咙唱"朝臣侍漏五更寒"。复入某俱乐部，得与会友切磋唱腔板眼，于是猛进不已。卢虽贫，而好学不辍，为文亦甚通顺，近已不复为伙头军矣。兴登堡公司华人办事人，有识卢者，遂邀其入此数片，能唱之名，于是大噪；戏班的主人，更有进一步欲罗置其担任唱演，抑或为其撰曲排剧本也。[19]

鲁金《粤曲歌坛话沧桑》称，卢庚在 1910 年代曾是香港南华游乐会音乐部的主要组织人，是一位业余曲家，能演奏多种乐器，并能唱曲和作曲，作有《蔡锷大败曹锟》、《济南惨案之激愤陈情》等，未详所据。[20] 其名在唱片片芯上冠以"音乐大家"、"乐府明星"的名号，而不标行当角色，依例是非职业曲家。

卢庚录制过许多唱片，德意志留声机公司以兴登堡商标出版的第一套华语唱片《莲花缘》即由他演唱，此外还有《佛地愁云》、《汉宫恨史》、《玉梨魂》、《云南起义之得成功》等多套。新乐风公司也出版过他的唱片。张剑豪对卢氏演唱的评价褒贬参半。

以孙中山临终情景为题材的粤曲，还有《工人之路》第 387、388 期（1926年 7 月 25、26 日）连载的《孙中山归天》，文词较此本为胜。参见图 2-25。

这套唱片发行后，1928 年 9 月，国民党认为其"词意失真"，中执委因此致函国民政府，由工商部发函各地，对唱片和演出予以查禁。[21]

今据民国间永乐唱片公司《兴登堡唱片对照曲本》及天乐公司《兴登堡唱片对照曲本》所载唱词，由钟哲平女士与录音核对，录曲词如下：

头段

（二王首板）我行革命，未功成，难安坐卧。（重句反线）因国事，昼夜操持过步故此病染，沉疴。（仿四季相思）为中国，未静风波，惜黎庶受灾磨。俺五内需妥。

二段

每日操持我奔波。唉我思想过。至今我，起病屡延医服药，奈无效如何。只怕入南柯。（中板浪花腔）想满清，入寇我中华，四万万同胞难免家亡，国破。佢惨无人道，嘉定三屠，扬州十日，他杀得汉族尸横遍野，血流成河。因此我，纠合同群，铁血来挥，只为救民，于水火。我二十年工作，百折不挠，才见得青天白日就五族共和。我恨鼠辈，他又成军阀，可怜咽啲众民，受灾祸。恨我德薄，无能解救，无法重整山河。我离广州，我带病北行，一息尚存何惧辛劳苦楚。

三段

我病入膏肓，只有徒呼，荷荷。叫精卫，参扶我在于病床，而坐。（急板二王）见同志在两边，佢泪洒衣罗。（白）吓列位同志先生，鄙人旦夕垂危，断难济世，革命尚未成功，同志仍须努力。还有遗嘱之言，诸君牢牢紧记。（众白）我们追随多年，常蒙指导，倘有不测，誓以铁血奋斗。完成先生之志。既蒙遗嘱，我们愿随金石。（孙白）精卫过来。（在）代笔书记。（从命）遗嘱：余致力国民革命，凡四十年，其目的，在求中国之自由平等。积四十年之经验，深知欲达到此目的，必须唤起民众，及联合世界上以平等待我之民族，共同奋斗。现在革命尚未成功，凡我同志，务须依照余所著《建国方略》、《建国大纲》、《三民主义》及《第一次全国代表大会宣言》，继续努力，以求贯彻。最近主张，开国民会议，及废除不平等条约，尤须于最短期间，促其实现。是所至嘱。噎吔（保重）

四段

（乙凡首板）我昏花，气奄奄，好似魂游宇宙。（重句）睁开了朦胧，又只见众位英豪同志，个个血泪难收。唉我与君长别今日目前分手。（南音乙凡）我死后望众，与党国出头，愿你众君，要同携手。莫负四十年经验，一笔全勾。想到此曾令我心伤透。恐怕阴阳阻隔，难把国事筹谋。

五段

那军阀，和贪官，拥兵自雄甘作敌人，走狗，可恨着咽啲狼子野心。弄得家国，飘浮。你哋一力坚持，都要须奋斗，不达自由平等，誓不罢休。鸟将死时鸣必衰，人将死时言必善，诸君当为，领袖。（二流正线）统雄兵力行革命，定必威振环球。我灵在天堂。

六段

当含笑口。切不宜争权利，同种如仇。若有志事竟成，联合家工商学友，学古人勇向前上，破釜沉舟。南与北统一时，与列强携手，咽阵时大功成后，乐天无忧。说未完头昏花，必血来呕。（急板）叫我儿紧扶着，防我脚浮。尔年纪长成，资财颇有，我遗书籍和大厦，交尔母来收。说着了肝肠如剖，别却了阳台路魂归西游。

2.《徐锡麟舍身救国》

《徐锡麟舍身救国》2 张 4 面，靓少英演唱，远东唱片公司出版，约 1927 年录音。未见，模版号、目录号未详。加拿大《大汉公报》1928 年 7 月 10 日所登远东第二期唱片目录著录，标"二只，左撇首慢中板，小武靓少英"。

图 5-31：徐锡麟像

靓少英生平未详。《申报》中有他 1923 年 5 月随大荣华班在上海演出的信息。1925 年，卡尔·林德斯特罗姆公司为他录制过唱片多种，以璧架商标出版，如《营中忆美》、《双龙怪剑》、《英雄救父》等。

另粤剧艺人林鹰扬（1911～1972），自幼随继父小武林锦荣学艺，1920 年在马来亚演出成名，被誉为"小神鹰"，后来亦曾用靓少英的艺名。[22]

徐锡麟（1873～1907），著名光复会先烈，浙江绍兴人。1904 年加入光复会，1905 年在绍兴创办大通学堂，以积蓄革命力量。1906 年捐官为道员，赴安徽，得到巡抚恩铭的重用，历任安徽巡警会办、巡警学堂监督等职。1907 年与秋瑾策划同时在皖、浙两地武装起义，因事泄单独提前。是年 7 月 6 日，徐锡麟借巡警学堂举行毕业典礼之机，刺杀恩铭，率学生军起义，激战 4 小时，终因寡不敌众，被捕就义。

1910 年代，优天影班即曾编演过粤剧《徐锡麟行刺恩铭》，其《火烧大沙头》一剧中，也有"响应徐锡麟发难，以至失败被捕，壮烈牺牲的整个过程"。[23] 同盟会时代，革命党人张霭蕴也在旧金山的屋仑，指导粤剧戏班排演过《徐锡麟起义》。[24] 此后，知名粤剧艺人京仔恩在南洋编演过《徐锡麟刺恩铭》，新珠等回忆文章《粤剧艺人在南洋及美洲的情况》载：

> 在民族意识和革命气息两方面观察，南洋似比国内为浓厚。……演出反封建、反官僚统治的革命性或政治性的戏剧，比国内自由得多，嬉笑怒骂，可以随便发挥，不受禁制。最初编演这种戏剧的是京仔恩，所编的如《徐锡麟刺恩铭》、《蔡锷云南起义师》等，都受到观众的欢迎，因此他续编这类戏不少。[25]

但几种剧本及此唱片俱未见存世，无法判断唱片之曲，是旧剧还是新编历史剧，以及其与前代剧本之间的关系。

此外，1925 年卡尔·林德斯特罗姆公司以璧架商标出版的唱片中，有靓少英《从容就义》1 张 2 面，模版号、目录号 22303、22304。香港中文大学有收藏，粤剧研究社编《六大公司粤曲精要》收有唱词。曲词与徐锡麟就义前受审时的情形吻合，但未有"俺陈季路，从容就义"语，故未能确认。

3.《袁世凯惊梦》

《袁世凯惊梦》1 张 2 面，桂妹演唱，百代公司录制，约录于 1926 年。模版号、目录号 35602-1/2。片芯唱腔标注第一面为梆子慢板，第二面为梆子慢板中板收板。[26]

图 5-32:《袁世凯惊梦》，桂妹演唱，百代公司出品，约 1927

《袁世凯惊梦》作者不详，疑为班本。朱少秋《大革命时期的广州工人剧社》回忆，工人剧社编演的剧目有《袁世凯发梦》，"讽刺袁世凯复辟封建帝制似'南柯一梦'，反封建的观点非常明确"，或即此。

演唱者桂妹，失明女艺人，生平未详。许多资料提到她是当时负有盛名的艺人，擅长多种乐器，记忆力过人，能演唱南音、木鱼书、班本等。百代公司为她录制过多张唱片，如《山东响马》、《情天血泪》、《献西施》、《客途秋恨》，胜利公司也录制过《李陵答苏武书》、《缪莲仙忆美》、《六郎罪子》、《鲁智深出家》等。唱片署名，或标"师娘"，或标"瞽姬"、"著名瞽姬"。"师娘"和"瞽姬"俱是当时失明女艺人的专称。她们是非常特殊的一个群体，依靠在茶楼妓馆等场所演唱粤曲谋生，地位低下，遭遇悲惨。[27]

Chinese Female Blind Musicians, Hongkong.

图 5-33：手工上彩明信片《香港瞽姬》（*Chinese Female Blind Musicians, Hongkong*），斯坦伯格公司（M. Sternberg & Co.）发行，1900 年代

民国间粤曲研究社编印的《六大公司粤曲精要》及省港五桂堂编印的《三四五期名曲大全》收有此唱片唱词，经钟哲平女士以录音校正如下：

头段

（梆子慢板）众官将，在榻前，把我，扶起，待我来，把病源，始末陈

情对你，说知。叹先王，与国太，一时驾崩有个溥仪，诈计。摄政王，怀旧恨，贬回故乡不思再到，京师。辛亥年，盛宣怀，四川铁路收归国有民心，忿激。孙中山，提倡革命，势如破竹至到，京畿。

二段

从今后，休提起，洪宪，二字。蔡松坡，是我对头人，假意赞成帝制，累得我一病，难支。（中板）他每日，迷乱烟花，全不关心，国事。诈颠狂，夫妻来吵闹，假意写还，退书。我也曾，命人侦探睇吓佢行藏，宗旨。我以为，无用之辈任他逃出，京师。初起首，唐继尧在于云南，起义。到后来，四围响应，各省独立，升旗。从今后，难望泮塘，为皇帝。再难想，称孤道寡，身着龙衣。看将来，天不从人愿，枉我千谋，百计。到如今，欲罢不能，使我大局，无期。越思想，不由人心如，刀切。霎时间，口吐鲜红，血淋漓。不孝儿子，与父反对；兄弟不和各散东西。回首叫声，段祺瑞，筹安会列公，听言词。病到神经，膏肓里。灵丹妙药，也难医。长叹一声，死期将至。（收板）新华宫，与你们，死别生离。

4.《云南起义师》

《云南起义师》1 张 2 面，大影怜演唱，远东唱片公司出版。约录于 1927 年，列入远东第五期唱片发行，1930 年 1 月在新加坡上市，6 月在温哥华上市，香港上市时间应早于此。此片今未见存世，模版号、目录号未详。

大影怜，省港女伶，生平未详。1930 年前后活跃于广州、香港。远东唱片公司还录有她演唱的《美人笑》、《失群莺侣》、《双魂爱国》等唱片。

粤剧《云南起义师》，传为张始鸣、王心帆、罗剑虹三人共同创作，为时应在 1916 年前期。香港掌故家梁涛《曲圣王心帆》云：

> 一九一五年十二月，蔡锷离开北京返抵云南，宣布讨伐企图称帝的袁世凯，史称"云南起义"。王心帆在《广东七十二行商报》上，用粤讴和班本，连续十多天讽咏"云南起义"。当时广州粤剧班中，有一班"福万年"戏班，班主兼花旦名新白蛇满。新白蛇满要求该班的编提纲戏的编剧张雷公编一出新剧，张雷公原名张始鸣，他看见王心帆在报上所写的"班本"和"粤讴"很有才华，于是便邀王心帆与他合编《云南起义师》一剧，当时还有一位罗剑虹参加编剧工作。这是王心帆参加粤剧工作之始。

> "福万年"演《云南起义师》场场满座，时事新剧成为当时最卖座的剧本。[28]

图 5-34：粤剧剧本《云南起义师》，五桂堂、以文堂、醉经堂发行

　　《云南起义师》剧本，存世有民国间排印本，五桂堂、以文堂、醉经堂发行。

　　《曲圣王心帆》记述，五桂堂与罗剑虹、王心帆关系密切。1920 年代初，五桂堂以粤曲研究社的名义出版《戏剧杂志》，请二人主编；后发现刊登剧本更能招徕读者，便停办杂志，改出剧作单行本。这本《云南起义师》，应即张始鸣三人的剧本。但此本题"靓元亨首本"，而非新白蛇满首本。靓元亨为知名艺人，据《广州市志》，他是广州剧学研究社（应即粤曲研究社）社员。

图 5-35：剧照，旧金山大明星戏院，1920 年代后期。剧中表现的是袁英在新华宫以炸弹行刺袁世凯的情形，应为《云南起义师》之一幕

民国间醉经书局所编《原音公司唱片曲本》及未署编者的《远东唱片对照曲本》收有大影怜演唱的《云南起义师》唱词，文如下：

头段

（梆子慢板）袁国贼，是个大奸雄。笼络九尊，确系非常能干。联一班乃系旧同僚，民意私造，佢重结会筹安。不过是，掩人耳目，愚弄万民驱逐志士狐群鼠党，考佢目的，是帝制自为，谅必建号，称皇。

二段

黎元洪，是庸才，身困牢笼，自问力难，相抗，终日里，围帐恐破，半筹莫展，惟有日夕，惊慌。（中板）我只看见，此中情形，怒气冲霄，三千丈。故此我，来约袁英，炸弹对待，欲灭国贼诛尽群奸定，纲常。又谁知，天不从人愿，谋事不成，又被点吾，真相。自夜里，有侦探吊随，行不自安，又来搜我，家堂。我用尽机谋，才得我脱罗网，嘅罗网。我地我地众同人，你话惊慌唔惊慌呀哑。

唱片曲词不见于五桂堂本《云南起义师》，是另一本《云南起义师》，还是同一本剧本、演唱者更改了曲词，已无从考证。从内容判断，唱片唱词似为蔡锷逃离北京途中所唱。

另据前《徐锡麟舍身救国》条所引新珠等人的文章《粤剧艺人在南洋及美洲的情况》，京仔恩亦编演过《云南起义师》。

5.《二定中华·蔡锷大败曹锟》

《二定中华·蔡锷大败曹锟》1 张 2 面，卢庚演唱，新乐风公司出品。1928或 1929 年录音。模版号 H.K.52303、H.K.52304，目录号 737-A、737-B。依据模版号前缀，应录于香港。片芯标注第一面为首板转滚花炮鼓声，第二面为首板慢板转小曲。

图 5-36：《二定中华·蔡锷大败曹锟》，卢庚演唱，新乐风公司出品，1930

　　1915 年 12 月 25 日，唐继尧、蔡锷、李烈钧通电全国，宣布云南独立，成立护国军政府。随后，蔡锷任护国军第一军总司令，出兵四川；李烈钧为第二军总司令，出征广西。袁世凯任命曹锟为总司令，调集重兵前往镇压。1916 年 2 月至3 月，蔡锷部与曹锟部在四川纳溪、泸州一带展开激战，护国军曾不止一次取得胜利。所谓"大败曹锟"，系据这一时期战争演义而成。

　　鲁金《粤曲歌坛话沧桑》记此剧为卢庚作，并引有曲词，今由钟哲平女士据录音校正如次：

　　　头段

　　　（蔡锷）（二王首板）统着了革命军，常常得胜！（急板滚花）此番虎斗龙争，来到荒山，又听鼓声，（鼓声介）在此布阵候敌人。（曹锟）（首板）奉过了袁新君把兵统领。（急花）要把党人一扫平。战鼓如雷，喇叭声，（喇叭介）敌扎营在山前。（白）党人占高山，形阵四纵横，冲锋来杀上，炮队用机关。（机关枪介）（炮声介）

　　　二段

　　　（首板）俺曹子珊，打败了。神魂不定，神魂不定！（的的快慢板）估唔到咽哋的革命党人，如此神速，杀得我胆震心惊。俺今日一场血战，失却了府城、重庆。只可怜，十万雄兵，人强马壮苦练精。却被蔡松坡咽哋的炮队确准绳。一炮打来真攞命，咽哋的手榴弹与共水机关，势如破竹，好彩我立刻松人，只可叹（仿雁落平沙）可叹众军丧黄泉，丧黄泉，令我凄凉，好不叫人泪两行呀呀哟、哎哋忽听马铃声，战鼓闹嘈嘈唉哟。把我追赶，把我追赶，追赶到我失却了三魂。如今敌已包围，不知如何路奔。（滚花）却要化装逃难，可以瞒过党人。

　　案云南起义，包括进攻四川和广西，极大地促进了全国各地的反袁护国运动，直接导致了袁世凯政权的覆灭。但就战役而言，四川纳泸之役，双方各有胜负，并没有"曹锟大败"、化装逃命的史实。此故事属编剧家虚构。野史中有类似传说，称是年 2 月纳溪一次战斗中，曹锟被护国军打败，狼狈逃往泸州，途经高洞场附近，被护国军困于山谷；吴佩孚自蓝田坝驰援，救出曹锟。

　　曲中使用了真实的军号演奏，在唱片中颇为少见。

　　6.《云南起义之得成功》

　　《云南起义之得成功》2 张 4 面，卢庚演唱，德意志唱片公司 1928 年录制。模版号未详，目录号 V1914～V1917。未见存世，见于兴登堡第四期广东唱片目录著录。

此曲作者未详。据曲目名称，亦为歌咏云南起义之作，叙事应至 1916 年 3 月护国军与北洋军停战、袁世凯宣布取消帝制之后。

7. 《蔡蕚（锷）别凤仙》

《蔡蕚（锷）别凤仙》2 张 4 面，佩珊、碧云演唱，1927 年蓓开唱片公司录制。未见。模版号及初版目录号未详，再版目录号 B.14571a～B.14571d。香港电台有收藏。

曲作者未详。演唱者佩珊、碧云，是当时活跃于省港的粤曲女伶，美国哥伦比亚、上海 EMI 等唱片公司为她们录制过多套唱片，如《三待同堂索鹧鸪》、《丁财贵寿》、《大军启行》、《快活夫妻》等。

小凤仙本名朱筱凤（1900～1954），是北京南城陕西巷云吉班一位风尘女子，蔡锷被袁世凯困于北京时，曾与她多有往来。1915 年 11 月，蔡锷从北京辗转天津、日本，潜回云南，脱离了袁世凯的控制，发动了云南起义。1916 年蔡锷逝世后，盛传他潜逃前后，小凤仙出谋划策，厥功甚伟。传说称：小凤仙劝说蔡锷佯从袁世凯，赞同帝制；蔡锷因狎妓与夫人陈氏争闹离婚，借以遣送陈夫人回云南并消除袁世凯戒心，俱由小凤仙谋划；蔡锷秘密赴天津，也是乘小凤仙的骡车前往火车站等，以是小凤仙有"侠妓"之誉。

图 5-37：小凤仙像

1910 年代，蔡锷与小凤仙的故事就被编入小说、戏曲，广为流传，大抵以英雄美人、儿女情长为主旨。[29] 五桂堂本粤剧《云南起义师》中，亦有这一情节，但未展开描写。

今据民国间编印的《璧架九期唱片对照曲本》，录唱片曲词如下：

头段

（小武二王首板）一飞冲天。（旦唱）好比昭关已过。（重句）（武滚花）枉他奸雄，满布网罗。（白）袁贼予智自雄，以为某入彀中，尤幸凤仙你青睐相加，苦心相助，得过此关。又蒙相送，此恩此德，但未知何日相报。

二段

（旦白）蔡将军呀，天下英雄，我何修得亲颜色，今日送上一程。但愿我郎风云万里呀。（霸腔慢板）蔡将军，都算好彩数，玉龙打破。（武唱）某此去，推翻帝制，无论如何。巾帼中，卿确是慧眼一双，灵犀一点，频加于我。（旦唱）可算得风尘知己，天下无多。（武唱）非凤仙会我意有谁帮助。

三段

（旦唱）非将军，更有谁，能伸能屈，受尽折磨。（武唱）某今日，为民请命，拼掷头颅一个。同奋斗，他死我活，才罢干戈。（旦唱）虽然是，我系女流，都恐国亡家破。有心人，最怕听闻个只，后庭歌。（武中板）蒙卿相送，情凄楚。不禁于某，记心窝。关津路口，平安过。多谢卿卿，意良多。语短恨长，心似火。可信英雄事业，托娇娥。

四段

深深一吻怜卿泪堕。（旦滚花）将军呀，你前程珍重，望你切莫蹉跎。转念平日恩情，叫我如何方可。讲到相逢何日，又忍不住叫句"行不得也哥哥"。此后地角天涯，河山修阻，我几回更忍唔住，泪滴梨窝，舍不得将军，越加悲楚。（双思旦）将军，（武）凤仙呀！（武唱）怪不得英雄儿女更情多。（旦唱）从今强笑人心终唔妥。（武唱）卿卿还须自重，虽然我远阻山河，河满，一声防人识破。（武旦合唱）我两人，风尘知己，后会蹉跎。

此外，1930 年代中晚期，高亭华行以高亭商标出版过湘云、湘媛演唱的《蔡锷脱险之别妓》2 张 4 面，已是北伐战争以后的作品。

8. 《凤仙祭蔡萼（锷）》

《凤仙祭蔡萼（锷）》2 张 4 面，正金丝猫演唱，远东唱片公司出版，约 1927年录音，1928 年出版。模版号、目录号俱为 5094-A/B、5095-A/B，为远东第二期唱片之一种。今仅见第一张唱片存世。两面片芯标注唱腔依次为二簧首板、二簧滚花二簧南音。

图 5-38：《凤仙祭蔡萼（锷）》，正金丝猫
演唱，远东唱片公司出版，约 1928

此曲作者未详，演唱者正金丝猫生平亦不详，远东唱片公司还录制过她演唱的《秋坟夜影》、《貌惊胡狄》等唱片多种。当时有知名粤剧女艺人金丝猫，活跃于广州、香港、上海、旧金山及东南亚一带，影响甚大，或为同一人。

凤仙祭蔡锷史有其事。1916 年 12 月 1 日，北京各界在中央公园举行追悼大会，悼念黄兴、蔡锷。事前，小凤仙准备了挽联，请《寸心》杂志主笔王血痕代为撰写了诔词，并致函筹备追悼事务所，恳请允许她披麻戴孝祭蔡。当时社会上传言她将以身殉蔡，因此她还招致北京警方传唤，劝她珍重生命。公祭当天，目击者称小凤仙"素冠素裙素履，悲不自胜，几欲以泪浴面"，"一入公园，亦呜咽不能成声，举步难行"，"未到祭坛，痛不自禁，即放声大哭"，云云。其挽联上联"不幸周郎竟短命"，以蔡锷比周瑜，是自己的顾曲知音；下联"早知李靖是英雄"，则暗以红拂女自况，颇为自负。[30]

图 5-39：以正金丝猫为号召的远东唱片第二期目录，《大汉公报》1928 年 6 月 12 日

注释：

[1] 录音时间据中国唱片上海公司藏百代档案。上市时间，《申报》1929年10月27日刊登的消息《百代新片下月发售》，预告次月中旬正式出片，但最早上市的报导，为《申报》1929年12月3日《百代公司之新片》。

[2] 关于录音时间，参见第三章新乐风公司的介绍。

[3] 关于周寿臣生平，参见吴醒濂《香港华人名人史略·周寿臣爵士》，香港五洲书局，1937。

[4] 参见该校编《中央大学区立上海中学一览》，1928；《江苏省立上海中学一览》，1936。

[5] 李秉新生平，参见肖之仪《在国民党广播电台里的见闻》，《西安文史资料》第3辑，1982；《陕西省志》第69卷《广播电视志》，中国广播电视出版社，1993。当时报章亦有零星报导，如1933年10月4日《申报》，报导他曾受聘全运会筹委会宣传组名誉干事等。

[6] 大中华留声唱片公司在1927年11月19日《申报》上刊登的新片广告有此片，依据其生产周期，应为10月或11月录音。同期录制的唱片（目录号2514~2518），有《欢迎革命军》、《打倒军阀》、《当兵为民》等，俱为北伐军抵达上海后，中华歌舞学校在各种集会上经常演唱的歌曲。

[7] 谷清《欢呼鼓舞中之花絮录》，《申报》，1927年5月8日；金华亭《参观歌舞大会记（四）》，《申报》，1927年7月6日。

[8] 同注[1]。另，事后百代公司为此曾专门宴请微微音乐会，见《申报》1929年9月17日的报导《百代公司宴请微微音乐会》。微微音乐会与此同时录制的歌曲，还有《国民党党歌》一首。

[9] 此片片芯，标有"Record manufactured by THE GRAMOPHONE CO., LTD., Calcutta."（唱片由英国留声机公司制造，加尔各答）字样。英国留声机公司的压片工厂，原在加尔各答的锡亚尔达（Sealdah）。1927年，公司又在锡亚尔达以北20英里的达姆达姆（Dam Dam）建了新压片厂。1929年5月新厂投产，全部机器设备的搬迁过程超过了一年。1931年开始出售锡亚尔达的工厂（据 Michael Kinnear: *The 78 r.p.m. Record Label of India*, Bajakhana, 2003）。新工厂生产的唱片，下方标"Dam Dam"，而无"Calcutta"字样。所以此片的生产，应在1930年以前。但此片演唱者为泗水励志中学学生，据回忆录，此学校成立于1931年，详后。

[10] 参见台湾总督府外事部编《三十年代南洋华侨领袖调查报告书续编》，中华学术院南洋研究所重印，1983。

［11］参见周明翁《新中诞生前后》，《印尼泗水新华中学纪念特刊 1934～1994》，1994。

［12］亚尔西爱胜利公司的月刊《胜利之声》第 1 卷第 6 期（1937 年 6 月 1 日）列有这批唱片的目录，按语称："本公司前与南京中央广播事业管理处合作，全为社会服务，故曾于百忙中抽出宝贵时间，携机径赴南京，灌收教育片、体育片、歌咏片，及音乐片等甚夥。惟因迩来工作繁冗，未免影响于出版程序，稍形延缓。今将急不可缓者提前出品八张，其余准将于下期起，陆续尽早办竣在本刊露布，以供全国各地公务当局暨教育机关与宣传机关等采用。……上列各片，业于五月十日由南京党部专函：全国各地之党部、广播电台、各大学校，以及文化机关等，通告各片已经出品，迅即采购备用等情，而本公司亦于事前赶将各片迳数装往各省总经理转发各地经售处，以备大批采购，故目下已无远勿届，而告普及于全国矣。"

［13］参见前励志中学学生演唱的《总理纪念歌》。

［14］参见《中央常委会决议案》，《申报》1928 年 3 月 16 日；《全国教育会议之第一日》，《申报》1928 年 5 月 16 日。

［15］《国民党中央执行委员会颁发〈孔子纪念歌〉明令》，中国第二历史档案馆编《中华民国史档案资料汇编》第 5 辑第 1 编；《国民政府公报》第 1592 号。

［16］富少舫生平及演出活动，参见《中国曲艺志·北京卷》，中国 ISBN 中心出版，1999；《南京曲艺志》，江苏文艺出版社，1996；赵景深《说大鼓书（下）》，《人世间》1935 年第 22 期。

［17］关于孙中山伦敦蒙难的历史细节，后世研究者多有不同结论。参见罗家伦《中山先生伦敦蒙难史料考订》，商务印书馆，1930；黄宇和《孙逸仙伦敦蒙难真相》，上海书店出版社，2004（原著为英文，*The Origins of an Heroic Image: Sun Yat-sen in London, 1896-1897*, Oxford University Press, 1986）。

［18］何质臣生平记载很少，仅见"梨园百年琐记"网站有其小传。此外，其子何庆煜、孙女何玉凤、何玉茹、何小蓉，曾孙辈何冬梅等，俱承其业，1949 年后在各地剧团工作。周剑臣评语见《大鼓闲评（一）》，《菊部丛刊》下编《粉墨月旦》，交通图书馆，1918。

［19］《椰子集》，南洋日报馆，1927。

［20］参见鲁金《粤曲歌坛话沧桑》，三联书店（香港）有限公司，1994。

［21］当时许多地方政府公报都转发了工商部函，如《江苏省政府公报》、《河北民政汇刊》、《宁波市政月刊》、《汕头市政公报》等，报纸也多有报导。

［22］参见黄鹤鸣《"玉面金喉文武泰斗"林鹰扬》，《广州文史》第 62 辑，广东人民出版社，2004。

［23］林叔香《辛亥革命前后的几个剧社》。另参见邓警亚《清末党人利用粤剧宣传

革命点滴》。

[24] 参见蒋永敬编《华侨开国革命史料》，正中书局，1977。

[25] 新珠、庞顺尧、叶弗弱、新雪梅《粤剧艺人在南洋及美洲的情况》，《广东文史资料》第 21 辑，广东人民出版社，1965。

[26] 百代公司在 1927 年 5 月 19 日《香港华字日报》上刊登广告，宣布推出"广东最新唱片第一期"。今所见第一期唱片模版号最小者为 35632，即桂妹的《献西施》。而《袁世凯惊梦》模版号 35602，应在此批唱片之前。按照百代公司约半年录制一批新片的惯例，《袁世凯惊梦》应录于 1926 年底，出版于 1927 年初。也有可能此片与《献西施》同时录制，则为时约在 1927 年前期。

[27] 桂妹生平，参见鲁金《粤曲歌坛话沧桑》；黎田、谢伟国《粤曲》，广东人民出版社，2008。但二书俱未注明依据，且有些表述未必准确。如后者称："1923年，最后一位退出曲坛的'师娘'桂妹，在广州十八甫嘉乐茶室唱罢她的首本名曲《鸡鸣狗盗》后，'师娘'时期宣告结束。"实际上，桂妹演唱的唱片，大都录制于 1920 年代后期。关于失明女艺人的生活，参见李静、黎燕逢《粤曲歌坛的历史记忆——20 世纪二三十年代广州画报中的粤曲史料钩沉》，左鹏军主编《岭南学》第 3 辑，中山大学出版社，2009。另参见第四章注 [59]。

[28] 梁涛《曲圣王心帆》，见欧伟嫦编《王心帆与小明星》，香港粤乐研究中心出版，1993。文末注称，梁涛是王心帆好友。另关健儿《近代佛山的名编剧及名演员》（《佛山文史》第 8 辑《粤剧史研究专辑》，1988）、《广州市志·王心帆小传》（广州出版社，2010）亦有相同说法。《广州市志》作张始明；麦啸霞《广东戏剧史略》列现代作家有张始明，应即此人。

[29] 参见曾业英《蔡锷与小凤仙——兼谈史料辨伪和史事考证问题》，《近代史研究》2009 年第 1 期。

[30] 同注 [29]。

后　记

　　历时 10 个月，《孙中山与辛亥革命音频文献》总算告一段落。

　　这是一项非常富有挑战性的工作，相比起其他领域的文献整理和研究，有着更多的困难。这首先在于一手文献资料的匮乏。早期的唱片企业大都来自西方，而西方唱片公司档案多已不存。保存资料较为集中的英国海斯 EMI 档案馆，已在多年前闭馆，中止对外开放（闭馆之前，我们曾浏览和摘录过部分档案，但未及全面查阅）；中国唱片上海公司所藏上海 EMI 档案，目前尚未整理完毕。而二手资料，为数不多的一些华语唱片录音的报导，则分散在早期西方留声机业的杂志中，亦难寻觅。这些文献，大多以英文、德文、法文、日文等多种语种呈现，给研究增加了更多障碍。更重要的是，存世寥若晨星的辛亥革命相关唱片，已成为罕见的历史文物，分散在少数图书馆和个人收藏家的收藏中，难得一见。

　　幸而，我们得到了许多热心的、富于责任心的同仁的大力支持，离开他们的帮助，完成这部著作是无法想象的。

　　首先要感谢中国唱片总公司周建潮先生、高琦先生、耿丽媛女士，中国唱片上海公司陈建平女士。在他们的帮助下，我们得以利用上海 EMI 模版转录的高品质的音频，并得以查阅上海 EMI 的部分档案。同时还要感谢上海图书馆黄显功先生、郑传红女士、乐美志先生，使我们能够顺利地使用到上海图书馆丰富的馆藏。我们还要感谢沈阳的周铁军，天津的王跃进，北京的赵玉新，上海的刘瑞鹏、邬光业、杨涌，福建的郭明木，广州的江保民，贵州的陈荣发、河北的贾压锁、张洪涛诸先生，他们或慷慨地贡献珍贵的私人藏品，使本《文献》得以集腋成裘；或提供文献资料，解惑答疑，使文中叙述能够更接近历史真实。

　　在编写过程中，我们还得到了许多学界和非学界同仁的帮助，包括中宣部刘建生先生、刘新风先生，中国音像协会王炬先生，中山大学康保成先生、庄初升先生，广州文学艺术创作研究院钟哲平女士，上海大学朱恒夫先生，中国人民大学牛贯杰先生，台湾大学王樱芬女士，台湾知书房出版社谢俊龙先生，以及德国唱片史学者赖纳·洛茨博士（Dr. Rainer E. Lotz）等，谨在此深表感谢。

这一项目，得到河南电子音像出版社高明星社长、杨东军总编辑的特别关照。责任编辑李敏女士、栗军芬女士和王建新先生，对原稿进行了认真及时的处理。特别是李敏女士，在《文献》编纂过程中，从组织联络、时间安排，到协助资料核查，付出了大量的精力。没有他们辛勤、超常的努力，《文献》不可能在这么短的时间内面世。

最后，还要特别感谢中科汇金数字科技有限公司总经理熊致远先生，他和他的团队，在唱片转录工作中表现出的热情、执着和严谨，令我们印象深刻。在历史唱片的数字化转录领域，从技术力量到技术设备，中科汇金在国内都可谓首屈一指。这为《文献》所收唱片的转录水准，提供了保障。

回顾 10 个月的编纂经历，我们自己也感慨良多。其间有过令人沮丧的失望，有过身心俱惫的窘迫。然而，每当听到那些带着沙沙声的历史录音时，我们都会备受激励。这声音把我们带回那个艰苦卓绝的时代，如对其面，如临其境，这使我们感到所有的付出都是值得的。历史唱片的魅力，正在于此。

编者

2016 年 11 月